师生心互动

麦贝吉 / 著

高中生综合素质培养的
研究与实践

东北师范大学出版社

长 春

图书在版编目（CIP）数据

师生心互动：高中生综合素质培养的研究与实践 /
麦贝吉著. —长春：东北师范大学出版社，2023.8
ISBN 978-7-5771-0527-7

Ⅰ.①师… Ⅱ.①麦… Ⅲ.①高中生－素质教育－研
究 Ⅳ.①G631

中国国家版本馆CIP数据核字（2023）第162941号

□责任编辑：石纯生　　　　　　　　□封面设计：言之凿
□责任校对：刘彦妮　张小娅　　　　□责任印制：许　冰

东北师范大学出版社出版发行
长春净月经济开发区金宝街 118 号（邮政编码：130117）
电话：0431-84568023
网址：http：//www.nenup.com
北京言之凿文化发展有限公司设计部制版
北京政采印刷服务有限公司印装
北京市中关村科技园区通州园金桥科技产业基地环科中路 17 号（邮编：101102）
2023年8月第1版　2023年11月第1次印刷
幅面尺寸：170mm×240mm　印张：16.5　字数：277千
定价：58.00元

序言

师生关系是一场修行

教师是人类灵魂的工程师，是学生前行的指路明灯。作为专职心理教师，我接触过很多学生，我深信我会影响他们，而他们也会滋养我。在"铁打"的学校、"流水"的学生里，我看到师生之间的互动皆是"生长教育"，师生相遇是一场修行，彼此共生共长。每一天，校园里都会发生一些充满教育理想、教育智慧和教育情怀的故事，其中灵魂的修行塑造了一段又一段暖心关系。

所有的互动无外乎处理三种关系：与自己、与他人、与社会的关系。三者之间，缺一不可。人在不同时期或多或少都会有心理问题或烦恼，如果某一段关系存在偏差，或处理不当，就可能会陷入麻烦。良好的关系促使师生激发潜能以应对生活中的各种事件，实现自我价值，从而提升获取幸福感的能力。

因此，作为心育工作者，我们要引导学生把握如下几对关系。

一、处理好"我与我"的关系：善修心

"我与我"的关系，即我怎么看待我。我是一个怎样的人？我有什么兴趣？我有什么优势和弱势？我在人群中处于什么位置？我如何向别人展示自己？很多时候我们觉得别人不太理解自己，但是，我们自己是否曾花时间好好地了解自己呢？若没处理好这些问题，你可能还会遇到以下问题：我不知

道选择什么社团，我不知道为何老是看某人不顺眼，我预期的事情总是让我失望等。学生与教师的良好互动，能让学生学会积极的自我对话，潜移默化地在道德、情感、智力上收获进步，促进自我人格的完善。

二、处理好"我与你"的关系：懂为人

"我与你"的关系，即我跟同伴的关系。你希望被同伴如何对待？每一个人都带着一段与众不同的过去，有时候要做到互相理解会很困难。如何让别人以我希望的方式对待我？如何了解他人希望我以怎样的方式对待他？这也是一项重要的任务。心理学中有一个黄金法则：用你希望他人对待你的方式去对待他人。如果你想被他人热情友好地对待，也许你应该主动打招呼，主动开始一段谈话，多帮助身边的人；如果你希望被宽容，也许你可以先宽容别人的不宽容。学生与教师的良好互动，能提升自身的人际交往能力，接纳共同生活中的成就与挫败、悲哀与喜悦等。

三、处理好"我与社会"的关系：会处事

"我与社会"的关系，即我和我要做的外部事件的关系。我来这里做什么？是实现高考梦，还是培养某种能力，成为我向往的某种人？每个人心中的想法都不太一样，虽然我们每天做的事情看起来差不多，但同一件事情在我们心里的意义是截然不同的。你预期的目的是什么？你期待达到的程度是怎样的？遇到困难时你打算如何应对呢？学生与教师的良好互动，能把平凡的共处日子擦亮，能获得较强的心理弹性。师生在充满信任、和谐的氛围中开展教学，不仅能确保教学内容的有效输出，而且能使彼此更好地应对突发事件，从而提高社会适应力。

良好的关系离不开教师的深厚学养。教师努力提升学科理论素养，让自己的使命感更强；努力改善教育教学，让自己如同雷夫一样，从普通到优秀再到卓越。2021年7月7日，教育部办公厅发布《关于加强学生心理健康管理工作的通知》明确提出了"加强心理健康课程建设""大力培育学生积极心理品质""及早分类疏导各种压力""增强学校、家庭和社会教育合力""做好心理健康测评工作……每年面向小学高年级、初中、高中开展一次心理健康测评""配齐建强骨干队伍……每所中小学至少要配备1名专职心

理健康教育教师"等要求。这就要求当前的心育工作者应具有扎实的专业基础、伦理意识和科学理论素养，能够掌握心理学和教育学的基本研究方法，能够在实证研究和科学理论的指导下，选择有效的干预计划以指导实践工作，拥有直接和间接地为学生、家庭和学校提供服务的能力。

良好的关系离不开教师的独特风格。教师的风格是影响师生关系的核心因素。教师的气度决定了师生磁场的容量。性格开朗、气质优雅、兴趣广泛的教师总是最受学生欢迎的。每一节心理课就如同一出心理剧，学生是演员，教师是导演。心理教师自身对课堂的热爱会带动学生的热爱，教师的态度会影响学生的态度。教师用其独特的风格，引导学生充分参与和体会各类心理活动，唤醒其对生命的思考和感悟，从而使学生看见真实的自己及自己的成长空间，进而接纳、改变和完善自我。同时，课堂上教师的优缺点在无形中都会给学生造成影响，他们的性格与品质会烙在学生心里，并感染着学生。因此，师生关系的本质意味着一棵树摇动另一棵树，一朵云推动另一朵云，一个灵魂唤醒另一个灵魂。

良好的关系离不开师生的相互编织。师生的生命叙事，应该是师生的共同叙事。很多教师的教育教学过于凸显自己的引导力量，缺少学生的视角和需求。在心理课堂上，教师要注重学生的感悟和收获，不能仅仅停留在教学设计巧妙上，教师一定要了解学生的实际需求，从他们的认知基础出发，寻找其最关注、最迫切想解决的问题，要打开他们的话匣子，让他们在课堂上能够兴趣盎然、聚精会神，在课后能把知识迁移到生活中去复盘反思，发现可改变的空间并及时塑造自己。在心理辅导上，教师要提供不同类型的筛查和心理评估，要制订干预计划来支持不同层级学生的学习、生涯规划、心理健康和社会技能的发展，为学生提供发展预防性和危机干预性的心理服务，通过家、校、社协同育人构建学生心理发展的社会支持系统。因此，良好的关系离不开师生的共同修炼，这是一个不断磨砺生命特质、抛却自我缺陷的过程。

心理教育应该是一场"关系"的教育，教师与学生都应当成为"更好的人"，彼此互助，共同成长，更好地适应社会。心理教师在学生最迷茫、最受挫的时候，把安慰、力量、支持、信任和鼓励及时带给他们，让他们内心升起希望，为他们排忧解难，助力他们渡过难关。

对学生，我时常请他们问问自己的来时路："为何而来？""将到哪儿去？"我所在的校园里既有珠海的本土学子，也有来自千里之外的新疆学子。他们相聚一堂，追逐梦想。他们的高中生活五彩缤纷，他们用奋斗勾画青春的风景，这些真诚可爱的学子的所作所为时时处处打动着作为教师的我。我时常告诫他们：心有所信，方能行远；学有所悟，而后笃行。

对自己，我时常勉励。学生叫我一声"老师"，"师"字润在心头，这是爱在散发魅力，爱人者人恒爱之。作为成年人的我们承受着生活的层层压力，然而能陪伴一群又一群的学生成长，得到生命活力的滋养，使得我们的生命更为丰富、更有厚度。成年人的种种伤痛在陪伴孩子成长的过程中慢慢地被抚平，与其说我们陪伴着年轻的生命，不如说每一个年轻的生命帮助着每一个作为成年人的我们，让我们感觉到生命的美妙和充实。每一年和毕业生分别时，我总会流下激动和感谢的眼泪。能为学生撑伞，把学生扶上马送一程的师生关系是值得被感恩、被善待的。我们成为被学生需求的角色，正是心育工作最大的价值。我爱教师这个职业，更爱和孩子们一起学习，爱与他们进行生命的同频共振。

校园里每一个人细致动情的努力，都彰显了心理教育的润物无声、润物有情的特点。每一个正值青春的你都经历着生命的泪与笑，当这一切化为人生经历时，便成为人生最宝贵的回忆，温暖着你及你周围的人。这正是灵魂碰撞而产生的温度。

没有一次教育是待酝酿成熟后才启行的，所有的师生关系都是且行且成长的。在瞬息万变的时代中，没人能预料意外和未来，只有抓住当下，才是对生命的尊重。心育教师理应趁着大好年华，多些历练，少把精力浪费在反复纠结的小事上，不负韶华，活出生命的高度。无论是宽阔的平原，还是荆棘的小道，人生就像脚下的路，走下去才会有延伸。

此书见证了我15年来与学生互动的修行，与同行分享，愿它能给大家一些启发。

由于时间和精力有限，书中不足之处在所难免，敬请各位同行和广大读者给予批评指正。

目 录

第三篇 教学案例

第四篇 辅导札记

第五篇 赋能学生

第六篇　支教之路

第一篇

教育主张

基于核心素养的心理健康新教材的研究

——以粤教高中版为例

一、当前的课改背景

教育部《中小学心理健康教育指导纲要（2012年修订）》（以下简称《纲要》）明确指出心理健康教育的主要内容包括：普及心理健康知识，树立心理健康意识，了解心理调节方法，认识心理异常现象，掌握心理保健常识和技能。其重点是认识自我、学会学习、人际交往、情绪调适、升学择业以及生活和社会适应等方面的内容。因此，学校开设心理健康课程是开展学生心理健康教育的重要途径，对促进学生顺利适应学校生活、提高学生心理素质以及努力促进学生健康成长，将发挥极其重要的作用。

广东省教育厅发布的《关于中小学心理健康教育活动课内容指南》（以下简称《指南》）指出，高中阶段的教育目标主要包括：帮助学生确立正确的自我意识，树立人生理想和信念，培养积极的人格特质，提升人格魅力；帮助学生掌握学习策略，开发学习潜能，提高学习效率，积极应对考试；帮助学生认识自己的人际关系状况，培养人际沟通能力，知道友谊和爱情的界限，正确对待和异性同伴的交往，建立良好的人际关系；帮助学生理解压力的意义，积极应对压力，进一步提高承受失败和挫折的能力，培养良好的意志品质；帮助学生了解自己的兴趣、能力、性格、特长和社会职业方向，进行升学就业的选择和准备，培养担当意识和社会责任感。

2016年9月教育部正式发布《中国学生发展核心素养》，该研究成果明确指出，中国学生发展核心素养，以科学性、时代性和民族性为基本原则，以培养"全面发展的人"为核心，分为文化基础、自主发展、社会参与三个方面，提出人文底蕴、科学精神、学会学习、健康生活、责任担当、实践创新六大素养。林崇德教授认为，核心素养是指学生在接受相应学段的教育过程中，逐步形成的适应个人终身发展和社会发展需求的必备品格和关键能力。它不仅能促进个人发展，也有助于良好社会风气的形成和运行。《中国学生发展核心素养》的发布推动了各地开展核心素养视角下的课程改革。

在当前背景下，广东省也迎来了粤教版心理健康教材的改编。下面通过对2017年王玲主编的新教材《学校心理健康教育高中版（全一册）》的研究分析，提出思考及应用建议。

二、体系结构与体例

新教材的教育目标与《纲要》相吻合，高中阶段主要侧重"积极人格特质的塑造"，并注重结合广东省实际进行编写。内容框架以《指南》的学习、人际、自我、情绪（含抗逆力）板块要求为核心，依据高中生身心发展的特殊性，增设了青春期、价值观和职业规划板块。"适应"主题在高中版不再单独呈现，而是融入其他板块。新教材《学校心理健康教育高中版（全一册）》内容框架见表1-1。

表1-1 新教材《学校心理健康教育高中版（全一册）》内容框架

主题	《纲要》	核心素养		课程名称
		内涵	表现	
学习	1.培养创新精神和创新能力。 2.掌握学习策略。 3.开发学习潜能，提高学习效率。	文化基础	科学精神	敢于质疑，不畏权威
		自主发展	学会学习	高一圆舞曲
		自主发展	健康生活	规划人生，演绎精彩
		自主发展	健康生活	微笑迎接高考
人际	1.正确认识自己的人际关系状况。 2.培养人际沟通能力，促进人际间的积极情感反应和体验。	文化基础	人文底蕴	了解自己的对话姿态
		社会参与	责任担当	我好你也好
自我	确立正确的自我意识	自主发展	健康生活	我的未来不是梦
		自主发展	健康生活	做开明、开朗的高中生
		文化基础	人文底蕴	幸福在咫尺，感恩在心中

主题	《纲要》	核心素养		课程名称
		内涵	表现	
情绪（含抗逆力）	1. 积极应对考试压力，克服考试焦虑。 2. 帮助学生进一步提高承受失败和应对挫折的能力，形成良好的意志品质。	自主发展	学会学习	实话实说化压力
		文化基础	科学精神	境由心转
		自主发展	学会学习	心灵按摩
青春期	正确对待和异性同伴的交往，知道友谊和爱情的界限。	社会参与	责任担当	那些年，我们一起追的爱
价值观	树立人生理想和信念，形成正确的世界观、人生观和价值观，培养担当意识和社会责任感。	社会参与	实践创新	生命的厚度
		社会参与	责任担当	用心守护我们的家园
		社会参与	责任担当	我与社会共成长
职业规划	确立自己的职业方向，培养职业道德意识，进行升学就业的选择和准备。	文化基础	人文底蕴	基于性别的考虑
		文化基础	科学精神	职业选择中的性别差异
		自主发展	学会学习	梦里寻他千百度
		社会参与	实践创新	我为职业起航扬帆

新教材以系统、科学的方式，引导学生在体验中感悟、自省、升华，兼具读本与教材的功能，既易学又适教。在编排体例上，新教材以大卫·库伯的体验式学习理论为依托，设计了四个板块，分别是：第一板块"心理剧"，创设情境，让学生获得"体验"；第二板块"心语角"，分享感悟，体现协同学习；第三板块"心导航"，知识荟萃，解读本课要点；第四板块"心动力"，应用知识，解决问题。新教材《学校心理健康教育高中版（全一册）》编排体系，如图 1-1。

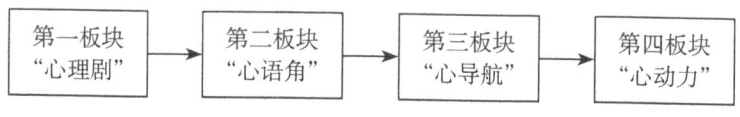

图 1-1 新教材《学校心理健康教育高中版（全一册）》编排体系

三、新教材发展趋势

为更好地对高中生进行心理健康教育，迎合心理健康教育发展新趋势，研究对比 2007 年粤版教材，新教材具有如下特点。

1. 辅导更明确

新教材渗透国际积极心理理念，遵从"发现问题、提出问题、分析问题和解决问题"的科学认知规律，依次设计了"心理剧、心语角、心导航、心动力"四个板块，学生在教师的协助下，自行领悟，构建积极的符合自身特点的认知、情感、意志和行为模式。一方面，教师努力创设合适的学习情境，以促进学生的健康成长；另一方面，面对学生提出的问题，教师更侧重引导、启发学生自己发现问题，自己找出最合适的解决方法，并在解决问题的过程中培养高中生开明、开朗、乐观的积极品质，提高自我效能感和心理韧性，倡导感恩心态，塑造有主见、有创新精神的高中生。

2. 生活性更强

新教材注重选取新颖元素，力求突出趣味性和地方性，如运用几米漫画、纪录片《舌尖上的中国》、江苏卫视《最强大脑》节目评论以及广东省中山纪念中学2007届校友刘若晴的素材等，设计出与本地区相关的生活背景。再如，"心理剧"板块中引用相关的生动精彩的材料，设有心灵体验、故事展播环节，引发学生的兴趣，增进学生的思考；案例实录、情景模拟等环节将高中生常见的问题以简短的故事呈现，加入名人案例，这些均贴近现实生活，并结合生活实际进行分析。如此编排，学生容易产生共鸣，产生兴趣，愿意思考并尝试解决特定的问题。

3. 体验更丰富

新教材课程内容丰富多彩，具有开放、包容的特色，同时课程要求在知识与能力的掌握、教学过程与方法的使用、情感态度价值观的形成以及教学评价等方面也是多元的、灵活的。在"心语角"板块中，新教材提供了专业量表，学生可以通过问卷自测相关心理特征，加深对自己的认识；新教材又通过实话实说、百家争鸣的游戏互动及专题讨论等，有针对性地指导解决学生存在的自我、学习、情绪、人际等困惑，使学生学会多角度看待问题并把焦点放在积极层面上，如利用一份"感恩存折"、描绘"压力应对树"等特色设计，还原学生的主体地位，使学生成为学习的主体。

4. 发展性更鲜明

新教材引进了学生核心素养的前沿理念，以培养学生"自主发展、社会参与、文化基础"为核心，促进学生的自主发展。这是一个持续、终身、可教、可学的核心素养发展过程。新教材在编写上重在激发学生的潜能，其中

"心导航"板块有智慧点拨、主题拓展、学为我用等环节，包括有关心理学史或背景资料的介绍、人物故事、心理效应、有影响力的实验、有趣的问题讨论等，这些都能够帮助学生学会心理健康技能，如同"心理小贴士"，引领学生在高中阶段形成核心素养的初步意识，帮助学生形成积极的心理品质和适应社会的能力，并在今后人生阅历增长的过程中不断完善自己。

5. 自助性更显著

新教材突出了学生"助人自助"能力的培养，将学生在学校所学的内容和家庭生活、未来社会生活相联结，倾向于把所学的知识迁移到实际行动中。例如，新教材在最后的板块"心动力"中，出现了制订行动计划、合理规划人生、写一封感恩的信、社会志愿者日记等内容，增强学生的心理适应能力，从而促进行动实施。在前面的板块学习中，学生已将"他助"与"互助"中学到的经验内化成自己的人生技能，从而实现"自助"，进而实现自我完善和发展。换言之，新教材显然是一个以"他助—互助—自助"为设计机制的课堂教育范式。

四、新教材教学建议

新教材在帮助学生获得良好心理品质和提升核心素养的同时，对心理健康课的教学提出了更高的要求。因此，教师在教学上应注意如下事项。

1. 参与体验为主，培养探究精神

教师应把活动、参与、体验作为教学最基本的实践形式，而不是直接呈现问题、指出问题所在及给出解决方法，摒弃过去补救性的教育模式。在教学过程中，教师可灵活运用头脑风暴、角色扮演、心理游戏及心理影片等体验法，使学生主动参与探究，学习并运用学科知识，掌握学习方法，养成良好的学习习惯，培养相应的心理技能。

2. 按需补充素材，完善知识脉络

教师应正确理解新教材，致力于实现阶段性的培养目标，树立起大教材观，在用教材教的同时又不局限于教材。教师可以适当结合当地实际及学校背景，挖掘学生身边的资源，补充生活的新鲜题材，吸纳具有应用价值的知识，激发学生的兴趣，有效实现教材的二次开发，不断提高教材的"附加值"，做教材的真正主人。

3. 注入生涯元素，发挥心理特色

心理健康教育与生涯规划教育相互呼应，共同增强学生的心理适应能力，促进学生的心理健康成长。在高中学科课时安排困难的情况下，教师可以在"自我""职业规划"等常规心理健康课上引入生涯元素，既能体现心理健康的学科特征，又体现学校的办学特色，帮助学生认识及完善自我、知晓社会及规划职业。

4. 提升行动能力，引导学以致用

教学的最终目的不是掌握知识，而是让知识成为发展学生核心素养的载体，真正培养学生的实际运用能力。不管是现实生活心理化还是心理知识生活化，均可有效增强学生的应用意识，提升学生的行动能力，从生活的视角指导学生，促使学生更好地利用学科知识来处理新的情境问题，学会学以致用。

因此，在日常教学中，教师应该先行一步，多思多悟，基于核心素养的视角来分析教材，开发体现学科特征的校本素材，并在教学中加以实施，凸显对学生能力发展的重视，从而把教材"活用"起来。

体验式教学在内地新疆班
心理健康课程中的运用

近年来，内地新疆班（简称"内高班"）的教育问题受到普遍关注，课堂是教育的主要场所之一，更是心理健康课程的开设与推广不可或缺的重要载体。笔者在内地新疆班心理健康课堂上融入了体验式教学，发现其对于提高课堂的教学效果的作用十分有效，具有积极的实用价值。

一、体验式教学的概念

体验式教学是一种引导学生通过亲身体验进行学习的教学理念和方式。笔者认为，"体验式心理课程"是指教师创设合理的情境，有目的、有计划地展开教学活动，引导学生由被动到主动，由接受性到创造性，对教育情境进行体验，并且在体验中感知、领悟，培养学生独立审视问题的能力，从而达到促进学生健康、全面发展的目的的课程。具体做法是通过头脑风暴、角色扮演、心理游戏、心理影片等方法，引导学生在做中感悟—体验—认知—改变—成长，教师与学生一起因潜能释放而提高自信心，因主动成长而体验快乐，因团队合作而体验归属感。

二、体验式教学的适用性分析

（一）课程特点的适用性

在心理健康课程的教学中，教师不仅要传授基本知识，对学生常见的心理问题进行预防和辅导，而且要引导学生探索获得心理健康的途径与方法，并从教育与发展的角度，使学生掌握一些自我调适的方法，从而把有关心理健康的知识应用于实践中。对于这样的课程目标，教师如果仍然按照传统的授课方式，单纯地传授知识、介绍理论，片面强调认知而忽视情感和意志的发展，是无法实现的。学生心理健康教育应该是一种自我教育活动，通过学生自我体验和感悟，潜移默化地影响自身成长，促进人格完善。同时它也注重人际的互动，通过同伴互动、师生互动，使学生培养交往能力，获得积极的情感体验，形成正确的社会价值观。因此，体验式教学符合心理健康课程的特点，适合推广使用。

（二）学生特点的适用性

内地新疆班是"民考民"生源，学生来自新疆各地，汉语基础差，过去所学习的教材各不相同，因此其学习基础、认知情况也参差不齐，他们在入读内高班后要独立面对语言突破难关、人际交往关、生活适应关等挑战，因而呈现出复杂多样的心理问题。笔者在实际研究中发现，存在的主要问题有由语言障碍、学习困难而引发的自卑心理，由情绪过激、冲动行为而引发的人际交往被动问题，由远离父母、环境陌生而引发的适应不良，等等。但同时该群体又是热情好动、能歌善舞、多才多艺的，课堂上有参与活动的意愿。面对这些特殊性，根据少数民族学生的文化背景、心理状况、认知能力、行为习惯等，笔者认为实践"体验式心理课程"能充分发挥他们的优势，唤起他们的感性经验，减少他们在大多数学科课堂上的害羞自卑、不敢表达等现象的发生。此外，体验式教学注重互动和合作，能培养学生的交往技能和社会适应能力，增强学生的自信心，提高心理健康课堂的教学效果。因此，体验式教学的实施符合内高班学生的身心特点。

三、体验式教学的形式和一般操作程序

（一）体验式教学的常用形式

1. 头脑风暴法

头脑风暴法是由美国创造学家奥斯本于1939年首次提出的一种激发性思维方法，即通过无限制的自由联想和讨论，促进产生新观念或激发创新设想的一种教学方法。采用头脑风暴法时，教师要选好代表，召开专题会议，以主持者的身份向参与者阐明问题，说明规则，营造轻松融洽的氛围，引导代表们提出尽可能多的方案，如在"突破思维定式"课程中，内高班的学生体验到畅所欲言的自由和愉悦后，产生了学习动力，获得学习成就感，从而减少了被动学习、浮躁泄气等现象的发生。这正是有效心理课堂的生命之源。

2. 角色扮演法

角色扮演法，是结合现实问题创设一定的活动情境，让学生在其中扮演角色的一种教学方法。学生通过自己的角色进行活动，获得心理体验并分享，分析角色行为，以形成特定的心理品质与行为习惯的方法。例如，在"解决人际冲突"课程中，笔者请一名内高班志愿者就某个冲突采用"空椅子技术"表演两个不同立场人物的言行举止，在角色扮演中体会各方的内心感受，分析角色行为，修正错误，以达到掌握营造良好人际关系的技巧的目的。在最后的分享环节，大多数的旁观者都能从中得到感悟，并表示在以后面对情绪问题时会合理地进行自我调控。

3. 心理游戏法

心理游戏法，即围绕一定的主题开展游戏，促使学生产生内心体验并提高自身对知识的领悟的一种教学方法。学生在活动中能够愉悦身心并且受到相应的教育，如实践樊富珉在《团体心理咨询》中为加强团队合作设计的系列练习"解开千千结""突围闯关""同舟共济""信任之旅""建高塔""相亲相爱一家人"等活动，促进学生深入理解团结协作的重要性。学生在切身体验中与他人建立信任，真正掌握了交往技巧，有效地解决了内高班团队建设意识薄弱、集体氛围不强等问题。

4. 心理影片法

大多数的心理影片都惟妙惟肖地描述了人类的心理和行为特征，推动观众加强对自身心理健康进行认识与关注。教师在教学中运用心理影片来达成教学目标的方法就是心理影片法。在内高班教学中选用一些经典的心理影片，如播放《永生羊》，激发学生的爱心、善心和感恩之心。又如，播放励志片《阿甘正传》《不一样的人生》唤醒学生自强不息的决心，解决学生耐挫性差、心理脆弱等问题；再如，播放反映孤独症患者内心世界的《雨人》，学生在观看之后还可以扮演电影角色，并在课堂上进行表演，深入了解不同人物的内心世界。

（二）体验式教学的一般操作程序

体验式教学的一般操作程序，如图1-2所示。

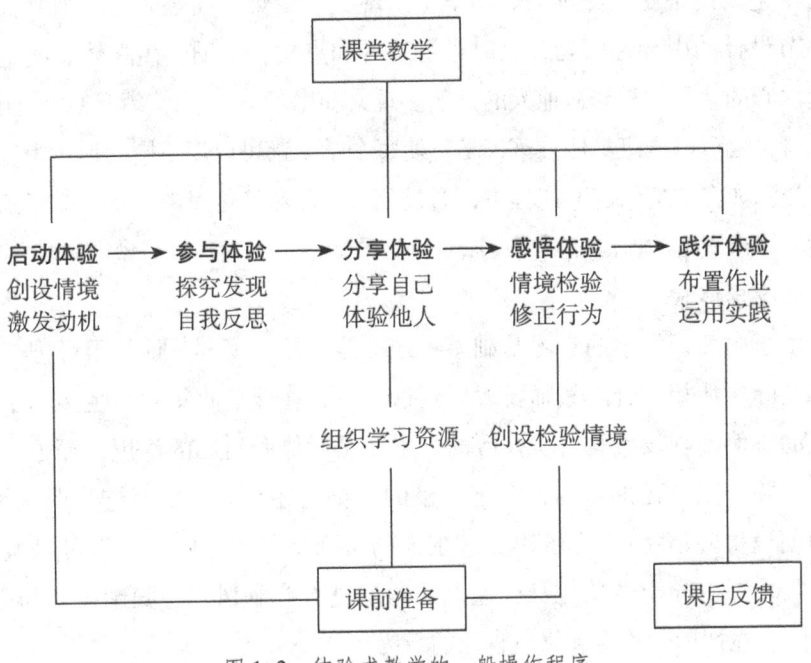

图1-2 体验式教学的一般操作程序

1. 启动体验

教师根据教学目标的要求及具体教学情况和学生特点，有目的地引入或创设具有一定情绪色彩的、以形象为主体的、生动具体的情境，从而帮助学生启动体验。在教师的指导下，学生被激发出的情感贯穿学习全过程，从而积极主动地参与课程活动。例如，在"情绪链"课程中，教师设计"雨点变奏曲"的暖身游戏，启发学生思考平日的情绪与下雨的相同之处，引发学生的兴趣，激发其解决情绪问题的动机。

2. 参与体验

学生进入情境后，开始参与探究、体验活动。教师要组织学习资源，及时引导学生使用正确的体验方法，关注个别需要帮助的学生，同时，教师要及时记录学生在体验过程中的各种情况，捕捉学生的心理外在体现，设计相关问题，引导学生进行自我反思，为进一步交流分享做好准备。例如，在"情绪链"课程中，教师扮演负性情绪源，开展一场负性情绪链的传递体验，组织学生探究引导性问题，并及时进行自我反思。

3. 分享体验

分享体验环节是体验式教学的核心环节。由于语言的局限，分享对于内高班学生来说是比较困难的。当学生出现交流困难的问题时，教师要根据前一环节设计的引导性问题，及时进行疏导和点拨，帮助学生在体验的基础上表达内心的感受，学会从他人的角度去观察和思考。分享体验可以以小组的形式进行，也可以全班集体分享，尽量使每个学生都可以用不同的形式表达内心的感受。如在"情绪链"课程中，通过分享自己和换位思考，学生能正确理解情绪，习得情绪的保健知识，可以对自己的情感、行为反应等做出调整。

4. 感悟体验

由于内高班学生的学习基础差、迁移能力相对薄弱，他们很难把体验活动和实际生活相结合。教师要意识到这一点，在课前收集和学生实际生活相联系的事例，创设检验情境，帮助学生加深对体验活动的认识，感悟体验的目的，并修正自己的行为，完善积极的人格。还是以"情绪链"课程为例，教师创设检验情境："为了避免被别人的负面情绪所影响，我们可以做些什么？"教师引导学生从自身、他人的角度进行头脑风暴，归纳技巧与方法，帮助学生在情境中检视和修正自己的行为。

5. 践行体验

心理健康教育强调人格的完善和积极品质的形成。因此，在体验的过程中，教师要根据心理健康应对技巧，设计生活中的相关任务，使学生充分践行，提高对心理技巧的实际应用能力。新的践行活动也是新一轮的体验活动，促使学生在体验中不断地提高和完善自己。教师可以向学生布置"心理日志"，要求学生写下总结性作业和践行感悟，这样既能反馈教学成效，又能及时发现特殊问题并开展课外个别辅导。"情绪链"体验式心理健康课的教学设计见表1-2。

表1-2 "情绪链"体验式心理健康课的教学设计

活动环节	活动步骤	活动目的	教学形式	操作程序
一、暖身游戏（5分钟）	全班学生围成一个圆圈而坐。 1. 教师邀请学生用手势演奏"雨点变奏曲"。 2. 在情境中引导学生思考情绪和下雨有何相同之处。 3. 启动学生对情绪变奏的体验，激发学生解决情绪问题的动机。	启动体验，活跃气氛，激发兴趣。	心理游戏法	启动体验

活动环节	活动步骤	活动目的	教学形式	操作程序
二、"情绪链"游戏（15分钟）	1. 主题活动互动：情绪链。教师扮演负性情绪源，选中第一个目标学生后，2人手拉手以"情绪链"的方式把负性情绪传染给剩余的学生。但凡被接触到的学生，都成为情绪源，每2个情绪源手拉手，同样以"情绪链"的方式传染给另外的学生。直至所有学生都传染上了，游戏结束。 2. 提出引导性问题： （1）当被动传染上负性情绪时心情如何？ （2）采访第一个被传染的学生：当时的心情怎样？ （3）采访最后被传染的几个学生：从一开始幸运逃脱，到最后又被迫招，心情经历了怎样的变化？ （4）倘若传染的不是负性情绪，而是一种爱、一种快乐、一股正向能量，你怎么看呢？ 3. 分享与点评。 4. 组织学习资源：关于情绪的心理健康知识。	开展游戏体验，探究核心问题，并且通过自我反思和分享，展示内心体验，同时从他人的角度去观察和思考，正确理解情绪反应。	角色扮演法、心理游戏法	参与体验、分享体验
三、交流与分享（15分钟）	1. 学生回忆及讨论团队发生过的"情绪链"故事，并分享出来。 2. 观察与思考、分享与点评：少一些忧伤感染，多一些快乐传递。 3. 创设检验情境：为了避免被别人的负面情绪所影响的情况发生，我们可以做些什么？（引导学生分别从自身、他人的角度调节负面情绪） 4. 学生头脑风暴，教师视情况归纳：合理宣泄、目标转移、运动调节、音乐调节、倾诉调节…… 5. 重点介绍认知调节法，学生在情境中尝试检视和修正自己的行为。 6. 分享与点评。	增强团队的有效沟通，发现身边的"情绪链"，并探讨如何应对不良的"情绪链"，尝试修正行为。团队达成正向、阳光的发展共识。	头脑风暴法	感悟体验

活动环节	活动步骤	活动目的	教学形式	操作程序
四、课堂总结（10分钟）	1. 学生欣赏短片《创造快乐人生的方法》，回忆课堂流程。 2. 总结与评价：学生表达课堂感受与体验，教师提炼和强化理念。 3. 结束活动：教师扮演快乐源，与学生快乐告别，传递快乐情绪。 4. 布置总结性作业，运用实践检验。	回味活动精神，总结课堂体验，用微笑、握手和拥抱等方式冲淡前期活动中负性情绪带来的阴影。	心理影片法、角色扮演法	践行体验

四、体验式教学的优越性和应注意的问题

（一）体验式教学的优越性

心理学认为，自我认同是学生自我发展的基本素质。高中阶段自我认同感发展良好的学生，在学习和生活中更显自信，易提高自身的心理适应性水平，即有利于形成健全的人格。笔者运用心理学家奥克斯和普拉格编制的自我认同感量表（Self-Identity Scale，SIS），测试内高班学生的自我认同程度，见表1-3。相关样本 t 检验表明，前测均分与后测均分差异显著（$P < 0.01$），即通过体验式心理课程的积极干预，学生的自我认同感后测整体水平显著提高，表明体验式教学的效果显著，具有积极的实用价值。

表1-3　内高班学生的自我认同程度测试表

（N=38）	前测总分		后测总分		t	P
	M	SD	M	SD		
自我认同感	54.38	6.210	56.25	6.096	−3.412	0.002**

1. 活跃气氛，激发学生参与活动的意愿

根据内高班学生的认知特点，教师说教以及直接提出讨论议题的教学方式不符合学生的接受能力，无法引起学生的兴趣。而体验式教学符合学生愿意参与、乐于表现自己的心理特点，学生在生动的实践操作、快乐的游戏活动和丰富的角色扮演以及积极的情感交流中体验感知，促进了自身人格的健全发展。

2. 促进情感内化，提高课堂教学的效果

在体验式教学中，学生积极主动地参与整个教学过程，真正实现了"以学生为本"。在全程参与、体验分享、互动感悟的过程中，学生的情感得到激发，极大地减轻了自身在课堂上的紧张或焦虑，提高了自身学习的积极性，提升了心理素质，达到了心理健康课程的教学效果。

3. 实践体验，提升学生的交往能力和实践能力

体验式教学为学生提供了不同内容、不同方式的实践体验过程，组成同伴之间、师生之间互动交流的共同体，提高了学生的交往能力，同时体验式教学增加了学生实践的机会。在践行中，学生将内心的一些情绪、情感体验和心理自助技能进行内化，提高了对心理技巧的综合运用能力。

（二）体验式教学应注意的问题

1. 重视教师引导，加强分享交流

由于内高班学生的汉语基础比较差，教师担心学生讨论不充分，或者交流不到位，因此在课堂教学中重体验、轻交流。而交流是心理健康课重要的活动方式，教师要注重对学生的体验过程进行引导，让学生积极尝试将各种体验后的感受或收获进行交流，可以是口头的表达，也可以是"心理日志"，通过学生之间的相互感染、相互影响来进一步实现课堂目标。

2. 强化过程评价，鼓励多元体验

体验式教学要全面反映学生心理健康的发展变化、心理调适技能的掌握程度等，最终的评价指标没有标准答案，因此要淡化形成性考核。学生对技能的掌握、心理的发展变化是一个动态的过程，体现在平常的课堂学习和日常生活中，切身体验是开放的、主动的且富有创造性的，因此教师要强化过程性评价，肯定学生的多元体验。

3. 提供实践机会，促进内化自助

体验式教学的重点是使学生在实践体验中达到自助和完善。学生在体验活动中习得心理健康应对技巧，再通过实践内化为自身的积极品质和心理自助能力。教师应根据教学目标，为学生提供实践的机会，将教学延伸到课外，尽可能引导学生有所思、有所感以及有所悟，使学生的外在要求与内在思想、情感发生相互作用，变为自身的需要与行为动机，加强对相关技巧的理解、掌握和应用，达到心理自助的目标。

从教学实践来看，将体验式教学引入内地新疆班的心理健康课程中，尽管效果显著且具有实用价值，但仍会受到一定的课程时间和前期准备工作的制约。如何在有限的体验式教学时间内，让学生在"学"中"做"，在"做"中"悟"，实现个别化的教学目标，同时在团体互动、相互合作中达到最高的学习水平，并且能更加持久地把课堂所学知识迁移到现实生活中，实现学生能力和心理素质的共同提升，还需要心理健康教育工作者的继续探索和努力。

论校园危机干预的策略

——以某高中校园危机事件为例

危机事件：某班 A 同学突发性自然死亡。

事件经过：某月 11 日上午体育课，部分学生在踢足球，其中 A 同学自己在捡球过程中突然倒地，师生迅速合作开展多方抢救工作，后经 120 送往医院证实死亡，属突发性自然死亡事故。当时班上男生目睹了整个抢救过程。同班学生得知 A 同学死亡后，对自己的无能为力感到自责，陷入悲伤状态。

危机反应是指个体面临突发事件和遭遇时，既不能回避，又无法运用现有的资源和惯常的应对方式解决问题而出现的心理失衡状态。危机事件的特征包括突如其来、危及生命和无能为力感。它对个体，特别是正处于从少年到青年的过渡期、身心尚未健全的高中生会产生深刻的影响。此次事件，符合危机事件的三大特征，班上学生出现强烈的危机反应，如反复出现侵入性画面、不能集中精力学习、失眠等，其他班级的学生也相继出现惊吓、恐惧现象。以上均属于非常状况下的正常反应。

一、人们对危机的心理反应通常要经历四个不同的阶段

心理学研究发现，人们应对危机的心理反应通常要经历四个不同的阶段，如图 1-3 所示。

1. 冲击期

冲击期发生在危机事件发生后不久或当时，人们感到震惊、恐慌、不知所措。

2. 防御期

人们在防御期表现为想恢复心理上的平衡，控制焦虑和情绪紊乱，恢复

受到损害的认知功能。

3. 解决期

人们在解决期积极采取各种方法接受现实，寻求各种资源设法解决问题。此时，他们的焦虑减轻，自信增加，社会功能恢复。

4. 成长期

70%的人经历危机后变得更成熟，获得应对危机的技巧；但也有30%的人消极应对而出现种种心理不健康的行为。

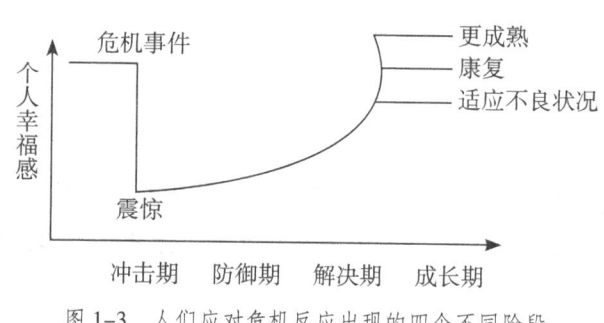

图 1-3　人们应对危机反应出现的四个不同阶段

二、面对危机产生的相应反应

一般危机反应会维持 6 ~ 8 周。面对危机的学生必然会产生相应的躯体和心理反应，主要表现在认知、情绪、行为和生理上，从而引起学生学习、生活习惯、交往方式等发生一系列的变化。

1. 认知反应

认知反应表现为侵入性画面、反复出现的念头或想法、不能集中精力、不信任、易激惹、有内疚感或自责、孤独感或无助感、失忆、失去方向。

2. 情绪反应

情绪反应表现为惊吓、恐惧、焦虑、抑郁、困惑。

3. 行为反应

行为反应表现为哭、颤抖、发呆、嗜睡、反复诉说、回避与离群倾向。

4. 生理反应

生理反应表现为心跳加速、听力增强、惊跳反应、吞咽困难、睡眠问题、高度警惕、头痛头晕。

注意：不同个体对危机事件的反应不一样，没有外部表现不代表内心是平静的；不论有或无以上症状，均属不正常行为。

三、校园心理危机干预

学生出现危机反应后，若没有及时得到心理干预，反应强度持续数月至半年则容易出现创伤后应激障碍（Post-traumatic stress disorder，PTSD）。尤其是与 A 同学有亲密接触的、受到精神打击较大的学生，在危机后的很长一段时间内，会在头脑中反复、经历关于 A 同学现场抢救的画面，对于和 A 同学有关的信息反应剧烈，睡眠、食欲、生活都会被挥之不去的危机画面和经历搅乱，伴有痛苦、紧张、无助感的长期体验，这些都是 PTSD 的典型症状，对学生创伤后的人格发展、校园安全与教学秩序等都带来了危害。

因此，校园心理危机干预对维护学校的和谐稳定、学生的健康成长及预防学生发生严重的危机行为都具有重要的意义。危机干预就是从心理上解决迫在眉睫的危机，使学生的危机反应症状得到立刻缓解和持久消失，使其心理功能恢复到危机前水平，并获得新的应对技能，以预防将来心理危机的发生。在此次危机中，需要干预的人群有：①亲历抢救工作者；②目击抢救现场者；③与 A 同学有密切生活联系的人。

四、学生危机干预系统的构建

此次危机事件具有突发性强的特点，事发前难以预见，一旦发生则需要学校整合资源尽快处置，将危害减小至最低程度。为此，紧急心理危机干预时限为 A 同学事件发生的四周以内，围绕危机反应的出现开展全面性的心理危机援助，进而构建危机干预系统。对于不能减轻影响或其躯体状况重于心理反应的学生，则需要长期的心理辅导和治疗。

A 同学事件危机干预系统的构建，如图 1-4 所示。

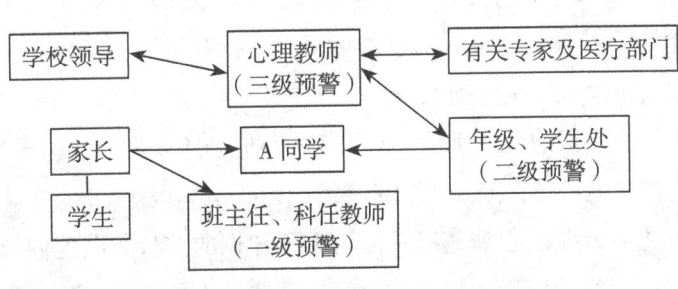

图 1-4 A 同学事件危机干预系统构建

1. 一级预警（全面预防）

班主任、科任老师以全体学生为对象，防御学生在认知、情绪和行为上可能产生的危机；准备事件经过的客观陈述书，公开、透明、真实地通报 A 同学的信息，以免引发其他同学的恐慌；通过主题班会，发放"爱身体"（爱自己才能爱他人）、"珍爱生命"的宣传资料，缓解校园师生的焦虑情绪。

2. 二级预警（针对性预防）

年级、学生处通过预测或其他方式了解容易产生危机的学生并以其为对象开展心理辅导，对部分情绪波动较大的学生，以团体训练或小组辅导的方式，帮助其提高应对危机的能力和水平，鼓励他们不把过多的精力放在 A 同学事件上，回到正常的学习生活中。在此案例中，一些同班的男生无法接受，表现出气愤情绪，危机干预时要提醒他们不要轻举妄动、不要发生正面冲突等，向他们提供表达愤怒的建设性方法，如运动等。

3. 三级预警（重点预防）

班级、年级、学生处等部门密切联系，以与 A 同学日常学习和生活有亲密接触的、曾遭受重大打击或变故的学生为服务对象，以主动的个别辅导为主，避免这些学生出现更为严重的危机行为。各部门对这类学生要重点预防，预防工作必须在心理老师的指导和协助下，与家长保持密切联系，长期追踪，总结经验，从而完善高中学校危机干预系统。

五、校园危机干预原则

目前，我国的校园危机干预系统尚处于补救、普及和完善阶段，因此后期还继续需要社会、学校和家长三方的共同努力。

高中生的心理状态常伴随有躁动和不安，此次危机后，学生普遍开始着重关心个人生命安全问题，如环境是否安全、健康是否有保障等；想吐露自己对 A 同学突发事件的内心感受；渴望把注意力重新转移到学习上，恢复正常的学习生活；希望得到他人情感的理解与支持等。针对案例中学生的特殊状况，此次校园危机干预原则如下。

（1）首先要取得危机受害学生的信任，与他们建立良好的沟通关系。

（2）提供疏泄机会，鼓励他们把自己的内心情感表达出来。

（3）对访谈者提供心理危机及危机干预知识的宣教，向他们解释心理危机的发展过程，使他们清楚目前的处境，理解他人的感情，建立自信，提高对生理和心理反应的应对能力。

（4）根据不同个体对事件的反应，采取不同的心理干预方法，积极处理急性应激反应，如开展心理疏导、支持性心理治疗、认知矫正、放松训练、紧急事件应激晤谈（Critical Incident Stress Debriefing，CISD）（以下简称心理晤谈）等，以改善他们的焦虑、抑郁和恐惧情绪，减少过激行为的发生，必要时适当应用镇静药物。

（5）调动和发挥社会支持系统的作用，鼓励危机受害学生多与家人、朋友和同学接触和联系，减少孤独和隔离。

六、危机干预方法

危机事件发生后，心理教师迅速了解具体情况，分析不同个体对 A 同学突发事件的反应，借鉴相关危机干预理论和知识，结合学校现场实际情况，制定相应的干预方法。此次主要运用的危机干预方法具体如下。

1. 心理急救

操作者：各班主任、科任老师、年级主任。

校方高度重视危机干预方法的运用及操作，于 11 日下午组织召开了有学校领导、心理教师和 A 同学的班主任等人员参加的会议，针对其中的心理晤谈和班级团体心理辅导方案进行深入了解和修改，并决定对紧急干预期间各年级全体教师介入的心理援助提供专业意见和辅导。12 日上午学校又召开年级全体教师会议，由心理教师分析目前学生的状况及其可能出现的危机反应，提出心理援助的具体意见和建议，并突出强调注意事项；鼓励全体教师回到正常的教学工作中，同时对教师进行心理高危标准培训，帮助他们识别高危学生，并将高危学生及时转介到校园心理咨询机构。

紧急心理援助的注意事项：

（1）阶段一（危机事件刚发生）。此阶段不要强迫学生回忆或说话；不要粗暴地"干预"学生的情绪，如"不要哭了""要勇敢""哭吧"；不要对学生所经历的事情充满好奇（容易产生二级伤害）。正确的做法如下。

① 亲人给予实际的支持（如生活的照顾）。

② 倾听、关注，给予情感的抚慰（如轻喊其名字，"你冷不冷啊，中午吃什么了"，让其体会到你的到来是安全的）。

③ 身体语言特别重要（如慈祥的目光、握手、用力抓住肩膀；对于个别

学生不能接受触碰的，千万不要强迫）。

（2）阶段二（危机事件发生 1 ~ 2 周后）。

① 客观叙述。同一个心理咨询师客观叙述危机事件（包括细节及伤痛），释疑解惑。

② 实际协助。如询问目前实际生活中还有什么困难，提供解决问题的办法。

③ 联系支持。帮助寻找心理支持的来源，包括家长、朋友的帮助资源等，与之建立联系。

2. 心理晤谈

心理晤谈是一种系统的、通过交谈来减轻压力的方法。

操作者：心理教师。

目标：公开讨论内心感受，支持和安慰，资源动员，帮助现场学生在心理上（认知上和情感上）消化创伤体验。

时限：A 同学事件发生后 24 ~ 48 小时是理想的干预时间。

人员和时间：事件中涉及的现场师生都必须参加；每 10 人为一组，每次大约 1 小时。

过程环节：相互介绍—描述事实—分享感受和反应—资料辅导—回到生活。

心理晤谈结束时举行一个"告别仪式"，帮助 A 同学实现未完成的愿望，化悲愤为力量。

通过与班主任的密切联系，于 12 日下午，心理教师针对案例的亲历者和目击者等紧急干预人群开展了相应的心理晤谈，为学生提供了释放哀痛的机会，采用了减轻心理压力、学习情绪调节的技术，并引导学生从悲痛中寻找意义，为开始新的生活做准备，整个过程达到了较好的效果（详见附件 1）。

3. 松弛技术

教会所有被干预者一种放松技术：呼吸放松、肌肉放松、想象放松。例如，想象放松法，从深呼吸、放松身体开始，进入静静的想象中——想象自己置身于美丽的自然环境，如草原、海滨或森林，并在其中学习。

4. 团体心理辅导

团体心理辅导是以班级为单位，在团体情景下，成员之间共同探讨，互相影响，为成员提供心理援助的辅导方式。由于 A 同学平时为人亲切、性格开朗，与班级同学的关系甚密，对于 A 同学的突发性自然死亡，班级同学表现出强烈的哀伤及行为反应。13 日下午，在校园一角安静的空旷处，心理教师、A 同学所在班级全体成员和班主任共同参与，举行了一次户外班级团体心理辅导。本次辅导通过告别仪式促进学生以健康的方式将情感从 A 同学身上转移，帮助学生摆脱对 A 同学的心理依赖，重建新的人际关系与情感支持网络（详见附件 2）。

附件 1：紧急团体的心理晤谈

时间：12 日下午。

地点：团体辅导室。

参与者及相关情况：本班学生中的亲历者、目击者，与之有密切生活联系的室友、同桌和好友，案发在场的体育老师（共 10 名学生、1 位教师）。

指导员：心理教师。

第一阶段：介绍情况

欢迎大家今天来到这里！今天邀请大家前来，相信大家都知道昨天学校发生的一件突发性自然死亡事件，事件的主人公是我们的同学、我们的好友 A 同学。当时体育老师也在场，大家目睹了整个过程，你可能会感到恐惧、惊慌，甚至脑海里面反复出现昨天的画面。在今天的会议上，我们使用"危机事件"这个词来述说昨天的事。危机事件通常是不可抗拒的，而且是个体能力所不及的。

今天你们中的一部分人可能不愿来这里，虽然你感觉自己不需要接受帮助，其他人却需要。所以，我们希望您为了别人今天能留在这里，您的存在对别人来说是一个帮助。

如果您不愿意发言，没有人会强迫您，但我们鼓励每个人发言，经验告诉我们：当我们能公开讨论这些危机事件会让自己吃饭、睡眠更好，缩短心理恢复的时间。

本次会议没有记录，我也将遵守保密原则。

第二阶段：事实阶段"到底发生了什么？"

现在请大家轮流回答，分享你们在事件中所扮演的角色和当时的情况："危机事件发生时你在哪里？正在做什么？看到了什么？听到了什么？你在其中扮演了什么角色？"

注意：问题要越明确越好，当学生过度陷入情绪中时，及时打断（"非常感谢你的分享……"），并适时提醒，因为认知层面的信息是安全的。此外，适当给予学生一些肢体语言上的支持。

第三阶段：释放哀痛

（1）非常感谢你们的分享，不管当时情况如何，发生了这样的事件，一段时间内的震惊、怀疑都是正常的，有些人反应时间长一些，而有一些人短一些，但对每个人而言，这都是一个真实而痛苦的事件，我们无法承受，感到非常难过，甚至难以自拔，这些都是很正常的，这是一个正常人对非正常事件的正常反应。

现在我想问大家："在那件事情发生时，你最先想到的是什么？""最让你震惊的是什么？"分享你们的第一个想法。还是请大家轮流谈谈自己的想法。

注意：对于一直沉默寡言的学生，心理教师可以选择性地提示一下，如下：

"要不要再给你一点点时间，谈谈你的感受？"

"我们会在小组结束后留一会儿，你们是否愿意和我们再多谈一些呢？"

"你是不是愿意做一个单独的心理咨询呢？"

（2）感谢大家的坚持，现在不必轮流说了，我要问的问题是："现在你们感觉最困难的是什么？最具挑战性的是什么？"学生回答，教师引导学生说下去。

"除了睡眠不好外还有什么反应？"小组中有多少人不能集中精神？这些都是非常正常的典型行为。"我知道你正在经历……"这是一个结构化的过程，最终我们都会回到恢复阶段。呈现危机发展图，释放心理反应。

我们要注意对危机反应的时间把握，不能任其自由延长。每个人表达哀伤的行为方式是不同的，每个人可以用自己的方式将情绪表达出来，宣泄情绪，以降低心理压力。

（3）学习呼吸放松法。

指导语：请你找一个舒服的姿势坐好，闭上双眼。用鼻子缓缓地吸气，再缓缓地呼出。吸气时要"数息"，即默数吸入的次数，呼出时也要"数息"，即呼出的次数。通常人们吸气时最多能数到20次，最少也能达到15次。呼出的次数可能比吸入时少，如吸气时15次，呼出时可能是8次或10

次，这也是正常的。"数息"的目的是排除头脑中的杂念，使你入静，达到放松。

第四阶段：接受现实，学会成长

小组成员讨论：

你目前的生活与学习出现了哪些改变？

哪些改变是自己的原因造成的？包括情绪、认识……

在体验过程中，你获得了哪些？

第五阶段：纪念仪式

（1）信件宣泄："给他写信"，表达对他的思念、愧疚、祈求他的原谅或表达对他的原谅等。

（2）小组讨论："A同学的愿望是什么？他希望我们如何去生活？"

（3）角色扮演：心灵对话。

亲爱的

我们已离别有（时间）。

每当我想和你说话时，我感觉……

当我想起你时，我记得……

最后一次见面，我记得……

这些回忆让我感觉……

失去你对我最大的改变是……

没有你的生活，我最大的痛苦是……

如果你还活着，我希望你可以……

如果你还活着，我希望我可以……

虽然我们分离了，我们却有共同的……

我一定会好好活着！

注意：学生轮流扮演对话时，指导员应指导其将情感重点放在"虽然我们分离了，我们却有共同的……"如考上一所理想的大学等。结合"我一定会好好活着！"提醒学生用自己今后的实际行动来完成A同学的心愿。

第六阶段：回到现实

（1）团体成员围成一圈，将手放在两边成员的肩膀上，静默3分钟。

（2）"携手同心"。学生手拉手围成圈，记住自己的左右手分别是哪个同学，然后放开手，随意走动，指导员喊停，每个人在原地寻找刚才和自己拉手的左右手成员，再次和他们拉起手，形成很多"结"，再开始解"结"。

（3）"结"解开后，指导员鼓励学生拥抱告别。

附件2：所在班级团体心理辅导

时间：13日下午。

地点：校园一角安静的空旷处。

参与者：全班学生、班主任、心理教师。

操作程序：

同学们，我们围成内外两个圈站好，好吗？谢谢你们的合作。

你们好，老师知道，在A同学突然离开我们后，你们都经历了一段很困难的日子，不过，你们今天能站在这里，就是最勇敢的，对不对？

下面我想请一个同学提一个他最想提的问题，有谁想提呢？

（学生：为什么这件事来得这么突然呢？）

嗯，问得非常好，真是个勇敢的人。我们给他点掌声吧！

这次事件让我们联想到5·12汶川地震，这些都是突发性的事件，来的时候都是很突然的，我们都不可抗拒，而且是力不从心的，这是个痛苦的现实，我们都无法接受，但又是真实地发生了。

同学们，说吧，你们想说什么就说吧，都把自己的心里话说出来。同学们，我相信A同学也一定会为你们感到骄傲的，你们要知道，无论何时何地，亲切和蔼的A同学都希望你们是世界上最幸福的人，其实呀，他就在天上悄悄地看着我们呢。我们一定不会让他们失望，对不对？

同学们，来，咱们一块把手都拉起来，跟着我，跟天上的A同学大声地说三句话，一定要大声地说，好吗？

"我很想念你。"

"我会永远记住你。"

"我会做你非常想做而没有时间做的事情。"

咱们大家一起做一个游戏，每两人为一组，一前一后排开，好，请前排的同学先来体验一下。现在我们放松，闭上眼睛，慢慢地往后倒，你们可能感觉到害怕，但是不要害怕，你们后面的人会把你接住，不会让你们摔倒的。嗯，放松……

这会儿就是考验你们的时候了，我想看看，谁是最勇敢的，谁会勇敢地迈出这第一步呀？

太好了，已经有一名同学做到了，我看看还有谁也是最勇敢的。

（前后排的同学交换角色，每人都亲身体验一下）

大家的表现都特别好，说明大家都是勇敢的人，对不对？咱们在这次危机事件中，就像是无助的小草，可是今天，有了大家的力量，有了大家的互相帮助，我相信，没有什么困难咱们战胜不了，对不对啊？

来，握握手，让我们这些都是勇敢的人握握手，好不好？

（生生、师生相互握手）

好了，请大家站好，为了鼓励大家，老师有一份小礼物送给大家……

（派发每人一个气球）

同学们，老师知道你们都很爱A同学，也特别想念他，但是总有一天，咱们都要跟他说再见，现在，我们每一名同学手中都有一个气球，我们就想象着这个气球，就是我们失去的A同学的灵魂，你们可以攥在手里，使劲地转，把它带走，也可以慢慢地松开，让它们飘到天空，一直往上飘，飞上天堂，让他在天上陪着你们，好不好？

你们有什么话，也可以跟他说，想说什么都行。

（总结）同学们，这次活动大家都表现得非常好，你们都是勇敢的人。今天之前所发生的事情都要放进我们的记忆时空里了，A同学虽然与我们分离了，但是我们却有共同的奋斗目标——考上一所理想的大学，为我们的新开始做准备，大家来拥抱告别吧。

（师生拥抱告别）

同是生涯人，共建生涯课

生涯教育是经济、科技等社会各方面高速发展在教育领域的必然产物，是个体价值得以被高度重视的延伸和体现。其以提升学生选择和适应能力为核心目标，是当今构建和谐社会反映在教育领域的重要课题。生涯课程是生涯教育的载体。我们只有弄清楚生涯课程的产生背景与发展过程，把握生涯课题的体系框架，构建具有我国特色的生涯课程并整合各类资源，才能真正助力学生幸福成长。

一、生涯课程的产生背景

（一）当前背景

当前，我国经济已由高速增长阶段转向高质量发展阶段。学生在享有先进教育资源的同时承受着前所未有的挑战和压力，因此社会对学生的要求已不仅仅在于获取知识、提高素质，还应习得、提升生涯选择和适应社会的能力。

国家卫生健康委员会资料显示，在 17 岁以下的青少年中，有 3000 万人受到各种情绪障碍和行为问题的困扰，中小学生精神障碍患病率为 21.6% ~ 32.0%，突出表现为人际关系、情绪稳定性和学习不能很好适应等方面的问题。另外，笔者调查发现 24.6% 的高中生目标不明确或未设想人生目标，不知道自己该朝哪个方向努力、想干什么；43.2% 的高中生有目标，但不知道该怎样努力。显然，我国学生的心理健康状况和生涯规划水平不容乐观，这将不利于学生良好品质和综合素养的养成，不利于个体与社会之间建立积极有效的互动模式。

（二）理论依托

1. 埃里克森的人格发展阶段理论

埃里克森的人格发展阶段理论认为，人的自我意识发展将持续一生。该理论为不同年龄段的教育提供了理论依据和教育内容。任何年龄段的教育失误，都会阻碍个人的终身发展。

2. 加德纳多元智能理论

加德纳多元智能理论认为，智力构成包括语言、数理、空间、音乐、运动、社交、自知七种能力。每一个孩子都是一个潜在的天才儿童，所以教师应注意尊重学生的学习风格，发挥其智能所长。

3. 马斯洛的需要层次理论

马斯洛的需要层次理论将需求划分为生理需求、安全需求、社交需求、尊重需求和自我实现需求五个逐级递升的层次。人的最迫切需要是激励其行动的主要原因和动力，同时人的需要满足是从外向内进行转化的。

4. 霍兰德职业兴趣理论

霍兰德职业兴趣理论认为，人的人格类型、兴趣与职业密切相关，兴趣是人们参加活动的巨大动力，凡是具有职业兴趣的职业，都可以提高人的积极性，可以促使人积极地、愉快地从事该职业。

在上述生涯理论中，我们可以找到与积极心理学理论相容的观点。比如，多元智能理论强调发挥智能所长，与积极心理学的激发和挖掘个体潜能是相通的；需要层次理论注重自我实现在生涯发展中的作用，而积极心理学正是关注人性的优点与价值；职业兴趣理论发现兴趣可以提高工作的积极性，而积极心理学也在研究积极性如何更好地在工作中体现。此外，生涯教育力求帮助个体更好地适应社会，积极心理学力求促进个人与社会的进步发展。如此看来，融合积极心理学，可以为实践生涯课程提供坚实的理论基础和操作指导。

（三）前期积淀

10多年来，随着积极心理学在全球掀起的"教育革命"，我国先后颁布了若干政策文件，强调教育要关注学生积极的心理品质、注重人的价值并实行人文关怀，工作重点由补救性教育转向发展性教育，学生的全面发展成为社会共识。《国家中长期教育改革和发展规划纲要（2010—2020）》《中小学心理健康教育指导纲要》《中国学生发展核心素养》及中共中央办公厅、国务院办公厅《关于深化教育体制机制改革的意见》等文件，相继为生涯课程实践提供了重要的指导思想。

目前，我国在北京和广州相继成立了高中学生发展指导联盟，这些学术组织在教育师资培养上做了大量工作，包括举办教师培训班、编撰教材用书等。同时，教育者们还不断进行理论研究与实践模式创新研究，这一切都为生涯课程实践提供了实验平台和参考资源。

二、生涯课程的发展历程

（一）国外发展

1970 年，美国教育总署署长詹姆斯·艾伦首次提出"生涯教育"，后由其继任者西德尼·马兰推广。政府先后颁布了《生涯教育法》《国家职业生涯发展指导方针》《学校工作机会法案》等法律制度，逐步建立了比较完善的教育和辅助体系，如拥有联邦专款和社会捐赠的足够资金保障，设立高度专业化的实习程序、教育人员和机制，同时调动社会各界的广泛合作和参与，建立学生职业探索档案跟踪服务等，这些措施从不同角度保障了生涯课程的顺利开展。

（二）国内现状

我国（不包含港澳台）的生涯课程实践起步相对较晚。起初以大学生、职场人士为主，随着近年高考改革，开始拓展和深入中学，乃至小学。然而，至今还没有专门针对中学生涯教育的法律保障，生涯教育的普及实施仍处于起步阶段。所下发的文件缺乏配套措施，没有统一的课程纲要，对于具体如何实施、经费如何保障、学校辅导人员应该取得何种资格等问题仍缺乏具体的规定，因此各学校对生涯课程的理解不尽相同，呈现出百花齐放的状态。实施中学生生涯课程主要有以下三种方式：仿照大学的课程体系和教学设计；仿照国外及港台地区的课程纲要和活动设计；照搬兄弟学校。但这样的操作方式在实践中往往会遇到一些现实困难。

三、生涯课程的学科体系

（一）生涯课程的内涵

在高中阶段开展生涯课程，是普通高中生健康成长的保证，是普通高中教育改革和发展的现实选择，更是全面提升高中生核心素养的内在需求。

具体可将生涯课程理解为以下内容。

一是有计划、有组织的教育活动。生涯课程的最终目的是提升学生的选择和适应能力，活动应围绕最终目的，同时应设有组织机构、设施设备、专业人员和专门的教育场地等。

二是动态的、持续的教育活动。生涯课程是主体性课程，面向全体学生，师生应共同参与。学生应使其伴随其职业生涯的始终，教师应着眼于学生终身发展的全过程。

三是综合的、关联的教育活动，包括学科课程教育、潜能分析能力培养、生涯的意识与技能培养、心理辅导等，这些都与培养核心素质相关联。

（二）生涯课程的任务

生涯课程是实施素质教育的重要载体，以积极心理学为核心，促进学生核心素养的发展，既是学生的"知识加工器"，也是学生的"幸福助长器"。普通高中生涯课程首先要帮助学生树立积极的人生观和价值观，使学生了解并适应社会发展需求，形成对人生发展的清晰认识；其次要提升学生的幸福感，培养其乐观、希望、自我效能感和心理韧性等积极品质；最后要促进学生自我设计与完善，培养学生的能动性、独立性与创新意识，提高其解决问题的能力；等等。

（三）生涯课程的目标

生涯课程的目标既体现了积极心理学的本质，又旨在提升学生的核心素养，兼容"预防"与"发展"两个层面。"以预防为辅"——通过心理学的专业测量工具筛选出在成长过程中可能出现偏差的心理及行为，有针对性地进行辅导和强化活动，引导学生以积极的心态去应对自己的生涯规划问题；"以发展为主"——面对所有学生，激发学生自身潜在的积极品质和积极力量，使学生都能走向自我实现的生涯彼岸。可见，生涯课程可以促进学生自主有序发展，实现个人与社会最积极、有效的互动。

（四）生涯课程的内容

1. 生涯认知

生涯认知，是指了解生涯规划及其意义，具体包括明确生涯意识，认识不同发展阶段有不同的角色与任务，了解角色内涵及其相互作用，学习平衡各种角色，初步思考自己的生涯发展方向；明确认识高中学习对未来职业和生活发展的影响，主动适应校园新环境，适应高中新的思维方式，从而为适应大学以及成人世界做准备，如课程"性别角色与生涯发展"，可以帮助学生认识性别平等、共同发展，摒除职业的性别偏见，与核心素养的"人文底蕴"相承接；课程"办法总比问题多"，联系核心素养的"实践创新"，使学生掌握适应新学段的生活策略，以积极健康的心态拥抱改变、迎接新挑战。生涯认知对整个生涯课程起到统领作用。

2. 自我探索

自我探索，即认识与发展自我。通过了解兴趣、能力优势以及性格和价值观对生涯发展的影响，认识自我的独特之处，以更深入全面的框架来探索自我，从而整合自我，将自我与外部世界联结；树立积极的生活信念，提高学习和成长的内在动力，掌握有效的方法，重视日常积累，提高综合运用知识解决问题的能力，树立终身学习的意识，如课程"多元化价值观"，培养学生的多元化价值取向，提升生活品质，完善人格发展，对应核心素养的"健康生活"；还可以从积极心理学层面，引入促进心理韧性、人际交往、情绪调控、自我效能感等主题课程，倡导积极的心理品质，启发学生形成自己的生涯观。自我探索是生涯教育促进学生积极发展的具体体现。

3. 环境探索

环境探索，即探索环境与社会。通过探索生活周边熟悉的事物、未来发展的方向，理解家庭、学校和社会对个人生涯发展的影响，了解大学专业与未来职业、职业与社会分工、社会发展变化对未来人才素质的要求等，从而更系统、全面地探索专业、职业、行业，并为决策做准备。比如，课程"探索工具箱"结合"科学精神"素养，帮助学生明确外部探索的思路和流程，了解信息整理的方法，总结科学、积极的外部探索策略；课程"职业生涯对对碰"，使学生掌握网络检索的方法与途径，学会用互联网搜索感兴趣的生涯资源，促进自身探索和学习能力的提升，对应"学会学习"素养。环境探索重在通过实践帮助学生获取信息，了解真实的社会环境。

4. 自主规划

自主规划，即生涯管理与抉择。树立人生理想与抱负，认识各种内外部因素对决策的影响，初步掌握生涯决策的方法，尝试自主决策；学习解决生涯发展中所面临的问题，有效应对生涯发展中的各种变化，树立法律意识和法治观念，增强自我管理的意识和能力，如通过"目标管理""时间管理"等课程，了解并应用制定目标的SMART（Specific、Measurable、Attainable、Relevant、Time-bound）原则，学会时间管理的方法，与"健康生活"素养相关联，提高自我监控与调节能力；课程"人生处处有选择"，使学生学会灵活、开放地面对人生决策；课程"生涯行动力"，使学生坚定理想信念，养成坚毅、抗挫、乐观、负责任的品质，这些可以综合到核心素养的"责任担当"方面。自主规划重在影响和改变学生的行为。

（五）生涯课程的组织形式

生涯课程强调学生的情绪体验与认知感悟，因此需要加强生涯课程的参与性、情境性、体验性和互动性。常规的知识型授课可以结合团体心理活动课的"参与—体验"形式，如面对面工作坊、小组讨论与交流、情景剧角色扮演、心理拓展、行为训练等活动。不少实践已经证明了学生"有体验才有深度参与，有体验才有成长"，因此"体验"应是生涯课程的主要组织形式。

（六）生涯课程的评估

目前国内教育局限于高考志愿选择，缺少专业研究，大多学校只重视课程的形成性评价，缺乏对课程的实时评估。因此，应灵活地将生涯课与生活以及学科课程相结合，借助心理学专业测评工具或者自行设计量表对课程效果进行实时评估，包括生涯测评、需求调查、课前和课后调查等，并尽可能对学生进行跟踪研究，以生涯档案袋记录学生生涯成长的发展过程。

综上所述，生涯教育是一个永恒的命题，当前教育对高中一线教师的要求已由单一的"学科教师"转变为全面的"生涯导师"，由课程的"主授者"转变为学生成长的"协助者"。教育者同是生涯人，在共同构建我国特色的生涯课程的道路上，需要不断探索，形成符合各自学校办学特色的人生规划指导常模，促进学生积极心理和核心素养的发展，让每个学生都成为最好的自己！

与焦虑对话

皆有焦虑

焦虑向来是我们身体的一部分，一直陪伴着我们的成长。在我们的成长中，只要我们在，焦虑就一直存在，焦虑能提醒我们专注，给予我们动力，减少我们出错，也可以助力我们成功。目前我国正处于社会转型期，大环境在无形中提醒着我们：焦虑已逐渐成为最普遍、最正常的现象。

曾有人告诉过我："不知道自己会在什么时候、什么地方突然消失在这个世界上。"可见，焦虑是无处不在却又合理存在的，换句话说，我们是社会集体"焦虑综合征"，人人皆有焦虑。

笔者自己是一位二孩妈妈，时常会存在焦虑情绪。每当意识到自己的焦虑情绪时，就会有些愕然，但很快会意识到其本身并不可怕。笔者能觉察到自己的焦虑，也能接纳焦虑的合理存在，下一步就知道该与焦虑好好对话了。

觉察焦虑

日常生活中会有这样的一些画面：

当我连续唠叨5分钟，孩子却没有回应时，是我焦虑了。

当我催促孩子改变某个行为，孩子却越催越慢时，是我焦虑了。

当我为孩子安排好一天计划，孩子却无动于衷时，是我焦虑了。

……

其实我们任何期望的背后，都会有或多或少的焦虑。在孩子没有朝我们所期待的方向启动、改变时，我们会不经意地声调上扬、心跳加速、对孩子指手画脚，甚至面红耳赤、摩拳擦掌，有时还会伴随食欲或睡眠改变、注意力障碍、易激惹、精力减退等。曾有家长说："那一刻，手撕孩子的心都有了，别家的孩子总能做好，为何偏偏就自己的恨铁不成钢！"是的，此时我们可以坦然地说："我看到了自己的焦虑。"这是一个很好的信号。

接纳焦虑

请大家思考这样的画面：

如果孩子老是上课走神、注意力不集中时，您会怎么办？

如果孩子在校老是违反纪律，屡教不改，您会怎么办？

如果孩子出现外攻性行为问题，您会怎么办？

如果孩子回到家里不爱说话，躲在房间，您会怎么办？

如果孩子凡是重大考试都会发挥失常，您会怎么办？

对于以上情况，很多时候我们着急管控孩子的行为，总是急于教给孩子生活的道理、正确的做法，却忘记了面对孩子的情绪。试想一下，在一个只讲道理的家庭中，往往是我们讲赢了，孩子却受挫了，我们"赢了孩子"并不代表"赢得孩子"，孩子习得的沟通模式或是"沉默"或是"爆发"，这会使他今后面对人际交往、社会适应时很容易出现问题。

记得一些家长在跟孩子谈话时，认为"我很懂孩子，我把自己都说得感动了，也把他感动了"。但是，为什么谈完了，一些孩子仍然我行我素？为什么没有用呢？曾经我们习惯扮演孩子的旁观者、控制者、挑战者，然而我们对孩子的阻力越大，其反抗力就越大，问题的反弹情况也就越严重。正如现在的热点问题，孩子使用手机频繁，很多孩子过度迷恋手机，家长越是强加管束，越会严重破坏亲子关系，导致孩子的叛逆期延长，可见手机问题只是表层，真正问题是亲子互动模式。

其实，当孩子出现不良行为时，对家长而言只是一次错误事件，但对孩子个人而言则是一次心理危机事件，这时他会产生后悔、内疚、恐惧等复杂的情绪，出于自我保护的本能，他可能会走极端。所以，在孩子犯错时先处理他们的负面情绪，给予人文关怀，待他们情绪稳定后再进行教育。恰当的教育可以化危机为生机，可以创造春风化雨般的神奇。

因此，在心理辅导上，我们往往会强化一个中间环节——接纳。作为家长，我们要接纳孩子只是孩子，接纳孩子问题的出现，接纳自己对孩子出现的问题的焦虑。没有接纳，就没有有效改变的可能。

如何才能更好地接纳呢？如果说默念三遍"亲生的"，仍然无效的话，我们不妨培养一种思维模式，那就是学会把问题和行为区分对待。事实上，每个孩子都有一定的问题行为，但并不代表他是一个问题孩子。看懂孩子背后的需要，理解他的感受，并把行为和人区分看待，这一点很重要。我们要传达给孩子一个信号——"尽管我不赞同你做的这个行为，但依然接纳、尊重和爱着你这个人"。因此，在策略上，我们建议家长在管控孩子行为时要先关注其心理需求。

心理学家马斯洛的需求理论认为，人类的需求像阶梯一样从低到高按层次分为五种：生理需求、安全需求、社交需求、尊重需求和自我实现需求，如图1-5所示。通过这个理论，我们可以很好地解释孩子的行为问题产生的原因，并能接纳焦虑。如果孩子频繁出现外攻性行为，那么就要考虑他是否获取安全需求？还是他的社交需求和尊重需求受到了挑战？准确关注其心理需求，才能准确定位出教育方向，避免其更高层次的需求得不到满足。正如有人说："孩子的叛逆是家长忽视孩子精神层次的需求造成的。"希望大家能引以为戒。

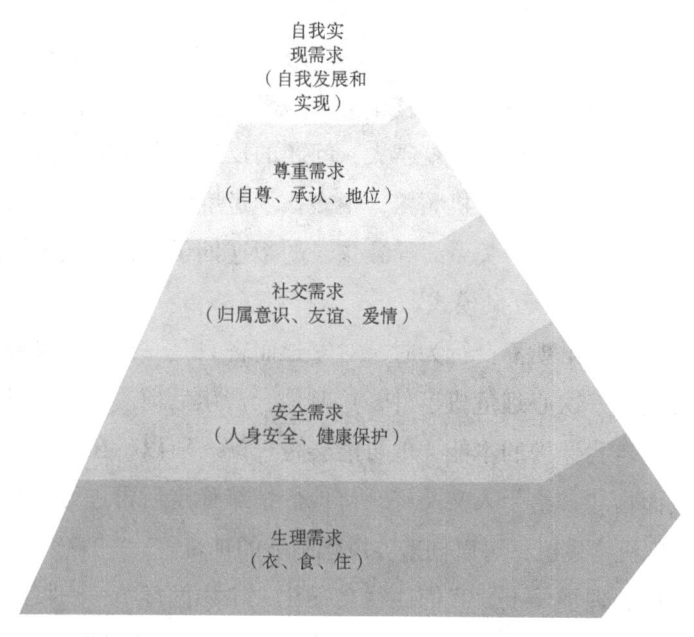

图1-5 马斯洛需要层次理论图

当我们看到焦虑，看到焦虑背后的心理需求时，便能顺其自然地接纳焦虑，带着焦虑与孩子一同成长、前行，这种状态便是最佳的。在这里，分享一个小提示：当你在教育孩子时，如果发现自己或孩子激动愤怒，请学会冷静，好好倾听，不着急说话。或者尝试空间分离（自然地暂停对话，走到另一个房间去），让身体和情绪放松，默数呼吸，做做蝴蝶拍放松操，让心从事件中抽离，待双方平静下来再谈。换句话说，接纳便是按下暂停键，停一停、缓一缓，从而理清思绪。

与焦虑对话

过去我们对孩子的需要是吃饱、穿暖、生理上不生病就好，但现在标准不同了，当代孩子的个性化需求受到前所未有的最大化关注，这就要求我们对孩子有更多关注、更多关爱、更多尊重、更多参与。无论是家长还是教师，都应该主动培养新型的关系，我们要开始扮演孩子的陪伴者、共情者、支持者。以下我想分享一些"与焦虑对话"的套路。

（1）多表达"我向信息"。从告诉孩子"你应该怎么做？""你一定可以的！""你的能力不会比别人差！"到"我想你可以尝试怎么做？""我愿意陪同你一起努力！""我们一起来看看如何拉近距离？"（理由："我向信息"让人更易于接受，没有强迫感）

（2）多表达共情、同理。先理解孩子的情绪情感，然后向孩子表达出你的理解，而不是用自己的经验来理解事物。告诉孩子"我感受到了你的情绪，我和你的情绪待在一起"，不去评判。（理由：孩子感觉到了被理解，情绪得到了释放，就能迅速恢复理智）

（3）多寻找例外的资源。帮助孩子寻找曾经或当下的闪光点。"在什么情况下你没有遇到过这个问题？""什么时候你会显得没有那么糟？这时候有哪些不同情况发生了？当时你是如何做到的？"（理由：相信孩子具备解决问题的能力，探索孩子的积极潜能）

（4）多借助一致性沟通。"陈述事件—表达感受—解释感受—提出希望"。例如，"当我看到你做作业那么马虎时，我很担忧，因为已经提醒你很多次了，你却越来越马虎，我希望以后你能慢慢改掉坏习惯"。（理由：解释自己的感受，将无效沟通转化为有理、有效的沟通）

以上是一些与孩子沟通的技巧，说对了，就会让孩子感到安全，可以讲出自己的担心与困难，家长的焦虑也可以渐降；若说不对，会让孩子觉得难受，宁愿沉默和伪装自己，家长的焦虑自然升级。然而，家长还应知道，比语言更重要的是关系，在问题没有找到解决方法时应最先维系的仍是亲子关系，关系大于方法！在笔者看来，当孩子觉得我们是支持者，而不是压力实施者时，他的成长道路有话可说、有路可退、有家可回；当我们觉得与孩子的关系是陪伴，而不是挑战时，我们与孩子的关系就会越来越好，彼此温暖，彼此照顾，共同面对困难。

在教育这条道路上，孩子们值得我们持续"焦虑"。往后余生，我们一起慢慢修炼吧！与大家共勉！

运用表象训练法缓解考试焦虑

一、理论概述与分析

（一）考试焦虑的定义

考试焦虑是在一定的应试情境激发下，通过不同程度的情绪性反应所表现出来的一种心理状态。考试焦虑受个体认知评价能力、人格倾向及其他身心因素所制约，以担忧为基本特征，以防御或逃避为行为方式。一般来说，适度的考试焦虑有助于激发学生的动机和潜能，提高其学习效率和考试成绩；但考试焦虑过度则容易对学生的认知、情感、人格及其他心理状态造成一定的损害，是高三学生心理问题中最突出的问题之一。

（二）考试焦虑的表现

这里所指的考试焦虑是指在考试时表现出来的紧张、惧怕、注意力无法集中、记忆力衰退等症状，即过度考试焦虑。其在认知、生理和行为三个方面都有表现，具体如下。

1. 认知方面

处于焦虑状态的学生往往思维混乱，无组织、难以有效地应对环境要求。比如，考试焦虑者将认知的焦点和注意力全都集中在自己身上，思维总是指向考试失败的方面。他们过度担心自己的成绩和考试表现，注意力全部集中在能否通过考试、会不会失败等方面。另外，过度重视考试结果，导致其在记忆、注意力方面受到妨碍，如表现为发呆、愣神、思维停滞等。

2. 生理方面

在生理上，过度焦虑的学生常有不易入睡、做噩梦或食欲不振等情况，这是由于自主神经系统活动增强所产生的生理反应。比如，有的学生一到考场时，就出汗、心慌、呼吸加快、眼前发黑、频繁上厕所等，而且，生理反应更多出现在初临考场时，如刚走进考场、看到监考老师或者老师发卷子的时候。

3. 行为方面

焦虑是一种学生体验到的持续烦躁不安、不舒畅和紧张等不良情绪反应。也就是说，处于焦虑状态的学生，必然会体验到某种不愉快，而且随着焦虑程度的加深，学生在情绪、认知甚至行为等方面的不适表现愈加明显。过度焦虑的学生往往敏感、多虑、缺乏自信，平时往往比较温顺、老实，他们的自制力和自尊心都比较强，对待学习认真负责，但常过分紧张。他们往往学习认真，但总担心学习不好。由于过度焦虑，他们不仅不能抓紧时间好好复习，反而会逃避考试、退缩。越是面对重要的考试，如模拟考、高考，他们的复习就越拖延。

（三）考试焦虑的成因

影响高三学生考试焦虑的因素很多，既有学生自身的生理和心理因素等内部因素，又有家庭和社会环境等外部因素，学生的考试焦虑是在这些因素的共同作用下形成的。

1. 学生自身的因素

（1）人格特征。一个人的焦虑与其人格特征有联系。人格是在遗传基础上通过一定环境和教育的影响逐步形成的比较稳定的个人特点。每个人的遗传基因不一样，神经系统强型的人比较敏感，容易激动，会较多地体验到焦虑情绪。再者，有些学生的家长本身具有犹豫、多虑、缺乏自信等人格特点，这些特点会在学生身上反映出来，从而形成某些不良的人格特征，如"焦虑型人格"等。具有这种人格特征的人，容易把本来没有危险的人和事视为对自己的严重威胁，从而惶惶不可终日，尤其是面对重要的考试时，就会紧张焦虑、心烦意乱、注意力难以集中，因此很难顺利通过考试。有研究表明，内向型人格的学生比外向型学生更容易产生过高的考试焦虑。另外，自卑作为人格因素对考试焦虑的激起有较为重要的作用。

（2）认知评价。认知评价是一个人对客观事物产生的认识和评价，一个人对客观事物的认知与评价正确与否，将直接影响人的行为。例如，考试焦虑的同学对考试的认识和评价往往是在主观上过于夸大考试失败的后果，"万一考砸了怎么办？""如果这次考砸了，家里会……同学会……"这些想法让学生陷入担忧、恐惧以至不能自拔，因而就会产生考试焦虑。有些学生责任心过强、对自己的期望过高，在学习和生活中习惯性地盲目攀比，总觉得自己的能力不如别人，总埋怨自己命运不好，一方面很羡慕比自己强的人，另一方面又不甘心落在别人后面，可是自己学习时又不能集中精力，下功夫不够，总是胡思乱想，结果做什么事情也达不到预期目标，反而产生焦虑反应。这些不正确的认知和评价是产生考试焦虑的主要原因。

（3）知识准备与应试技能。一个训练有素、灵活掌握测验内容的学生，在考试过程中不会因遇到不会答的题而惊慌失措；而基础薄弱、知识掌握不扎实的学生，遇到实际问题不能举一反三、灵活变通，对考试缺乏信心和把握，则容易产生考试焦虑。经验表明，学生对所学知识掌握多少与牢固程度在一定程度上影响着其应试的焦虑水平。有些高三学生考试前不能制订适合自己的复习计划，也不能调整好竞技状态，一旦在考试中遇到不会做的题目，就会情绪紧张，无法发挥正常水平，其焦虑状况是不难想象的。另外，缺乏一定的应试技能和应试经验也是造成学生考试焦虑的一个重要原因。平时缺乏训练、没有掌握应试技能的学生，在考场上极易出现慌乱的情况。

2. 外部因素

（1）学校环境。学校是考试最频繁的场所，与考试焦虑紧密相关。高三阶段中连续不断的各种模拟考试，不仅使学生产生严重的考试焦虑，而且会在心理调节不当的情况下导致学生成绩下降。在这一因素上，考生的焦虑感同时来自教师和同学两方面。教师过分看重分数，片面追求升学率；同学之间的竞争，产生争先恐后的对抗心理；班级内的紧张、压抑气氛等都会容易使学生怀疑自己的能力，进而产生考试焦虑。

（2）家庭环境。学生情感依赖的核心在于家庭，父母的教养观念和方式在很大程度上影响着学生的观念和态度，所以家长的教育方式和期望水平会影响学生的考试焦虑水平。在中国目前的社会中，普遍存在着以考试为中心、考分第一的家长教育观念，父母渴望子女在高考中取得好成绩、考上名牌大学，"寒窗苦读十六载，一切只为了高考"。然而，父母无意中表现出的过高的期望、过度的关心、过分的呵护以及过多的指责都有可能对学生产生误导，结果使学生缺乏安全感，总担心自己高考考不好，产生考试压力，不能把焦虑变成考试动力，很难以自强自信的状态备考。

（3）社会环境。文化因素会引起考试焦虑。时下社会就业要求高，"唯名牌是瞻"的社会氛围、"一考定终身"的政策体制会影响着学校、家庭的教育方式，影响着学生对考试的态度和认知评价，从而影响其产生考试焦虑的程度。

综上所述，只要有考试存在，考试焦虑就会存在，这是难以避免的，但考试焦虑是后天"习得"的，又是可逆的和可改变的。有效地解决高三学生的考试焦虑状态，对他们进行疏导和调控，构建有效的学生考试焦虑的干预模式是非常必要的。

（四）考试焦虑的干预

目前，对考试焦虑的干预治疗方法有很多，不同心理治疗者从不同心理的理论背景和治疗方法角度对考试焦虑的相关问题进行了研究和实践，如认知疗法、行为疗法、精神分析治疗等在考试焦虑的干预上都有各涉及。在高中心理健康教育工作中常用的方法包括两类：一类是以理性情绪疗法为代表的认知改变，另一类是以放松训练、系统脱敏为代表的行为矫正方法。对于高三学生的考试焦虑，大多学者都是将认知改变和行为矫正结合进行干预研究，而单独关于表象训练在考试焦虑中应用的相关研究还不多。

（五）表象训练的概念及作用

表象是一种重要的心理能量。"表象训练"一词是美国心理学家查理·休因教授在《想象——现在的理论和应用》一书中首先提出来的，是指利用所有的感觉对经验给予重视或进行再造的过程，即利用所有适宜的感觉，包括视觉、听觉、触觉、嗅觉、动觉、味觉等，以及和经验有关的情绪或心境状态在脑中进行演练，如重现过去的经验、创造新的形象或情境等。简言之，表象训练，就是有意识地、积极地利用自己头脑中已经形成的表象进行回顾、重复、修正、发展和创造自己新的经验，就好像在头脑中"放电影一样"。从认知心理学的角度来看，表象和知觉联系紧密，两者在一定程度上存在机能等价，因此它可以被看作是当前未直接呈现的客体或事件的心理表征或类似知觉的信息表征。表象训练中的表象实际上是一种广义的表象，泛指以形象为表征的所有心理现象。因此，有人把表象训练也称为想象训练、念动训练、心理演练等。

表象训练法被当代一些运动心理学家视为心理技能训练的核心。其训练思路是家长或者老师让学生主动地在头脑中想象出各种各样具体情景或者自己各种各样的表现，从而提高学生在某种环境下的特定能力，如表象训练可以训练学生在课堂上的注意力、运动员在赛场上的操作技能等。

同时，表象训练的这些治疗原理可能有助于缓解学生的考试焦虑，其具体作用体现为以下几方面。

1. 帮助学生掌握或完善复杂的应试技能

学生每一次应试技能的训练都会相应地产生中枢的脑电变化，经过脑细胞间无数次的暂时性联系，逐渐成为的稳定的联系便形成了应试的动力定型。高考是多门学科各项技能的综合能力测试，技能复杂，定型难度大。心理神经肌肉理论认为，清晰的想象运动动作或一些行为应当产生与实际体验相同的神经肌肉反应。因此，表象训练同样可以帮助学生掌握或完善复杂的高考应试，成为高三学生考试焦虑干预方法的有效补充。

2. 有利于提高学生高考成功的信心

高考前适时地诱导学生对平时练习及模拟考中个人最佳的、感受最深的应试技能进行反复的演练，调动所有相关的运动感觉，使学生经历高考前完美的技能感觉的整合，从而使学生唤醒内心深处清晰的成功感觉，自我成就感的获取能增强学生在高考实战上获得胜利的信心。

3. 有利于学生形成高考最佳应试状态

信心的树立使学生有了高考的底气。长期表象训练可以使学生掌握应试技能，在高考前和考试过程中再次进行强化，树立学生的信心，同时表象训练还可以降低学生的焦虑程度，有效地促成学生最佳应试状态的形成。苏联专家认为，运用表象训练可以将动作精确度提高34%，这是由于精确的表象将在动作之前成为独特的"示范指导"。

二、表象训练方法介绍

表象训练方法主要包括三个阶段，如图1-6所示。

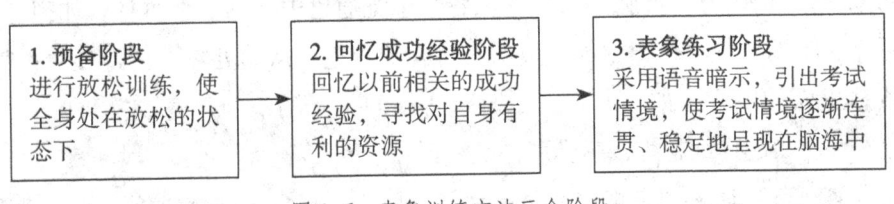

图1-6　表象训练方法三个阶段

三、运用表象训练法消除考试焦虑

下文主要通过介绍缓解高考考试焦虑的范例来介绍表象训练法，适合在个体心理咨询中使用，对于其他情境的考试焦虑则可以使用与之相似的方法。

具体范例如下：

（在个体咨询中，我们习惯使用"来访者"代表前来咨询的学生，使用"咨询员"代表心理辅导老师。）

第一步，先让来访者学习腹式呼吸，在他熟练掌握这个放松方法后，在咨询中让他先通过腹式呼吸进行放松。

腹式呼吸，是指配合进行腹式呼吸跟胸式呼吸，吸气时让腹部凸起，吐气时压缩腹部使之凹入的呼吸法，又称逆式呼吸。正确的腹式呼吸法为：开始吸气时全身用力，此时肺部及腹部会因充满空气而鼓起，但还不能停止，仍然要使尽力气来持续吸气，不管有没有吸进空气，只管吸气再吸气。然后屏住气息 4 秒，此时身体会感到紧张，接着利用 8 秒的时间缓缓将气吐出。吐气时宜慢且长而且不要中断。做完几次腹式呼吸后，来访者不但不会觉得难过，反而会有一种舒畅的快感。

练习要点：①呼吸要深长而缓慢。②用鼻呼吸而不用口。③一呼一吸掌握固定的频率。④每次 5 ~ 15 分钟，做 30 分钟最好。⑤身体好的人，屏息时间可延长，呼吸节奏尽量放慢加深；身体差的人，可以不屏息，但气要吸足。

放松训练后的人体状态：放松练习后，大脑呈现一种特殊的松弛状态。这种状态有别于日常的清醒状态、做梦状态或无睡眠状态，是一种半睡眠状态。此时，人受暗示性极强，对言语及其相应形象特别敏感，容易产生符合暗示内容的行为意向。

第二步，让来访者在放松的状态下想象"校园里的百竹林"（或者校园内某一景点），咨询员引导来访者从各个感觉通道中去感受百竹林，如视觉、听觉、嗅觉、触觉、味觉等，包括看竹林的景色，从远处看、从近处看；听竹林里面的声音，如鸟叫声、虫鸣声等；闻竹子的清新气息；摸竹叶的纹路……想得越仔细越好，感受那一份清新和宁静。

第三步，让来访者把这片百竹林放在胸中，想象"胸有成竹"这个成语的意境。然后让来访者说出在想象百竹林时自己的身体状态如何，并把此时的这种身体状态变成口诀："思路清晰，头脑冷静，双肩放松，双腿轻松——面对高考，我胸有成竹！"在表象训练的过程中咨询员让来访者反复念诵这个口诀，先找到这个身体感觉，并记住此刻的感觉，从中获取心理能量。

第四步，在前者的基础上，再让来访者开始想象第二天考试的情形。咨询者先详细询问来访者考试的程序，如第一天考什么，第二天考什么，上午考什么，下午考什么，包括前往考场的路线，途经什么景物……了解了这些细节后，带领来访者进行考试想象。想象早上起床后穿了什么样的衣服，穿好衣服后照照镜子，对着镜子微笑3次，并摆出胜利的手势，静静地欣赏自己，然后吃完早餐去学校，一路上看见了两边的风景……来到校园，途经百竹林，重复做第二步的训练，接着进入考试的教室，再想象教室里的情形，如监考老师怎么样，同一考场的同学们怎么样。听到第一遍铃声时找到考试的状态，回想"思路清晰，头脑冷静，双肩放松，双腿放松——面对高考，我胸有成竹！"这个状态。听到第二遍铃声响起时，保持这股力量，全身心答卷，力求将自己的最佳考试状态和平时模拟考试的情景形成条件反射，如此一来，尽管在考试现场遇到记忆堵塞和怯场等突发现象，也能不慌不忙、坦然面对高考。

第五步，在咨询结束后，给来访者布置作业，要求其从高考前一个月起每天晚上临睡前及第二天起床时进行15分钟表象训练。

大多数接受过表象训练法的考生通过持之以恒的强化训练，在高考结束后，都会高兴地向咨询员表述自己的考试焦虑情绪缓解了不少，基本上能做到正常发挥。由此可见，考试焦虑并非不可改变，表象训练是可以收到良好效果的。

四、研究反思

（1）绝大多数高三考生的考试焦虑属于非病理性的，其焦虑反应随情境的变化而变化，具有暂时性、不稳定性的特点，通过认知改变、行为矫正和表象训练法进行干预，可以将学生的焦虑水平降成适度水平。然而，过度焦虑发展到极端可能导致病理性的焦虑（如焦虑症），此时，通过一般性心理咨询和辅导很难改变其状况，建议其求助于专业的心理门诊或者精神科医生。

（2）表象训练需要经过一段时间的反复练习，方可形成条件反射，也就是说，表象训练能否获得成效，关键在于学生本人。在咨询结束后，咨询员应再三强调学生要付诸行动，只有持之以恒地强化训练，方可形成牢固的条件反射，进而养成良好的应考心理，以降低考场上因突发现象而产生过度焦虑的可能性，成功缓解考试焦虑。

（3）良好的考前状态是减轻考试焦虑最有效的方法。考前的准备工作很多，有知识准备、体能准备、心理准备和物质准备等。因此，考前一定要做好知识的复习准备工作，平时注意知识的积累和掌握，加强各应试科目的基本功训练，考前搞好系统、科学的总结复习，形成脑图，并针对考试中可能出现的复杂情况，进行有目的的表象训练，掌握一定的应试技巧，考试时的焦虑情绪就会减少。因此，运用表象训练法缓解考试焦虑，前提条件是学生掌握了必要的知识。

（4）对于考试焦虑，其实涉及的心理问题很多，咨询员也应该从多方面去进行深层次地分析和处理，对考试焦虑者进行辅导时，无论运用何种方法，都应当首先帮助学生改变其对焦虑的态度，再帮助其做出认识和行为上的改变。因此，在运用表象训练法之前，咨询员首先要让学生改变自身的态度，尤其注意帮助其做到以下几点：①接受考试时的焦虑感受，明白产生焦虑情绪是正常的；②不夸大焦虑的作用，知道适度焦虑对学习有益，绝大多数情况下考试失常是自己没复习好或者对知识掌握不牢固造成的；③不竭力克制焦虑，对焦虑情绪不过分在意，要顺其自然。

（5）运用表象训练法，能够突破传统的考试焦虑干预模式，实现多种干预的优化组合。无论使用何种干预方法，如果需要在比较短的时间里对考试焦虑进行干预，表象训练都是一个不错的选择。通过让学生的躯体紧张状态有所改观，以及对考试的成功心理进行反复预演，可以达到一定的短期效果，对学生增强克服焦虑问题的信心很有帮助，可以有效地帮助学生保持心境平和，以饱满的心理能量从容应试。因此，表象训练法具有较高的应用价值。

走开，高中时代的"巨婴症"

所谓"巨婴症"，就是生理上接近成年了，但心理发展水平还处于婴儿级别，即心理发育迟缓，独立性缺乏，情绪化严重，没有形成正确的世界观、人生观和价值观。本节以具有巨婴心理的高中生为例，分析探讨其成因和解决办法。

一、巨婴心理的具体表现

认知方面：没有全面认识自我，无法正确地评价自己。以自己为中心，遇到困难喜欢给自己找借口，如同小孩犯错后为避免父母责备，习惯找各种借口来伪装自己，不懂得如何处理问题，常将糟糕事件归因到他人的过错。没有树立真正的思维意识，无法自主思考和判断，精神世界贫乏和空洞。

情绪方面：习惯情绪化地表达自己的诉求，对事情的判断只源于喜欢和不喜欢。过分关注自己，只在意自己的欢乐和幸福，很少考虑别人的感受。遇上不顺心的事件，容易出现愤怒、苦恼、沮丧、愤世嫉俗和绝望等情绪，表现出如同小孩闹哭般的行为，常见使用流行语"宝宝心里苦""香菇（想哭），蓝瘦（难受）！"等。

行为方面：缺乏独立性，做事较拖延，明明很容易的问题却总依赖父母、老师、朋友来解决。其行为模式常见有两种：一种是无行为能力型，习惯被照顾，遇事手足无措；另外一种是掌控能力型，缺乏边界意识，做事情没有经验，在照顾别人的过程中更多地体现出对他人的控制，往往处理不好人际关系。

二、巨婴心理的原因分析

形成巨婴心理的原因有自身因素、家庭因素和环境因素三个方面。

1. 自身因素

未能建立起完整的自我，不能接纳自己的不完美，自我评价水平有待发展。如果遇到挫折，缺乏客观分析事件的思维，容易将错误归因于别人，也容易归罪自己，如自我贴上"我有社交恐惧症，不知道怎么跟新同学交流""我只有在家里才能正常入睡，宿舍环境无法接受""我心情不好，我要回家"等负性标签。

2. 家庭因素

从小便有长辈的百般溺爱、千依百顺，需求一直被过度满足。面对与人相处、生活困扰时，较容易获得他人的帮助，因而缺少独立解决问题的机会，生活经验缺乏，尚未习得正确处事的能力。一旦离开家庭，容易出现安全感缺失以及对陌生的环境和不熟的人表现出极其的不适应的情况。

3. 环境因素

随着社会的发展，大多数高中学校实行寄宿制管理，这就迫使高中生必须开启人生的第一次寄宿体验。每个来自不同家庭的学生在群体生活中要包容彼此的差异、学会和谐相处，并不是一件容易的事情。学生在过去亲密的家庭关系中，要学会恰当地分离（"断乳"），适应新环境的过程必然会存在各种挫折和挑战。

三、如何走出巨婴心理

1. 觉察自己，戒断依赖

社会学习理论的创始人班杜拉认为，人的一切社会学行为都是在社会环境的影响下，通过对他人示范行为及其结果的观察学习而得以形成的。学生在学习和生活中，应观察和参考更多身边人的经历，提高自我觉察的能力，相信改变的可能，让自己独立完成任务，让自己"主动断乳"，不再有依赖思想，即当觉察到巨婴心理时，不必恐慌，应有意识地让自己步入不断成长的阶段。此外，家长要尊重孩子的意愿，给孩子足够的空间，不包办做主，让孩子形成主见，学会承担责任和勇于担当，经历真正的自我成长。

2. 学习思维，全面认识

学生学会理性思考问题，客观分析事件，全面认知自我，不随意归咎别人，也不归罪自己。多倾听别人的建议和看法，从不同角度看待问题，既看到别人的不容易，也接纳自己的不完美，允许别人和自己不一样。在人际交往中尽量多一些理解少一些误会，多一份包容少一些抱怨，凡事以随遇而安、平常心的态度面对；在每一次的求教和求助前，先尝试静下心来全面思考问题，主动寻找积极可行的建设性办法；在消极时给予自我鼓舞，相信自己有能力面对生活的挑战，增强坚持的毅力和耐心。

3. 主动调适，自我激励

心理学家艾利斯的情绪 ABC 理论认为，人的情绪及行为结果不是由某一诱发事件本身所引起的，而是由经历了这一事件的人对这一事件的解释和评价所引起的。其中，A 是诱发事件，B 是对事件的想法、观念或评价等，C 是人的情绪和行为结果。人们误以为 A 直接导致 C，但事实上，不同的情绪及行为结果是由个体对事件的想法产生的，即 A 往往通过 B 产生 C。学生选择积极的角度，给自己多一些积极的暗示，能有效调控个人的情绪。一个拥有积极情绪情感体验的人，必然具备适应事物不断变化的能力，同时会提升其人际魅力。

4. 坚韧意志，积极行动

万事贵在行动，成在坚持。现代心理学已经证明，人的意识活动是主动、自觉进行的，是有目的、有计划进行的。优良的意志品质，正是在克服困难的过程中锻炼和培养起来的，因此，学生要摆脱自己的巨婴人格，塑造坚韧不拔的意志力，应从生活细节及说话方式做起，尽量做到"今日事今日毕"，克服拖延的习惯，有目的、有计划地向成年人模式发展。另外，学生还要坚持做好一件事，坚持积极行为，坚持让好习惯持续下去，增强自我效能感。当我们的行为更具自发性和积极性时，人格发展才能趋于完善。

同学们，高中生活的种种挑战都是成长的契机，只有行动才能最终改变自己，每个人都可以勇敢地告诉自己：走开，"巨婴症"！

第二篇

调查研究

寄宿制高中新生适应性心理教育研究

本课题的寄宿制高中专指"北师大（珠海）附中"（简称"我校"）。我校是一所新型的市直属公办寄宿制高中，现有来自珠海市城区和各镇区 3000 多名学生。对新生进行有针对性的适应性教育，帮助其尽快适应高中的学习生活，完成角色转换，成为我校的重要任务。

"寄宿制高中新生适应性心理教育"指在我校这种新型的建设性的校园人际关系中，教师运用其专业知识和技能，帮助新生正确地了解自己，认识环境，根据自身条件确立有益于个人发展和社会进步的生活目标，使其克服成长中的障碍，在学习、工作及人际关系等各个方面，调整自己的行为，做出明智的选择，充分发挥自己的潜能，从而增强自身的社会适应能力。

一、调查与分析

（一）调查方法

为进一步了解我校新生的心理适应性状况，并提出有针对性的心理教育对策，本课题研究在高一新生入学一个月内，分别引用中学生心理素质量表、心理适应性评定量表调查我校 2008 级、2009 级及 2010 级新生心理适应性状况及心理健康状况。所有数据统计分析都在 SPSS 15.0 for Windows 统计软件中完成。

（二）调查结果

1. 我校新生适应性的总体情况

我校新生入学时心理适应性整体情况如图 2-1 所示。

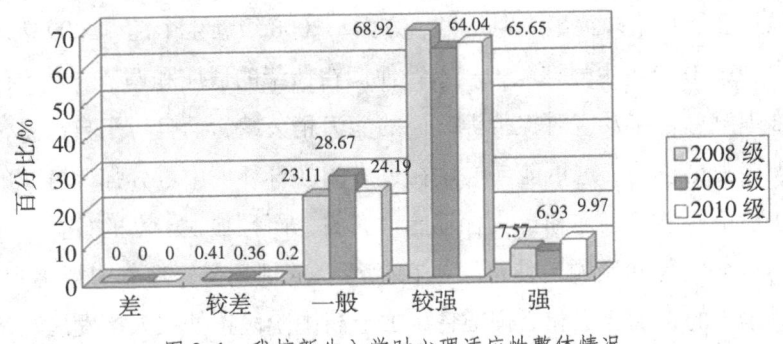

图 2-1 我校新生入学时心理适应性整体情况

据调查，2008 级、2009 级和 2010 级的总适应性实际差异不大，可以忽略。从图 2-1 的数据中可以看出，我校三个年级新生的总适应性情况基本一致，程度分布相似，这表明三个年级的适应性实际总得分不存在差异，不会干扰本研究结果。

2. 我校新生心理素质的总体情况

我校新生与全国高一常模的心理素质总体情况见表 2-1。

表 2-1 我校新生与全国高一常模的心理素质总体情况

年级	平均值/标准差	耐挫能力	社会能力	个性	学习能力	总平均分
2008 级	平均值	2.984	3.246	2.853	2.914	2.951
	标准差	0.486	0.505	0.510	0.475	0.426
2009 级	平均值	3.250	3.735	3.377	3.241	3.416
	标准差	1.531	1.617	1.665	1.595	1.627
2010 级	平均值	3.068	3.564	3.375	3.422	3.421
	标准差	1.515	1.586	1.674	1.604	1.667
高一常模	平均值	2.984	3.095	2.738	2.720	2.835
	标准差	0.425	0.378	0.398	0.385	0.341

从表 2-1 中可以看出，我校新生的心理素质总平均分与四个因素分均处于全国高一常模值之上。在四个因素中，社会能力得分在三个年级中都属最高，2008 级个性得分最低（2.853），2009 级学习能力得分最低（3.241），2010 级耐挫能力得分最低（3.068）。

（三）总体分析

以上数据说明，我校新生能够以较好的心态对待自己所处环境的变化以及由此引起的心理行为变化，而且耐挫能力，社会、个性及学习能力较好，尤其是社会能力格外突出。但是另一方面，2008级新生个性、2009级新生学习能力、2010级新生耐挫能力较差，他们在情绪的适应和调节、学习的注意和思维理解、合作及应对挫折等方面的能力稍欠缺，而且对于自己日常生活的管理能力也较差。这可能与学生在过去的教育环境中过分强调考试的分数而不注重培养学习兴趣和自我管理能力有关，而且独生子女的日益增多以及父母的过分关爱和照顾也使得学生在生活上的规划、管理能力得不到发展，缺乏对挫折的正确认识和心理准备，加上高中阶段正处在人格发展和培养的关键时期，学生刚步入高中，初次开始过寄宿制生活，就容易出现以上问题。

二、研究与实践

寄宿制高中新生适应性心理教育是一个综合干预的过程，围绕三维操作策略和三级干预网络，形成十大具体实施措施，在实施中区分出不同层次的心理教育内容，它们既有交叉又有互补。

（一）认知维度

学校要实施宣导策略，指导学生关注适应性问题，激发学生主动参与适应性心理辅导的需要。

1. 进行新生入学心理普测，建立学生心理档案

学校要积极创造条件，通过新生入学心理普测，在最短时间内客观了解学生在多方面的情况，及时发现问题学生，并因材施教。学生心理档案可分三层使用：①根据学生心理档案中所提出的教育培养建议，有针对性地做好个别辅导工作。可将学生根据心理健康水平分成A、B、C三类：A类需马上咨询；B类暂观察，后再测；C类没问题。②以班级或年级为单位，寻找普遍性心理问题，进行团体辅导。③根据学生心理档案所提供的信息，进行本课题研究工作，探索心理教育模式。

2. 开设"心理健康指导"专题讲座，让学生、教师消除误解

在心理教育模式实施之前，我校开展过调查，有61.3%的学生对心理和精神问题有偏见，认为自身不可能遇到心理适应性问题，另有32.8%的学生表示不太愿意参加学校的心理辅导活动。于是，我校在开学第一周开设"走进心理"的讲座，使学生进一步了解心理健康常识，消除学生原有的对心理问题和心理咨询的误解。后期，我校还开设了不同主题的讲座和国旗下讲话活动，有"高一，我可能会面临什么？""心理保健的求助热线""何时见心理咨询老师"等，并现场派发心理宣传单。这一时期主要是"推着走"，指导学生关注适应性问题，激发学生主动参与适应性心理辅导的需求，遇到心理问题时能大胆地求助。

3. 传播心理知识，搭建学生表现自我的心理发展平台

《心海扬帆》是我校的自编小报，分为家长版和学生版，是我校适应性心理教育的辅助宣传品，也是心理辅导、学生表现自我的重要载体。尽管学生大多数时间都在学校，但家长对学生的潜移默化的影响却非常大，学生遇到适应性心理问题时迫切需要来自家长的鼓励。在家长会上，安排家长版的《心海扬帆》供家长阅读，促进家长对子女教育的认识。很多家长专程到学校的心理咨询室了解情况，并学习和运用心理辅导技巧改善亲子沟通关系。同时每月举办以班级为单位的学生版《心海扬帆》编辑活动，学生自己设计和编写的过程，就是一个认识心理、普及心理的过程，不少小报还很具专业性，如聪明学习、积极情绪之路、男女有别请尊重异性等内容的编辑，体现出学生对心理健康知识的广泛关注和高参与度。

（二）情感维度

学校要实施辅导策略，增强学生的心理适应性、积极性，引发学生参与适应性心理教育的情感体验。

1. 开设心理辅导活动课，让学生积极体验和反思、获取感悟

心理辅导活动课是实现学生"自助—互助"的基本前提，完整的课堂流程是"引入话题—创设情境或设计活动—引导讨论、分享和感悟—整合经验—促成行动—反馈总结—活动延伸"。结合前期调查结果，我校综合确定三大活动主题：①学习适应性心理辅导，即学习能力培养，包括引导学生调整学习心态，确立相应的学习目标，培养有效的学习习惯，进行各学科结合学科特点和相关教学内容渗透学习技能的心理指导。②情绪情感的适应性心理辅导，即高中校园环境成熟度的培养，包括引导学生对自我情绪的再认识，进行有效的情绪调控，培养积极的情绪情感等。③人际交往的适应性心理辅导，即社会能力的培养，包括在班级、宿舍和学生工作环境下建立和谐的师生关系、生生关系，此外在亲子关系中引导学生明白矛盾产生的必然性，并尝试理解父母等。

2. 开展心理辅导班会课，发挥心理辅导在班级建设中的作用

融入心理辅导的高中班会课，是学校适应性心理教育发挥其发展性、预防性功能的重要载体。班主任作为一线实施者，针对班级学生成长中存在的共同心理问题，为学生提供心理援助的辅导方式。为了能有明确的实施方向，班主任可以分主题确定不同的辅导内容，结合班上实际情况挑选某一主题开展深入性探究，对于高一阶段未能解决适应性问题的班级可以延伸到高二、高三阶段继续探究。班主任在开展心理辅导班会课之前要做以下事情：

（1）明确主题。

（2）对班会形式和方法进行思考。

（3）班会重点的落实。

（4）相关心理知识的准备。

班会具体程序为：活动—反馈—小结—活动—反馈—提出期望。

3. 在学科教学中渗透心理健康教育，开展专题研讨总结经验

许多学科在其课程标准和教学目标中也明确提出了与心理辅导相似的目标，如科学家是高中生崇敬的对象，所以教师在数理化的解题过程中，先穿插介绍与科学家有关的名言和科学家的经历等心理辅导材料，再讲授巧妙的解题方式，既能引发学生的兴趣，也有助于学生养成坚韧不拔的坚强意志。此外，"周记"是我校教师与学生交流的良好途径，借鉴"周记"沟通法对学生的问题及时反馈，疏导积郁情感，对"周记"中表现出心理障碍的学生，科任教师与班主任配合进行第二级干预，跟踪监护。

从某种意义上说，全体教师都是学校的心理辅导教师。我校领导重视全校教师的心理健康问题，通过专题研讨、拓展体验、心理课观摩等，不断提高教师的心理素质。通过培训，教师能更好地观察和注意到学生的心理障碍的早期表现，从而及时采取各种预防和控制措施，以免因教师工作的失误造成学生的心理障碍，甚至酿成悲剧。

4. 开展个别心理辅导，使学生得到合适的辅导

学校制定心理教师职责和心理咨询室管理制度，并严格遵守保密原则。心理教师设计"心理咨询记录""特异学生情况反馈""效果测评表""与教师沟通记录"等活动记录表，做到每次咨询都有据可查。班主任，也就是学校的兼职心理教师，平时可在班级开设心理咨询服务，如"悄悄话信箱"等，让学生能够随时随地地敞开心扉向老师倾诉他们的内心感受，展露他们的心理创伤、提出心中疑惑和意愿，构建第二级干预；对于遇到适应性问题自我调节失衡的或患有严重心理疾病的学生，由班级、年级、学生处等部门密切联系，校主管领导、心理教师和班主任共同讨论制订方案，重点预防，避免这些学生出现更为严重的危机行为，即构建第三级干预。

5. 开展团体心理辅导，培养"自助、互助、和谐成长"的意识

学校要依据团体动力学，利用学生集体辅导的资源，向学生提供一个具有干预功能的心理环境，让他们在这一环境中宣泄苦闷，挖掘心理潜能，获得心理适应性支持。我校在 2008、2009、2010 年分别举办了关于情绪情感、学习和人际交往心理的团体适应性辅导。辅导打破原有班级的界限，参加辅导的学生大多数是自愿报名，其中有部分是需关注的学生。辅导每周一次，每次 60 分钟，一般共 6 次。具体包括热身活动、温故知新、重点突击、结尾活动四个环节，鼓励学生一起分享感受与所得，培养他们"自助、互助、和谐成长"的意识。并在辅导中，对参与活动的学生实施前后测试检验。

（1）学习适应性前后测比较（测试工具：中学生学习适应性量表）。

前后测学习适应性总分的差异情况，见表 2-2。

表 2-2　前后测学习适应性总分的差异情况

前测总分		后测总分		差异性 t 检验	显著度 P
平均值	标准差	平均值	标准差	−2.867	0.006**
101.22	10.845	107.59	10.319		

（2）自我效能感和情绪量表前后测比较（测试工具：自我认同感量表、情绪量表）。

前后测自我效能感和情绪量表的差异情况，见表 2-3。

表 2-3　前后测自我效能感和情绪量表的差异情况

项目	前测总分		后测总分		差异性 t 检验	显著度 P
	平均值	标准差	平均值	标准差		
自我效能感	54.38	6.210	56.25	6.096	−3.412	0.002**
情绪反应	72.56	20.676	86.81	12.792	−3.036	0.005**

（3）人际交往焦虑前后测比较（测试工具：《交往焦虑量表》）。

前后测人际交往焦虑的差异情况，见表 2-4。

表 2-4　前后测人际交往焦虑的差异情况

前测总分		后测总分		差异性 t 检验	显著度 P
平均值	标准差	平均值	标准差	−24.227	0.000***
47.53	8.222	31.89	5.418		

由表2-2、表2-3、表2-4可知，前测均分与后测均分差异均十分显著（$P < 0.01$），即通过团体心理辅导的积极干预，学生的学习适应性、情绪情感适应性、人际交往适应性后测整体水平均显著提高，表明团体心理辅导的积极干预效果显著。

（三）行为维度

学校要实施指导策略，开发学生调节心理适应性的潜能，培养学生共同营造"心理互助"的良好校园心理氛围。

1. 建立学生心理委员制，开展同辈辅导，巩固"自助—互助"效果

为了将认知宣导、情感辅导转化为学生主动参与的行为，我校在高中学生特点的基础上，创建了学生心理社团，建立了学生心理委员制。每周一下午开展专业技能培训，帮助他们在同学出现简单的心理问题时有能力进行必要的"同辈辅导"加以疏导，帮助他们解决实际困难，并在同学需要专业心理咨询和救助时迅速向教师、学生或心理咨询室反映情况，及时监控特殊学生，避免恶性事件的发生。同辈辅导是在"自助"的前提下，在给他人辅导的同时自己也得到成长，这样将心理辅导扩大到最大可能，学生对适应性心理辅导的主动参与性得到充分发挥，同时巩固了"自助—互助"效果，是我校三级干预网络的基层保证，即第一级干预。综上所述，我校三级干预网络的构建如图2-2所示。

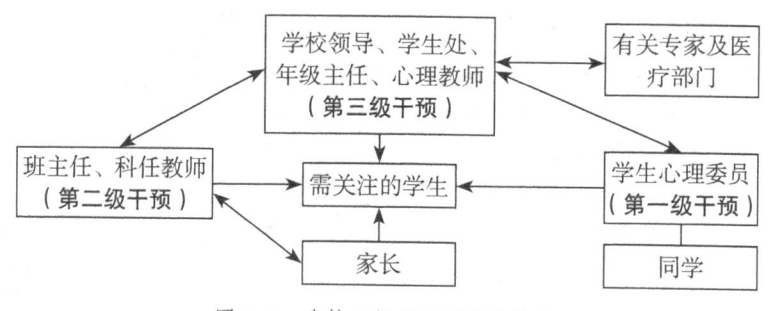

图 2-2　我校三级干预网络的构建

2. 开展 5·25 全校性大型心理教育系列活动

我校坐落在珠海市的大学区，因此我校依托大学的优质资源，与高校心理专业学生建立友好的合作关系。每年的5月25日，邀请高校学生进入我校，共同举办特色的"5·25心理健康教育大型专题活动"，取"525"的谐音"我爱我"，活动口号为"我爱我，我爱他人——心理互助"。我校通过"透过玩具测试心理特质""心理技能户外拓展训练""心理素能培训讲座""现场心理咨询坊"等活动，既引发了学生参与适应性心理教育的情感体验，使学生具备和获得一定的心理辅导知识，又开发了学生调节心理适应性的潜能，学生已经能够"自己走"，同时能"拉着别人一起走"，在"心理互助"的氛围下更好地适应高中生活。

三、研究认识

寄宿制高中新生适应性心理教育模式为：由学校领导牵头组织，以班主任、科任教师、心理教师、学生家长为主导，协同引导新生心理适应性积极发展，结合实施三维操作策略、三级干预网络和十大具体实施措施，使学生在亲身参与心理教育活动中获得体验，由"推着走"到"自己走"再到"拉着别人一起走"，营造"自助—互助"的校园心理氛围，从而有效地缩短新生适应高中生活的时间，促进学生自我发展和自我完善。

少数民族学生心理状况调查

随着我国东西部扶贫协作的加强和深入，越来越多的少数民族学生离开家乡到东部发达地区求学，同时有不少教师深入西部贫困地区开展教育支援工作。随着对学生心理健康问题的关注度的日益提升，调查少数民族学生的心理状况是十分必要的。本研究以东部沿海城市内高班学生、西部某边疆地区少数民族学生为对象，调查他们的个性特征、心理状况，并针对其心理健康教育工作进行初步探讨。

一、对象和方法

1. 对象

利用随机抽样的方式，采用量表，对东部某沿海城市内高班、西部某边疆地区少数民族学生进行心理状况测评，共计 557 名学生。其中，内高班学生为预科学段，边疆地区学生为高一学段。民族来源有 7 个，分别是维吾尔族 103 名、哈萨克族 41 名、傈僳族 221 名、怒族名 81、白族 67 名、纳西族 25 名、独龙族 19 名。整理统计后，收回有效问卷共 492 份，其中男生问卷 265 份，女生问卷 227 份。

2. 工具

中学生个性特征测验量表，该量表共 146 个项目，从独立性、敢为性、有恒性、怀疑性、克制性、敏感性、世故性、稳定性、外向性、恃强性、忧虑性 11 个维度反映学生的个性特征。Cronbach's α 系数是 0.90，分半信度为 0.83，符合心理测量学的要求。

自卑感量表（the Feeling of Inadequate Scale，FIS），该量表共 36 个项目，是测量自尊应用最广泛和比较有价值的量表之一，包括社交自信、学习能力、自尊、外貌、体能五个维度。信效度方面 Cronbach's α 系数是 0.92，重测信度为 0.86。

3. 统计处理

本研究运用 SPSS 23.0 统计软件和 Excel 对数据进行统计分析。

二、结果

少数民族学生个性特征的总体情况，见表 2-5。

表 2-5　少数民族学生个性特征的总体情况

量表因子	独立性	敢为性	有恒性	怀疑性	克制性	敏感性	世故性	稳定性	外向性	特强性	忧虑性
M	2.02	2.04	2.05	2.11	2.05	2.12	1.03	1.11	2.03	2.07	2.10
SD	0.48	0.50	0.51	0.54	0.51	0.53	0.42	0.45	0.50	0.50	0.53

少数民族学生个性特征的均值分布情况，如图 2-3 所示。

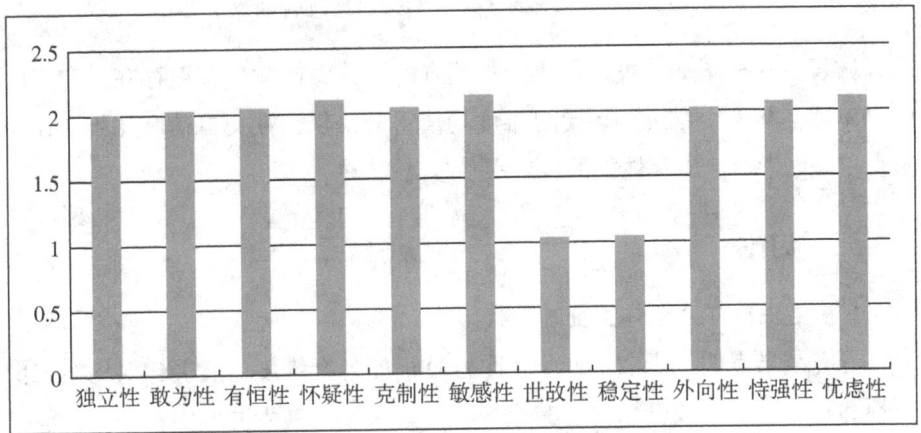

图 2-3　少数民族学生个性特征的均值分布情况

从表 2-5 和图 2-3 可以看出，被调查的少数民族学生个性特征的总体状况相对均衡。世故性和稳定性处于较低水平，世故性均值得分 1.03，稳定性均值得分 1.11。其余维度处于中等水平。

少数民族学生自卑感的总体情况，见表 2-6。

表 2-6　少数民族学生自卑感的总体情况

量表因子	社交自信	学习能力	自尊	外貌	体能
M	2.55	2.74	1.85	2.41	2.65
SD	0.50	0.48	0.41	0.47	0.51

少数民族学生自卑感的均值分布情况，如图 2-4 所示。

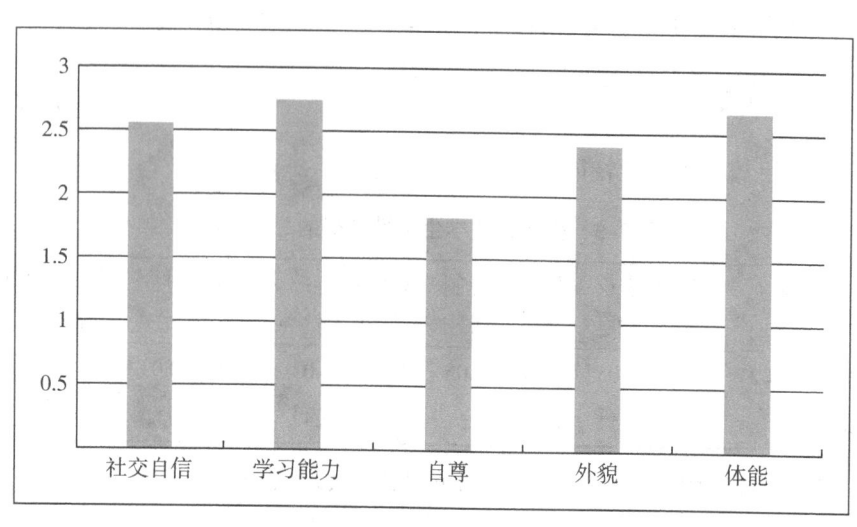

图 2-4　少数民族学生自卑感的均值分布情况

从表 2-6 和图 2-4 可以看出，被调查的少数民族学生普遍存在一定程度的自卑感。在五个维度中，自尊维度均值得分最低，社交自信、外貌存在少量自卑，而学习能力和体能的自卑水平较高。

三、讨论

1. 少数民族学生个体特征的现状

研究结果表明，少数民族学生个性特征的各个维度的发展相对均衡，世故性和稳定性处于较低水平，其余处于中等水平。其主要原因在于，少数民族学生接触外界新事物的途径较少，社会阅历相对狭隘，在处理人际关系的时候他们非常真诚，没有处心积虑、尔虞我诈，世故性低、乐于表现自我是少数民族学生的一大特点。这使得他们在意"兄弟义气"，特别注重团结合作。不过，在交往中，过分口无遮拦、直言不讳，容易让他人感到尴尬或不满，因此易引发矛盾。少数民族学生不能很好地控制自己的情绪，缺乏对情绪合理宣泄的认识和途径，常因小误会而"为义气两肋插刀"，出现打架斗殴、校园欺凌等现象。这些将不利于这些学生的身心发展。

2. 少数民族学生自卑感现状

研究显示，少数民族学生普遍存在一定程度的自卑感，其中在社交自信力、外貌和体能方面自卑感较低，在学习能力方面的自卑感较高。少数民族地区家庭教育普遍薄弱，家长甚少关心子女的心理状况，学生缺乏来自父母的情感温暖和帮助，以致出现自卑心理。大部分少数民族学生的人生目标模糊，人生观、价值观不够稳定，自我评价水平和辨别是非能力都不够成熟。同时，因为贫富差距，学生心理上难免敏感易受刺激，在处理人际问题上，常感情用事，产生焦虑、冲动、偏执和叛逆等行为，从而延伸到在其他方面产生自卑、不安的心理。当学生在学习上不如意时，习惯归因于个人学习能力，常胡思乱想、自我猜疑、自我否定，并出现习得性无助感。

3. 少数民族学生教育工作的探讨

（1）优化学校心育资源。少数民族地区要加快区域间师资力量的均衡发展，大力引入东部地区的心育特色，因地制宜地普及心育；将教育目标从过去的"补救型"转变为"发展型"，多元化地在日常教育中创设心育途径，挖掘学生的积极品质和潜在能力，活跃校园文化氛围。在心理健康教育课程上，学校要注重对学生情绪管理的指导，使其正确认识自我，增强自信心和抗挫能力，逐步减少学生的学习焦虑和人际敏感；同时，开设生涯发展规划课程，帮助学生树立正确的人生目标，激发学习动力。

（2）改善家庭教育环境。对于家庭教育的"扶贫"，应该做到"扶志""扶智"相结合。学校定期向家长发放宣传资料，举办家庭教育培训、开展亲子运动会等活动，帮助家长了解子女的心理发展特点和需求，为家长提供有效的家庭教育沟通方式，改善家庭教育环境。由于少数民族地区居住较为分散，因此学校可以充分发挥家委会的作用，以点带线、以线带面，促进家长的观念更新。家长应减少不良教养方式，更多地接纳子女的情感，增强关心子女心理成长的意识和能力，营造"有温度"的家庭教育氛围。

（3）健全社会支持系统。学校要联合社会力量，建立少数民族地区的未成年人心理健康教育平台，如求助热线、"结对子"、学习坊等。学校要提供社会优质资源，发挥学生周边的榜样、辐射作用，帮助学生增长社会阅历，培养情绪调适能力，使其能勇于面对现实。学生能从利他角度考虑问题，以比较客观的态度来应对遇到的阻挠和挫折，更多地相信他人并与他人交流，主动地寻求可能的帮助，从而逐渐解决难题。健全社会支持系统，唤醒学生内在的积极力量，进而提高少数民族学生的心理素质。

四、结论

（1）被调查的少数民族学生个性特征的各个维度的发展相对均衡，世故性和稳定性处于较低水平，其余处于中等水平。

（2）被调查的少数民族学生普遍存在一定程度的自卑感，其中在社交自信、外貌和体能方面自卑感较低，学习能力方面自卑感较高。

（3）在开展少数民族学生心理健康教育工作上，要为学生优化学校心育资源、改善家庭教育环境、健全社会支持系统。

社会支持与主观幸福感的相关研究

一、问题的提出

社会支持的概念应用于社会学和医学的大量研究中，到目前为止尚没有一个统一的概念。肖水源提出，社会支持包括三个维度：实际的客观支持、对支持的主观体验和个体对支持的利用情况。主观幸福感（Subjective Well-Being，SWB）是指人们对自己是否幸福的主观感受，是依据自己的标准对生活满意度和个体情绪状态的一种综合评价。以往研究表明：社会支持是影响主观幸福感的重要因素（Weiss）；个体只有在获得各种社会支持时才能获得较高的幸福感（Kahn & Antonucci）。

近年来，我国关于社会支持和主观幸福感的研究持续深入，但专门针对中学教师的相关研究较少。教师是一个特殊的职业，其所获得的社会支持以及幸福体验直接作用于其心理特质，影响教学活动，对学生人格也具有长期的、潜移默化的影响。因此研究目前我国中学教师社会支持与主观幸福感的状况及两者的关系，并探究提高两者的教育干预途径，对维护教师的心理健康有着迫切的需要和非常重要的意义。

二、研究方法

（一）被试

在广东省珠海市城区、郊区共5所中学教师中，随机抽取260名教师作为调查对象，收回有效问卷252份，其中男性130名，女性122名，他们的年龄在25～57岁，平均年龄为35岁。

（二）测量工具

1. 社会支持测评

采用肖水源修订的社会支持评定量表，该量表修正后重测信度为 0.92，包含 10 个条目，其内部一致性系数为 0.80。具体分为客观支持（3 条）、主观支持（4 条）和对支持的利用度（3 条）三个维度。总分则为 10 个条目计分之和，总分越高说明获得的社会支持越多。

2. 主观幸福感测评

采用 Fazio 编制，段建华修订的总体幸福感量表。该量表注重评定主观幸福感的认知成分，是衡量 SWB 的有效量表，得分越高，幸福度越高。本量表单个项目得分与总分的相关在 0.48 和 0.78 之间，分量表与总表的相关为 0.56～0.88，内部一致性系数在男性为 0.91，在女性为 0.95，修正后量表重测信度为 0.85。

（三）资料的统计与分析

研究数据运用 Excel 软件进行数据录入。使用 SPSS 13.0 软件对数据分别进行 t 检验、相关分析和逐步多元回归等统计学数据分析。

三、研究结果

（一）我国中小学教师社会支持和主观幸福感情况比较

中学教师社会支持和主观幸福感的总体情况，见表 2-7。

表 2-7　中学教师社会支持和主观幸福感的总体情况

量表因子	主观幸福感总分	社会支持总分	社会支持		
			客观支持	主观支持	对支持的利用度
M	78.92	39.38	8.67	23.15	7.56
SD	12.844	6.423	2.861	3.918	1.994

小学教师社会支持和主观幸福感的总体情况，见表 2-8。

表 2-8　小学教师的社会支持和主观幸福感的总体情况

量表因子	主观幸福感总分	社会支持总分	社会支持		
			客观支持	主观支持	对支持的利用度
M	85.52	47.30	11.24	27.30	8.64
SD	11.10	7.10	3.77	3.76	1.78

运用表 2-7 和表 2-8 中数据，进行独立样本的平均数差异检验，结果显示，中小学教师的社会支持和主观幸福感都存在极其显著的差异（$Z=7.266 \geqslant 2.58$，$P < 0.01$；$Z=3.25 \geqslant 2.58$，$P < 0.01$）。与中学教师相比，小学教师的总体情况比较好。这说明我国中学教师的社会支持度和主观幸福感均显著低于小学教师。

（二）不同性别中学教师的主观幸福感比较

不同性别中学教师的主观幸福感，见表 2-9。

表 2-9 不同性别中学教师的主观幸福感

性别	N	M（前 18 项）	SD	P
男	130	81.57	13.995	0.083
女	122	75.32	10.399	

采用 t 检验，对男女中学教师的主观幸福感得分进行比较。结果发现，男性主观幸福感水平略高于女性，但男女之间的差异没有达到显著水平（$P > 0.05$），说明男女中学教师的主观幸福感没有显著差异。

（三）不同年龄中学教师的社会支持比较

不同年龄中学教师的社会支持（$\bar{x} \pm s$），见表 2-10。

表 2-10 不同年龄中学教师的社会支持

类别	年龄 < 36（N=131）	年龄 >=36（N=121）	P
社会支持总分	39.68 ± 6.405	38.95 ± 6.584	0.694
客观支持	9.35 ± 3.179	7.67 ± 1.983	0.022*
主观支持	22.77 ± 3.989	23.71 ± 3.836	0.401
对支持的利用度	7.55 ± 1.710	7.57 ± 2.399	0.970

*$P<0.05$

从表 2-10 中可以看出，在年龄上，中学教师的社会支持未见显著差异。36 岁及以上的中学教师比 36 岁以下的社会支持稍高，在客观支持因子上存在显著差异，其他因素均未见显著差异。

（四）中学教师社会支持与主观幸福感的相关

中学教师的社会支持、主观幸福感相关分析，见表 2-11。

表 2–11　中学教师的社会支持、主观幸福感相关分析

类别	M	SD	社会支持	客观支持	主观支持	对支持的利用度
主观幸福感	78.92	12.844	0.293*	0.030	0.218	0.470**
社会支持	39.38	6.423		0.651**	0.790**	0.734**
客观支持	8.67	2.861			0.129	0.411**
主观支持	23.15	3.918				0.395**
对支持的利用度	7.56	1.994				

*$P<0.05$　　**$P<0.01$

通过相关分析，发现中学教师的社会支持与主观幸福感呈显著正相关，其中对支持的利用度与主观幸福感呈极其显著的正相关。

（五）主观幸福感与社会支持三个因子的逐步回归分析

为了进一步探讨诸因素之间的确切关系，以主观幸福感为因变量，以社会支持的三个因子：客观支持、主观支持和对支持的利用度为自变量，进行逐步回归分析。由表 2–12 可见，在显著性水平确定为 0.05 时，主观支持和对支持的利用度依次进入对主观幸福感的回归方程。

中学教师主观幸福感与社会支持三个因子的逐步回归分析，见表 2–12。

表 2–12　中学教师主观幸福感与社会支持三个因子的逐步回归分析

类别	偏回归系数	标准误	标准化回归系数	t	P
主观支持	1.998	0.355	0.587	5.634	0.000
对支持的利用度	4.141	1.066	0.405	3.886	0.000

主观幸福感 =1.998×主观支持 +4.141×对支持的利用度。

表 2–12 说明，当三个预测变量预测主观幸福感时，进入回归方程的显著性变量只有两个，即主观支持和对支持的利用度。其联合解释变异量为 0.969，说明表中两个变量能联合预测主观幸福感 96.9% 的变异量。其中，可以看到对支持的利用度的预测力最佳，其次是主观支持。

四、讨论与分析

（一）中学教师社会支持和主观幸福感的总体情况

调查结果显示，中学教师的社会支持度和主观幸福感均显著低于小学教师。这可以从以下方面解释：①中学教师的工作量大，工作的复杂性、繁重

性、紧张性比小学教师都大，尤其是中学教师面临着中考、高考等升学率任务，竞争激烈。②随着教育改革的力度不断加大，对教师素质也提出了新的要求，各种评比考核接二连三，中学教师面临着全新的挑战。③教师工作独立性增强。社会期望值过高、学校的扩招及教师编制的相对不足等问题，使得中学教师不得不放弃大部分的休息时间，以应对各项工作。④学生的自主性提高，管理难度增大。学生"成人感""逆反心理"等现象提早出现，使教师的权威受到挑战。再加上扩招后的生源质量明显下降，部分学生对事情漠不关心，对学习缺乏热情。

上述状况增加了中学教师的工作量以及生理和心理负荷，使得他们承受的压力更大，因而降低了他们的主观幸福感。同时中学教师工作环境单一、社会交往范围狭窄，社会支持系统不够完善。因此，产生了上述调查结果。

（二）中学教师社会支持和主观幸福感的影响因素

1. 中学教师的社会支持在年龄上无显著差异

基础教育课程改革要求教师之间示范合作、具备交往和合作的能力等，因而个体能排除年龄的隔阂，使其地位趋于平等，教学观念趋向一致，进行信息交流，共同策划教学活动或彼此分享工作中的苦乐，每个人都意识到自己的价值，并归属于一个互惠互利的学校与社会网络。因而出现本研究结论：中学教师的社会支持在年龄上无显著差异。

至于在客观支持因子上，36 岁及以上的中学教师显著大于 36 岁以下的中学教师，这是相对合理的。36 岁及以上的中学教师相对都有丰富的人生阅历，同时大多数都已结婚，包括夫妻、双方父母、朋友的关系网络正在逐步扩大。此外，36 岁及以上的中学教师从事教育工作的时间相对较长，有中、高职称的人数占比较多，意味着其获得校方的支持相对较大，各方面的教学资源也充足，如科研机会优先等，因此客观支持相对较高。

2. 中学教师的主观幸福感在性别上无显著差异

一直以来，学者们对性别与主观幸福感的看法并不一致，有些学者认为男女之间存在差异，如女性感情更细腻，所以情感上的体验一般与男性存在差异，这种差异也更明显。苏娟娟、倪林英、杨勇波、雷良忻的研究发现，中学教师主观幸福感在性别上无显著差异。在本研究中，男中学教师的主观幸福感水平略高于女中学教师，但没有达到显著水平。这与前人研究不存在无法解释的矛盾。由于"男女平等"思想的普及，大多数女性不再受传统社会角色的约束，女性处于同男性相同的激烈竞争环境中，也从事着和男性一样的工作，所以男女中学教师在幸福感上没有表现出差异。

3. 中学教师的社会支持与主观幸福感的相关

大量研究发现，社会支持及各维度与主观幸福感存在显著或极显著正相关，社会支持度越高，个体越能感受到来自物质或社会的客观支持以及来自社会认可、尊重、理解的主观支持，个体越能充分地利用社会支持，因而越能体验到快乐，其主观幸福感也就越高。本研究结果与前人的研究结果基本上一致，结果显示中学教师的社会支持总分与主观幸福感存在显著相关，其中对支持的利用度与主观幸福感存在极其显著相关，而客观支持、主观支持与主观幸福感均未见相关，这可能与该研究的被试或样本量有关。

4. 对支持的利用度是影响中学教师主观幸福感的重要因素

根据逐步多元回归分析，只有主观支持和对支持的利用度进入回归方程。其中，对支持的利用度对中学教师主观幸福感影响最大，其次是主观支持，而客观支持对主观幸福感无影响。此外，本研究的回归方程决定系数相当高，主观支持和对支持的利用度能联合解释主观幸福感的 96.6% 变异，该数据可能与来源和样本量有关，需进一步研究。但其偏回归系数再次证明了，社会支持利用度是主观幸福感可靠、有力的预测指标，是影响主观幸福感的重要因素，而主观支持也具有一定的预测作用。

本研究认为，不管是客观支持，还是主观支持，只有被个人充分理解利用或接受认可之后，这种支持才有实际效用。在现实中，对支持的利用度还应与教师所处的情景、教师的职业特点及教师的人格特征等因素联系起来。因此，我们应将对社会支持的利用度做系统研究，该结论提示我们可以通过改善中学教师对支持的利用度来提高其主观幸福感。

5. 社会支持、主观幸福感与心理健康的关系

社会支持与心理健康水平之间的关系已经得到许多研究的论证，有研究认为，社会支持是影响应激反应结果的一个重要中介变量，它具有减轻应激反应的作用，与应激引起的身心反应呈负相关。张海芹的研究指出，社会支持程度越高，教师的心理压力越轻，心理健康水平也越高。主观幸福感是反映社会中个体生活质量的重要心理学参数，是反映心理健康水平的重要指标之一。杨宏飞、吴清萍的研究发现，主观幸福感与心理健康存在显著正相关，他们的结论是，主观幸福感是影响教师心理健康的因素之一。

可见，社会支持、主观幸福感对心理健康具有积极作用，被试所获得的社会支持越多，主观幸福感越高，心理健康水平越高，而心理障碍的症状就越少。研究社会支持和主观幸福感之间的关系，对维护个体的心理健康、探讨心理障碍产生的心理机制都很有意义。

6. 本研究存在的问题

本研究由于条件有限，只研究了 5 所学校教师的社会支持与主观幸福感的关系，随着日后条件的成熟，可以扩大样本量及研究范围，或进行分层抽样，从而进行更加全面的研究分析。在测量方法方面，研究可以拓展新的测评方法，如将自我报告法、纵向法等综合起来建立社会支持与主观幸福感的因果关系模型。

五、关于提高中学教师社会支持和主观幸福感的教育干预

中学教师是中学教育、教学工作的主力军，他们的社会支持和主观幸福感影响其心理健康水平，对中学生健康成长也有着潜移默化、长远的影响。因此，借助前人和本次研究结论，探讨关于提高中学教师社会支持和主观幸福感的教育干预途径，更具实际意义。

（一）多层面提高教师的社会支持度

学校应改变教师过于单一关注学历对自身素质的影响，应从多个层面对教师的教学工作进行支持和鼓励，努力营造良好工作氛围，消除教师性别、年龄等客观支持差异，切实提高他们的主观幸福感。此外，因为对支持的利用度是中学教师主观幸福感的重要预测因素，学校还应注重强化教师对支持的利用意识，如尽可能地提供和接受他人的支持。在对支持的利用度上，教师在支持别人的同时，也为自己获得别人的支持打下了基础；教师在接受他人支持的过程中，自身的社会支持也提高了。

（二）提高主观幸福感的主客观条件统一

人们追求幸福的过程就是一个不断实践的过程，它本身包含着一定客观条件和主观条件的统一。教师作为一个以教育为职业的群体，他们的幸福感只能在教育教学实践活动中才能实现。教学活动为教师的知识力量释放、人格魅力展示提供了机会和平台，为教师实现自身的幸福提供了一个基础性的源泉。一个教师在具备应有或现有的物质生活和工作条件下，在已达到知识储备量、具有较高师德和教育理念的前提下，只有经过课堂教学进行传道、

授业、解惑，并促进学生整体素质的提高和个性健康、自由的发展，为学生的终身发展奠定基础，使之成为国家的栋梁，才可能成为真正的幸福教师。因此，学校应进一步促进主观幸福感的主客观条件的协调、统一，从而提高教师的主观幸福感。

（三）构建良好的社会支持系统

社会支持系统是个体应对压力的重要外部资源，对个体主观幸福感的获得有直接的促进作用。教师的主观幸福感会渗透到教师的人际关系网络中，影响到教师与家人、朋友、学生、同事、领导的关系。学校从社会支持系统入手，一方面扩大交往面，另一方面提高人际交往技巧，从而提高教师的主观幸福感，使教师保持一种良好的心理效能状态，并在不断变化的外界环境和社会关系的相互作用中，达到平稳与协调，不断调整自己的内部心理结构，从而提高自身心理发展水平，完善人格特质。

六、结论

第一，中学教师的社会支持度和主观幸福感均显著低于小学教师。这可能与当前中学教师的职业压力、社会期望、学生特点和学校扩招有关。

第二，中学教师的社会支持在年龄因素上无差异，但不同年龄的中学教师在客观支持因子上存在极其显著的差异。而主观幸福感在性别因素上无差异，这可能与时代变迁、样本地区性差异和样本量有关。

第三，中学教师的社会支持和主观幸福感呈显著正相关。社会支持、主观幸福感对心理健康具有积极的作用，因此研究两因素的关系，对维护个体的心理健康、探讨心理障碍产生的心理机制都很有意义。

第四，对支持的利用度是影响主观幸福感的重要因素。学校可以通过改善中学教师对支持的利用度来提高其主观幸福感。

团体心理辅导对高中生心理适应性的干预研究

一、问题阐述

目前，高中生心理适应问题已成为学校的普遍性问题。团体心理辅导是指对有相同辅导需求的学生，在心理教师的带领下，围绕某一辅导主题，通过一定的活动形式与人际互动，相互启发，形成团体共识，进而改变学生的错误观念、态度、情绪和行为，以发展其良好的生活适应的助人过程。它与心理辅导活动课、心理辅导班会课有共同点：理论都是依据团体动力学，都是利用学生集体的辅导资源。它们之间的不同是在成员结构方面，后两者基本以班级为单位，一般为异质群体，而团体心理辅导打破班级的界限，它可以是异质群体，也可以是同质群体。团体心理辅导在当前越来越受到人们的重视，特别是在学校教育中正在被广泛应用。

本研究旨在从学习、情绪情感和人际交往角度探讨团体心理辅导对高中生心理适应能力的影响，帮助学生尽快适应高中的学习生活，促进学生形成健康向上的人格。

二、研究方法

（一）测试对象

本研究前后分别举办了关于学习、情绪情感和人际交往的适应性团体心理辅导。参加的学生大多数为自愿报名，其中也有部分需关注的特殊心理对象。

（1）学习心理适应性团体辅导，共有来自2009级的51名学生，其中男生26人，女生25人。

（2）情绪情感心理适应性团体辅导，共有来自2008级的32名学生，其中男生13人，女生19人。

（3）人际交往心理适应性团体辅导，共有来自 2010 级的 47 名学生，其中男生 24 人，女生 23 人。

（二）测试工具

1. 中学生学习适应性量表

中学生学习适应性量表（Academic Adjustment Inventory，AAT）用于测试学生克服种种困难取得较好学习效果的能力，主要维度有学习热情、有计划地学习、听课方法、读书和笔记方法、记忆和思考方法、应试方法。该量表分半信度 0.71 ~ 0.86，重测信度 0.75 ~ 0.88；以学业成绩为效标效度，高分组与低分组在量表得分上有显著差异。

2. 自我认同感量表

自我认同感量表是由心理学家奥克斯和普拉格编制的，用于测试个体自我认同程度，一般平均分在 56 ~ 58 分，标准分在 7 ~ 8 分。若明显高于此分，说明此人已形成很好的自我认同感；明显低于此分，则说明他的自我认同感还处于形成中。高中阶段的学生自我认同感发展良好，易提高自身的心理适应性水平，即有利于形成健全的人格。

3. 情绪量表

由张珮甄与叶玉珠编制，用于测试学生调节情绪的能力反应，分数愈高者表示其愈趋于正向情绪反应。在信度方面，总量表的 Cronbach's α 系数为 0.93，各分量表内因素之间的相关系数均达 0.01 显著水平，表示本量表具有一致性与可靠性。

4. 交往焦虑量表

交往焦虑量表（Interaction Anxiousness Scale，IAS）用于评定个体在社交中的主观体验。量表所有条目与其他条目的总数相关系数至少为 0.45，Cronbach's α 系数超过 0.87。八周的重测相关系数为 0.80。IAS 显示了较好的信度及效度。若学生测试呈高焦虑水平，则其相应行为表现有迟疑、回避及表现困难。

三、研究过程

（一）前测及研究准备

按报名情况筛选成员，并选出部分需关注的特殊心理对象，经过前测，分别组成情绪情感、学习和人际交往的心理适应性团体辅导小组。由于小组成员来自不同班级，大多数并不相识，为保证辅导效果，心理教师要求成员互相介绍，以消除他们的抵触和排斥情绪，并要求成员签订协议：

（1）愿意承担在团体中的责任，如保密、按时参加等。

（2）愿意并敢于在团体中分享自己的资源。

辅导地点设在温馨、舒适的团体心理辅导室。

（二）实施团体辅导

由于高中生的课务安排相对较紧，本次团体心理辅导只能利用每周日提前回校集中的时间，除去与其他活动的时间冲突，各团体共开展6次辅导（持续一个学期），每次一个单元，每单元60 ~ 90分钟。每次都包括以下四个环节：①热身活动。在每次团体活动前，利用滚雪球、兔子舞、保健操、大风吹等短小精悍的活动，调动学生的情绪和激发其参与热情。②温故知新。归纳上次单元重点和成员的团体活动反馈单，简单介绍本次活动的内容和方式。③重点突击。每个单元都有一个核心主题，运用学生分组讨论、集体分享、角色扮演、行为演练、游戏等方式来突破每一主题。④结尾活动。学生一起分享感受与所得。每次团体辅导结束后，心理教师提供课堂反馈单，要求成员对辅导效果进行书面反馈，以此强化课堂效果。团体辅导内容，见表2-13。

表2-13　团体辅导内容

单元	团队		
	学习心理适应性 团体辅导	情绪情感心理适应性 团体辅导	人际交往心理适应性 团体辅导
1	破冰行动	认识你我他	朋友，你好
2	资源共享	情绪万花筒	团队的魅力
3	创新学习	理解情绪	学会倾听
4	智慧备考	管理好"愤怒怪"	合理表达
5	坚定不移	情绪的潘多拉	大方赞出来
6	完善脑图	传播快乐	学会包容
7	互赠秘籍	幸福账本	展望未来

（三）实施后测

采用相同的测试工具进行后测，以此检验团体心理辅导是否引起学生心理适应能力的变化。由于距离前测已整整过去一个学期，因此可忽略记忆效应。

（四）统计分析

全部数据使用 SPSS 13.0 进行统计分析处理。整理和分析每名成员每次辅导后的反馈记录，评估团体辅导方案及其实施的有效性。

四、研究结果

（一）学习适应性前后测比较

相关样本 t 检验表明，前测均分与后测均分差异显著（$P < 0.01$），即通过团体心理辅导的积极干预，学生的学习适应性后测整体水平显著提高，表明团体心理辅导的积极干预有效。前后测学习适应性总分的差异情况，见表 2-14。

表 2-14　前后测学习适应性总分的差异情况

前测总分（N=51）		后测总分（N=51）		t	P
M	SD	M	SD		
101.22	10.845	107.59	10.319	-2.867	0.006**

（二）自我效能感和情绪量表前后测比较

相关样本 t 检验表明，前测均分与后测均分差异显著（$P < 0.01$），即通过团体心理辅导的积极干预，学生的情绪情感适应性后测整体水平显著提高，表明团体心理辅导的积极干预有效。前后测自我效能感和情绪量表的差异情况，见表 2-15。

表 2-15　前后测自我效能感和情绪量表的差异情况

（N=32）	前测总分		后测总分		t	P
	M	SD	M	SD		
自我效能感	54.38	6.210	56.25	6.096	-3.412	0.002**
情绪反应	72.56	20.676	86.81	12.792	-3.036	0.005**

（三）前后测人际交往焦虑的总体情况、不同性别维度差异比较

相关样本 t 检验表明，前测均分与后测均分差异显著（$P < 0.01$），即通过团体心理辅导的积极干预，学生的人际交往适应性后测整体水平显著提高，表明团体心理辅导的积极干预有效。对不同性别人际交往焦虑的独立样本 t 检验发现，在人际焦虑后测得分中，不同性别学生的人际交往焦虑水平差异不显著。前后测人际交往焦虑的差异情况，见表 2-16。

表 2-16　前后测人际交往焦虑的差异情况

前测总分（N=47）		后测总分（N=47）		t	P
M	SD	M	SD	−24.227	0.000***
47.53	8.222	31.89	5.418		

前后测人际交往焦虑的性别维度差异比较，见表 2-17。

表 2-17　前后测人际交往焦虑的性别维度差异比较

项目	男（N=24）		女（N=23）		t	P
	M	SD	M	SD		
前测	47.33	6.141	47.74	10.091	−0.167	0.868
后测	31.79	5.564	32.00	5.385	−0.130	0.897

（四）成员的课堂反馈示例

（1）单元主题为"资源共享"，设计的问题为"大家在活动过程中有什么感受？在这个游戏中你体会到在学习上需要做哪些改变？"

成员反馈："今天的活动，让我感到非常不好意思。我感觉在平时有点自私，我没有跟大家分享我的学习经验，也没有把我的学习资料借给别人，我太狭隘了。我希望以后多跟大家交流，也希望大家给我一个机会。"

（2）单元主题为"管理好愤怒怪"，设计的问题为"本节课带给你怎样的体验？联系日常生活，你该如何处理自己的情绪？"

成员反馈："平时生气的时候总是把气憋在心里，很不舒服，今天大家教会了我很多发泄愤怒情绪的方法，我觉得摔抹布的方法很有创意。我在白纸上摔出很多粉色的点点，后来用彩笔给它勾勒出枝干，变成了一枝梅花。我想下次生气的时候我会先想起这幅画卷。"

（3）单元主题为"朋友，你好"，设计的问题为"你记住了几个朋友的名字？本次活动对你与朋友认识有什么益处？"

成员反馈："滚雪球游戏把大家的名字都串起来，我一下子就记住了。而且听到别的同学说出我的名字和爱好时，心里很温暖。以后我会用心记住别人的名字，因为这会让对方感受到被关注而开心。"

（五）个案分析

个案分析具体内容，见表 2-18。

表 2-18　个案分析具体内容

成员	学习适应性		自我效能感		情绪反应		人际交往焦虑	
	前测	后测	前测	后测	前测	后测	前测	后测
A	81	104	–	–	–	–	–	–
B	–	–	50	55	54	89	–	–
C	–	–	–	–	–	–	55	38

成员 A：女，初中成绩不错，入读高中后学习状态一直不理想。她在团体辅导中认识的朋友的帮助和勉励下，通过学习资源共享、学习方法借鉴，提高了学习适应能力。期末考试成绩由原来的班级第 42 名进步到了第 27 名。

成员 B：男，遇事冲动，爱打抱不平。他情绪容易失控，常常受此困扰，属需关注的特殊对象。本次团体辅导符合其需求，加上本人有强烈的自我发展愿望，资质较好，课后能坚持心理训练，因此课堂反馈有质量。师生对他的变化反映非常好。

成员 C：男，性格腼腆，人际关系不佳。他在团体辅导中非常投入，没有一次缺席，尽管每次发言都脸红，但都能勇敢地剖析自己，在"大方赞出来"的课程中，得到团体成员的一致赞扬，班主任反馈其变化很大。至今他仍与团队成员保持良好的联系。

五、讨论与分析

本研究依据团体动力学和社会学习理论，运用积极心理、激励心理以及学生集体辅导的资源，向学生提供了一个具有干预功能的心理环境，让他们在这一环境中宣泄苦闷，挖掘心理潜能，获得心理适应性支持。本研究设计的团体辅导对高中生学生学习、情绪情感和人际交往的心理适应能力有着显著的干预效果。

（一）团体心理辅导对学习心理适应性的干预

1. 高中生学习心理问题的典型性反映

部分高中生学习目的性不明确、动力不足，对学习缺乏兴趣和需求，有的甚至想逃学，厌学心理严重；在学习方法上，只知道抬头听讲、低头看书、做作业，不知道如何优化自己的学习方法，提高学习效率，每天机械重复着低效的学习，成绩始终没有多少起色，因此许多学生惶恐不安，学习十分被动；学习缺乏主动性、创造性，在学习上过度焦虑，有的学生在考试前睡不着，因害怕考试而在心理上背着沉重的"十字架"；学习上缺乏持之以恒的精神，意志薄弱，遇到困难、有了挫折就灰心丧气。

2. 团体心理辅导的目标

团体心理辅导的目标有以下几方面：帮助学生确立学习的近期和远期奋斗目标；让学生学会学习——能主动学习，合作学习，共享学习资源；让学生学会创造——重点是帮助学生树立创造的自信心，体验创造成功的快乐，丰富学生的想象力；引导保持适当的焦虑度，开发积极备考的潜能；让学生学会正确对待失败，合理归因；使学生能坚定不移地履行计划，有一定的抗"诱惑"能力。

3. 团体心理辅导有为成员提供观察学习的榜样的作用

根据班杜拉的社会学习理论可知，人类更重要、更普遍、更有效的学习方式是观察学习，人们不仅可以通过观察自然现象，而且可以通过观察他人的行为来学习，学习行为不一定需要通过强化，只需要观察行为示范原型被强化的过程就可以发生。团体辅导中的榜样学生不仅在活动中表现出较强的学习和创新能力，而且能引起团体成员的认同和模仿。一方面，成员由于自己曾有相似的学习问题，他们相互交换经验，更能提出切实可行的建议；另一方面，受助成员也通过模仿身边的榜样，提高自身的心理承受能力，增加改变学习方法的勇气和信心。在团体辅导中，有部分成员在说出自己的学习困扰和担忧后，得到了大家的支持和帮助，这种互助还体现在日常生活中，个别成员在团体外一起结伴学习、相互帮助、共同进步。

（二）团体心理辅导对情绪情感心理适应性的干预

1. 高中生情绪情感问题的典型表现

高中生情绪情感问题的具体表现为：遇事冲动，情绪波动大，或欣喜若狂或灰心丧气；焦虑突出，整天忧郁、压抑，不开朗；缺乏同情心、真诚感；小心眼，嫉妒心重，总是担心别人超过自己，有时会诽谤或中伤他人以求得心理平衡。

2. 团体心理辅导的目标

团体心理辅导的目标如下：培养学生积极乐观的心态；提高个人对情绪的洞察力，学会调节情绪；能控制愤怒情绪，合理宣泄，不走极端；在团体中相互激励，传播快乐，获得情感支持力量；建立新的自我认同模式，提升自我效能感和主观幸福感。

3. 团体心理辅导为成员改善情绪情感体验

依据团体动力学，团体活动的特点和氛围使参加者容易找到其之间的共同性，找到被人接纳和支持的感觉，从而充满希望；在团体活动中期阶段，设计"情绪的潘多拉"主题活动，营造自由、轻松的倾诉氛围，成员主动诉说自己的情绪困扰，另外的成员则耐心倾听、鼓励对方，成员被给予了极大的信任，把内心压抑很久的消极情绪宣泄出来，活动过后成员感到踏实、温暖、有归属感，从而在团体中获得情感支持力量。此外，团体辅导为每个成员提供了多角度分析、观察他人情感反应的机会，使成员更清楚地认识自己和他人情绪情感，树立新的自我认同模式和对他人的接纳态度，这一点特别适合高中生在团体中的自我感悟和体验。在本研究中，参加者的自我效能感与调节情绪的反应能力前后差异极为显著就是一个证明。

（三）团体心理辅导对人际交往心理适应性的干预

1. 高中生人际交往问题的典型表现

高中同学之间不像以前那样直率，有时相互提防，对人缺乏信任感；沟通方式不良，无法接受与自己不一样的观点、看法；和同学交往失当，或过于密切，或过于冷淡；和社会上其他成员交往会惶恐不安，羞怯扭捏，不善于表达自己。

2. 团体心理辅导的目标

团体心理辅导的目标为：学会关心、尊重和信任，能与同学合作；学会包容，能自己解决与同学之间的矛盾和问题；学会合理表达赞美与拒绝，能从容平静地和他人交往；学会倾听，具有一定的交往艺术。

3. 团体心理辅导能够培养成员积极的交往品质

与个别辅导相比，团体心理辅导提供了更为典型的社会现实环境。团体心理辅导运用积极心理、激励心理以及良好的人际环境促使成员反省自身的不良品质，形成积极的交往品质，如在破冰游戏"朋友，你好"中，由于大家不分性别互相拥抱，因此使个体放松自己，减少心理防卫，感受到了人与人之间纯粹的情感，从而渴望与人交流和合作；在辅导后期，我们还根据学生的现实生活，安排了社交能力训练活动，如"学会倾听""大方赞出来"等情境扮演活动，这些活动有利于学生直接习得交往技巧。虽然团体辅导不能保证每一个活动对所有成员都有帮助，但由统计结果可知成员对人际交往的心理适应性团体辅导有更深刻的感触。

六、未来的研究方向

本研究只是对团体心理辅导在高中生心理适应能力上的应用做了初步探索，在后续研究中还有更多内容可以挖掘。比如，安排宽松的活动时间，完善和改进辅导内容，增加有针对性的个别辅导，还有对于团体干预的长期效果的检验，也需要后续研究才能证实。

心理健康教育中接纳承诺疗法的应用研究

一、接纳承诺疗法简介

接纳承诺疗法（Acceptance and Commitment Therapy，ACT），是 21 世纪初由美国海斯博士等人创立的，是一种以有关人类语言、认知的关系框架理论和功能性语境主义哲学为基础的经验性行为心理治疗方法，是继认知行为疗法后的又一重大的发展理论。ACT 认为人类心理问题产生的主要原因在于经验性回避、认知融合、概念化的过去和恐惧的将来、概念化自我、价值方向不明确、不行动，可以通过接纳、认知解离、观察自我、关注当下、明确价值、承诺行动六个过程提高心理灵活性和心理改变的能力。

二、常见的适应问题

新生适应不良问题产生主要原因是环境的变化，学生原有的模式被打破，但又无法建立新的模式以适应新环境。具体表现在以下几方面。

1. 生活适应不良

步入陌生的校园环境，没有父母的细致呵护，对周围的一切都不了解，这对缺乏独立生活能力的学生来说是一个很大的变迁。他们迷恋旧的生活方式，很难适应新生活方式，因而产生紧张、焦虑、无助等不良情绪和心灵独处的感觉。

2. 学习适应不良

进入高中后，所学的知识内容增多，并存在明显的难度梯度问题，学生要面对更概括、更抽象、更难于理解的课程学习，其原有的初中学习思维和方法可能不适用于新的学习。例如，高中比初中增加的自习时间，让许多学生对自主管理学习感到无所适从。

3. 人际适应不良

人际适应不良问题在刚步入高中的新生中尤为明显。新入学的学生面对的大多是陌生的面孔，会产生一种失落感。又因远离父母、与教师的关系不如初中时亲密，也容易产生人际矛盾。于是，新生容易表现出害羞、孤僻、自卑、自负甚至敌对的态度和行为方式，变得敏感、多虑等。

笔者从接纳承诺疗法的应用角度，分析新生适应问题的成因，并探讨解决问题的应对策略。

三、问题的心理成因

1. 经验性回避

经验性回避又称经验性控制，是指个体试图消除或抗拒接触自己不想要的想法、情绪、感觉和其他个人体验。事实证明，个体越是回避、压抑内心的情绪和想法，这些被压抑的体验便出现得越频繁，从而引起更多的问题，即存在"悖论效应"的抑制，如有些新生由于是首次过上寄宿生活，离开长期依赖的家庭生活，难免会想家、想父母，从而无法集中注意力听课和学习，也无法更好地参与集体生活，因此越刻意控制不要想家，结果越难受，最终陷入恶性循环。

2. 认知融合

认知融合是指个体将思想与它涉及的事件混合在一起。ACT 认为，认知融合使人们把头脑中不合理的想法当成是真实存在的现状，在这种情况下，行为更多地被思维内容所限制，无视当前正在发生的有意义事件，无法用此时此刻的经历和直接体验来指导行为。比如，新生在入学前都有自己的期望，但当真实接触学校的环境、学习以及人际交往后，发现期望与现实存在差距，往往会出现明显的心理落差。

3. 概念化的过去和恐惧的将来

概念化的过去和恐惧的将来指的是过度沉浸在过去的错误或可怕的未来中，导致人们不能感受当下，无法摆脱以往认知的限制，忽略了当下有效的行为。有些新生在其适应新生活的过程中存在障碍，如习惯运用初中阶段的方法来应对高中课程、用在家里的生活习惯来适应宿舍生活等。又如，部分新生由于缺乏对高中生活、学习、人际交往等的了解，因此沉浸于对未来的恐惧中，从而排除新的想法和可能性，不知道该从何入手来适应生活。

4. 概念化自我

概念化自我用来定义和描述自己的言语内容形成了概念化自我，如自我评价"我是一个聪明的、幸运的、优秀的人"等。概念化的自我本身并没有问题，但当对不再适应的概念化自我产生依恋的时候，就会被概念化自我限制行为和思维，从而导致心理僵化，如某学生初中时学习成绩不错，形成了一个"我是优秀的"概念。但是入读高中后过去的优势将不复存在，若仍依恋过去概念化自我的话，必然会引发一系列的心理问题。

5. 价值方向不明确

不良的社会环境和消极的过去经历导致个体对自己价值观的忽视和模糊，对生活缺乏意义感、价值感和自尊感。调查研究发现 24.6% 的学生目标不明确，未曾设想人生目标，不知道自己的努力方向和将来可以从事的行业。他们在行为上无法与自己的价值观保持一致性，如时常漫无目的地刷手机、自习课时左顾右盼等，随机的行为导致他们在迷茫中失去方向，自然对高中生活感到抑郁、压抑。

6. 盲目冲动、不行动

ACT 认为，个体由于经验性回避、认知融合、概念化自我等阻碍了其按照已选择的价值观指导生活，因此以不行动、冲动和逃避来取代指向价值的灵活行动。比如，有的新生看到周边同学参加社团，便盲目跟风参加多个社团，没有合理规划自己的时间，导致其期末考试成绩不佳。笔者调查研究发现 43.2% 的新生虽有目标，但仅停留在想法上，不知道该如何努力。这种行为，最终会造成学生忽视事件的重要性和紧急性，盲目地脱离高中生活。

四、问题的应对策略

1. 接纳

接纳是以一种积极的、主动的、开放的、灵活的和不批判的态度，包容过去经历和此时此刻的体验，即与问题"和平共处"，把问题当成自身的一部分，并对其重新赋意。新生将出现的极端想法和情绪作为客观的事物去观察、体验、接纳和包容，逐渐降低经验性回避，提高心理弹性。比如，经常受焦虑情绪困扰的学生，心理教师运用 ACT 治疗策略指导其进行观察情绪与念头的练习，领悟"情绪只是情绪，念头只是念头，不是事实，不要沉溺或跟随它们"的道理。随着对焦虑情绪的接纳度增加，学生的焦虑程度会相应减少。

2. 认知解离

认知解离，即认知去融合，是指客观地将自我从思维内容、记忆、感觉、意象和语言规则中分离，即将思想看作是语言和文字本身，而不是它所代表的意义，不受其直接控制。对于新生心里产生的"理想"与"现实"的差距，我们建议借助 ACT 的"牛奶牛奶"认知解离技术，即在短时间内大声地重复"牛奶（理想）"一词，一段时间后学生会发现"牛奶（理想）"一词失去了原有的意义，而变成了一个单纯的词汇。这种典型练习可以帮助学生看到"理想"是脱离实际的，自己不应被其控制。

3. 关注当下

利用 ACT 的正念技术，引导学生真正体验眼前的校园环境、学科学习和人际交往，真正地觉察和融入此时此刻的生活，而不是被过去的经验所控制。例如，某学生每次回到宿舍就感觉胸闷、难以入睡，利用 ACT 的正念技术指导其进行身体扫描，观察身体的每一部分及其感觉，使其接受异样感觉的存在，不做评判，将呼吸引到有异样感觉的部位，从这个部位吸气，并从这个部位呼气，尝试让它放松，不强求改变。随着练习次数的增加，该生渐渐接纳异样的感觉，体会到在宿舍环境中的放松感觉。

4. 观察自我

观察自我，即以自我为背景的观察，让学生观察到自己的想法、情绪和行为是在发生变化的。当学生区分概念化自我和情景自我时，对自我构成威胁的痛苦思维和感受便会淡化，使其在关注自我的同时也在防止消极自我的形成。以 ACT 启发式练习，帮助学生将概念化自我转换成情景自我，如把自我隐喻为"棋盘"，想象白子是积极体验，黑子是消极体验，允许黑子的存在、黑白对弈战场的存在，只是自我不必生活在战区。学生学会从更高的角度来观察自我，不再视负性体验为威胁。

5. 明确价值

引导学生明确自己的价值观，以价值观为行动导向是 ACT 的特色。价值方向是个体内心最深处所渴望的，如我要成为什么样的人等。澄清价值使我们从日常生活的问题中撤出来，寻找生活的意义。心理教师可以采用"二十年后的聚会""价值罗盘"等体验技术，也可以采用测验技术等。学生也可以想象自己在人生最后年头会给这个世界留下哪些东西，这些东西有什么重要价值等。ACT 治疗策略可以引导学生朝一个不断追求的人生价值方向前进，帮助其在学习和生活中学会抉择和实践、拥有持续幸福的能力。

6. 承诺行动

承诺行动起到紧密关联的作用。与传统的咨询方法一样，ACT 治疗策略要求设定长期与短期的目标。在明确价值的情况下，学生学会规划每个阶段的目标和任务，并细化到具体的行动步骤。另外，行动的实施自然会伴随对承诺行为的阻碍和困难，心理教师要让学生学会带着对这些障碍的想法或情绪，选择与价值方向一致的行为。ACT 的治疗策略不仅是一种接受取向，更是一种改变取向，因此可以帮助学生选择符合自己价值观的行为，使学生对自己的行动改变负责，支持有效的基于价值观的生活。

综上所述，ACT 治疗策略通过鼓励个体对负性情绪的主动接纳，运用多种技术促成认知解离，改变错误认知的功能。它引导人们关注当下，积聚能量，提高自我效能；观察自我的当下和变化，寻求例外资源；明确价值、承诺行动，并促进践行改变。因此，ACT 治疗策略在心理健康教育中有广阔的应用空间，可以提高学生在适应期的心理弹力，使学生重建合理认知，缓解消极情绪，矫正不良行为，促进"认知—情绪—行为"的整合，使其今后的生活充实、快乐且有意义。

内地新疆班高中生个性特征实证研究

——以珠海市为例

一、概述与现状

（一）个性及个性特征的概念

个性是个体在先天与后天相互作用下形成的相对稳定的和独特的心理行为模式，是心理倾向和心理特征的总和，它直接影响个体的生活、学习和工作等方方面面，具有整体性、稳定性、独特性、生理性和社会性等特征。

国内多数学者认为，个性结构是多层次、多侧面的，是由复杂的心理特征的独特结合而构成的，包括完成活动的潜在特征、动力特征、态度和行为方式特征以及活动倾向性方面的特征等方面。从不同的角度，学者们将个性特征分成不同的维度。本研究采用的是国内学者从心理健康素质角度界定的中学生个性特征的定义，编制了针对中学生个性特征的标准化测验，确定了中学生个性特征包括 11 个方面，具体如下：

（1）独立性：学生的思维和行为是否易受他人影响。

（2）敢为性：学生是畏怯退缩，还是敢作敢为。

（3）有恒性：学生做事是苟且敷衍，还是有恒心且负责。

（4）怀疑性：学生对人对事是多疑，还是信赖。

（5）克制性：学生是否容易控制自己的情感和行为。

（6）敏感性：学生是理智、注重现实，还是敏感、感情用事。

（7）世故性：学生是坦白、直率、天真，还是精于世故。

（8）稳定性：学生的情绪是否稳定。

（9）外向性：学生心理和行为是外向、乐观，还是内向、孤僻。

（10）恃强性：学生是谦逊顺从，还是好强固执。

（11）忧虑性：学生是安详、沉着，还是忧虑、烦恼自扰。

换言之，本研究认为个性特征是包括具有社会评价意义的、与心理健康和心理适应密切相关的那些特质。

（二）个性特征的心理健康教育

积极的个性特征的培养与心理健康教育的内涵、心理适应能力的培养有许多重合的地方。综观国内外关于心理健康的表述，拥有良好的个性品质一直被人们看作是心理健康的重要标准和内容。我国的大量研究也进一步证实了个性是心理健康素质中的重要组成部分。随着我国教育事业的发展，许多教育部门和广大教育工作者已经认识到个性因素是影响学生学业成就和行为习惯的关键因素，因此重视对学生个性的了解和研究显得尤为重要。教育者进行因材施教，对高中生进行职业和专业选择的指导，以及对学生进行德育教育，都必须以准确了解学生的个性特征为前提。

教育部《中小学心理健康教育指导纲要（2012年修订）》，强调向学生提供发展性心理辅导和帮助。《广东省中小学校心理健康教育工作规范（试行）》中也明确指出，要侧重对高中生进行适应性心理的教育内容。心理适应能力，是人的一种综合性心理特性，通常可以反映其心理健康水平的高低，是个体生存与发展的必备能力，是心理素质的核心内容之一，同时是未来社会对人才素质的基本要求之一。随着心理健康教育的兴起和深入，国内学者也倾向于把适应能力作为衡量心理健康的一条重要标准。因此，在开展素质教育的过程中，培养学生积极的个性特征和心理适应能力备受关注。

本研究认为，面对未来复杂多变、竞争激烈的社会环境，学校要运用心理教育的专业手段，在学习、情绪情感和人际交往上，帮助学生发展积极的个性特征、习得良好的适应能力，只有这样，学生才能够获得更充分的生存与发展的条件，才能够成长为社会所需要的合格人才。

（三）内地新疆高中班的办学现状

举办内地新疆高中班是党中央、国务院高瞻远瞩，着眼于新疆未来发展和长治久安做出的重大战略决策。目前内地新疆班办学已经走过了19个年头，办学规模不断扩大，其经过10次扩招，办班城市已由2000年的12个增加到现在的45个，办班学校增加到了91所。其中广东省分别在广州、深圳、珠海、江门、东莞、肇庆6个城市承担办班任务，而珠海办班学校有2所，分别是珠海市实验中学和北京师范大学（珠海）附属高级中学（简称"实中"

和"附中"），实行四年制教育。这些具有良好办学条件、在当地具有很强影响力的一类高中，让新疆学生充分享受到内地优质的教育资源。

2015 年国务院印发《关于加快发展民族教育的决定》，强调促进各族学生的交往、交流、交融，切实提高少数民族的人才培养质量。各校先后实行"混班教学、混合住宿"，让新疆学生真正与本地学生一起学习、生活。各项工作顺利地进展，但也面临一些困难和问题：

（1）办班人数越来越多，生源结构越来越复杂，新疆地区的学生思想表现和学习基础差异较大，如实中生源是"民考汉"（指少数民族学生在参加全国普通高等学校统一招生考试时，使用汉文答卷），附中生源是"民考民"（指少数民族学生在参加全国普通高等学校统一招生考试时间，使用本民族文字答卷），后者相对薄弱。个别学生对学习有畏难情绪，教师辅导压力较大。大部分新疆学生与本地学生学习成绩相差悬殊，混班教学存在较大的困难。

（2）新疆班学生的风俗和生活习惯与内地学生有较大的差异，在交流上也需要克服语言障碍，混合住宿无论是对新疆学生、内派教师，还是对内地学生、内地教师而言，在彼此适应方面都存在一定的困难，其相互融合是一个漫长的过程。

（3）新疆学生离家遥远，一年仅返家一次，其余时间都是在校学习和生活。为此，学生的日常活动管理工作较为烦琐，学生出现的心理问题也复杂，教师为新疆班工作付出的心血和精力要远大于普通班，学校高度保障学生的身、心安全稳定的工作任重道远。

（四）珠海市新疆班的心理教育状况

珠海市成立了中小学心理健康教育指导委员会，下设学校心理健康教育指导中心，积极开展心理健康教育的探索，以"示范校重点探索，城区实验攻关，全市区域推进"为基本思路的发展方针在整体上已初具成效。但各地区、各学校发展不平衡，如部分学校心育工作缺乏目标任务，存在放任自流的现象；部分学校仅是在临近高考时才邀请专家进行心理讲座，存在教育的功利性现象；部分学校仍处在个性化补救性教育阶段，忽略面对全体学生的发展性心理教育；两所内高班学校虽有开设心理健康课程，但内地教师对新疆生的了解不够，没有专门面对新疆生的课程。

珠海市高中生在入学前大多没有集体寄宿的生活经历，在心理上正处于脱离父母扶持的时期，又称心理上的断乳期。而新疆学生也是首次离开父母、远赴他乡求学，两个群体的学生融在一起，在面对环境的改变、学习要求的提高和青春期发育等情况时都在认知、情绪、行为等方面产生迷茫、困惑、痛苦，并伴随有适应不良的表现。高中阶段学生正处于世界观、人生观的形成期，心理问题容易积聚，然而心理健康教育是新疆学生在过去的教育环境中从未接触过的，他们面对新事物时会陷入被动，对文化融合认识存在偏差，对学校心理辅导存在误解，为此影响了心理健康教育工作的正常开展。

尽管内高班办学模式在10多年的办学研究与实践中取得了一定的培养效果，但仍处于探索阶段，在扩招背景下对新承办任务的学校而言还是刚刚起步，关于这类对象的研究成果不是很多，研究方向发展不平衡。目前仍主要集中在为学校政教管理模式而服务，尚未能把德育与心理教育工作区分开来，忽略了在学生个性特征因素影响下的学科学习、情绪情感、人际交往中培养心理健康的研究。专门针对近年扩招后内地新疆班高中生的这种特定群体的研究逐渐出现，但从实证法进行个性特征的心理健康教育模式的系统研究少之又少。随着新疆班招生规模的扩大，会有更多的教育者投身于民族教育，新的矛盾和问题也会出现，本研究提出的要深入了解该群体个性特征的整体状况、发展特点显得相当重要。如果能对内地新疆班高中生做一个科学的心理测量和评估，就可以对他们的学习、改变行为习惯等方面开展实用的指导，这正是本研究的一个大胆尝试。

综上所述，本研究旨在采用中学生个性特征测验，通过对珠海市两所学校（实中和附中）的内地新疆班从预科到高三的学生进行调查，力求从多个方面实证研究学生的个性特征及现状，并考察其个性特征在性别、年级、语言教育背景等变量间的差异性，运用心理健康教育方法，较全面地促进学生学习、改变行为习惯等，充分发挥学生的潜能，增强学生的社会适应力，从而系统地整理培养新疆学生积极个性特征的心理教育模型，为同类学校的新疆生心理健康教育实践提供理论参考，同时为维护民族统一、增强民族团结提供重要保证。

二、 调查与分析

（一）工具

中学生个性特征测验从多个方面反映了学生的个性特征。利用本测验的结果可以较全面地了解学生的个性特征，为促进学生的学习、改变学生的行为习惯等方面提供参考。

测验的结果是以标准分和评定的等级来表示的。按照标准分的大小对学生的个性特征做出鉴定。

独立性、敢为性、怀疑性、克制性、稳定性、外向性这六个维度的标准分：在3分以下（包括3分）为低分，4～6分为中等，7分以上（包括7分）为高分。

有恒性、敏感性、世故性、恃强性、忧虑性这五个维度的标准分：1～4分为低分，5～6分为中等，7～10分为高分。

评定的等级是将各维度的低分记为1，中等记为2，高分记为3。

对各维度的等级含义解释如下。

1. 独立性

低分者：依赖他人、缺乏自己的独立见解，常放弃自己的观点来附和别人的意见，易受他人思想的影响，对自己缺乏信心。通常喜欢和其他人一起工作和学习，不愿独立行动，需要集体的支持以维持其自信心，但却并非真正的乐观者。

高分者：自立自强，当机立断。遇事有独立见解，通常能够并且喜欢独立完成工作，不依赖人，不愿受人支配，不以长者和权威人士的意见为判断是非的标准。不嫌恶人，但也不需要别人的好感。

2. 敢为性

低分者：通常胆怯退缩，对自己缺乏自信心，常有自卑感，在众人面前容易害羞，遇事常持观望的态度，不愿意自己拿主意、采取行动，缺乏竞争意识，害怕失败，常为之放弃许多良好的机会。

高分者：大胆、敢于冒险，不害怕失败和挫折。通常不掩饰自己的观点，也不害怕别人对自己的议论、批评和遭到众人孤立，意志较为坚强。有部分人喜欢惹是生非，破坏纪律和规矩，向上级挑衅。

3. 怀疑性

低分者：为人随和，善于体贴别人，能与人合作得很好。不喜欢与人竞争。对人十分信赖，有时过于轻信别人。

高分者：常存戒心，不轻易吐露自己内心的真实想法。常对人有偏见，而且难以消除，不容易结交亲密的朋友。他们的警惕性较高，对外界的变动十分敏感，不肯轻易相信别人的宣传而依靠自己的观察和判断，即使对于权威人物的言论或众人一致的观念也常存怀疑。

4. 克制性

低分者：遇事好冲动，内心的要求、欲望和感情一经产生便表露在外，并立即采取行动。这种人有干劲、有热情，积极性高，能当机立断，但不善于体察外界的形势以制约自己的行动，头脑很容易发热，有时不顾社会舆论和规章制度，做出不良的事情。

高分者：行为温顺、合乎常规，能迎合他人的旨意行事，不善于表露自己内心的要求、欲望和情感。与人发生争执时常常主动退让，在学校里属于不惹是生非、循规蹈矩的学生，但缺乏热情和闯劲。

5. 稳定性

低分者：情绪波动大，容易激动，也容易产生烦恼，容易受环境的影响和支配，缺乏耐心，遇到挫折和失败时便不顾一切乱闯乱闹或悲观失望、一蹶不振。他们感情丰富、富于幻想。

高分者：情绪稳定，能以沉着的态度处理各种事情。不惊慌、不冲动，有自信心，即使遇到麻烦也不烦躁，遇到失败仍能振作精神，不悲观、不失望。不喜欢感情用事，有时显得过于冷酷无情和骄傲。

6. 外向性

低分者：性格内向，好静不好动，感情深沉不轻易外露，稳重、含蓄。不喜欢广泛结交朋友，待人接物很小心谨慎，善于思考但缺乏决断力。对事能锲而不舍，经常进行自我分析和自我批评。

高分者：性格外向，好动不好静，喜怒哀乐皆形于色，容易适应各种社会环境。活泼、开朗、喜欢与人交际。气量大、不拘小节。兴趣广泛但难以持久。善于决断，但常较轻率，不善于进行自我分析。

7. 有恒性

低分者：苟且敷衍，做事缺乏恒心、耐心。通常缺乏目标和理想，对于人类社会似乎没有绝对的责任感，有时甚至知法犯法，不择手段以达到某一目的。常会取巧解决一些实际问题，而不花太多时间和精力。

高分者：有恒负责，做事尽职。通常细心周到，有始有终。以是非善恶作为行动指针，所结交的朋友多为努力苦干的人，不十分欣赏诙谐有趣的场合。

8. 敏感性

低分者：理智、注重现实。多以客观、坚强独立的态度处理问题。不重视主观和感情用事的看法，可能过分骄傲、冷酷无情。

高分者：敏感、易感情用事。通常心肠软，易受感动。男性较女性化，爱好艺术，喜欢幻想。看法和行为常常不实际，缺乏耐性。不喜欢接近粗犷的人和做笨重的工作。

9. 世故性

低分者：坦白、直率、天真。通常思想简单、感情用事。知足常乐，与人无争，与世无忤。

高分者：精明能干、世故。通常处事老练，行为得体。能冷静地分析事物，对事物的看法理智、实际。有时近乎狡猾。

10. 恃强性

低分者：谦逊、顺从。通常行为温顺，迎合别人的意旨，不争强好胜。也可能因为希求可遇而不可求，即使处在十全十美的境地，也有"事事不如人"之感。

高分者：好强固执，独立、积极。通常自视甚高，自以为是，可能非常武断。时常驾驭不及他的人和反抗有权势者。

11. 忧虑性

低分者：有自信心，有安全感、沉着。相信自己有应付问题的能力，能适应自如。

高分者：忧虑抑郁，烦恼自扰。常觉得世道艰辛，人生不如意事十之八九，甚至沮丧悲观。时时有患得患失之感。总觉得自己不被人接纳，也缺乏和人接触的勇气。

（二）方法与对象

利用随机抽样的方式，采用中学生个性特征测验量表，对珠海市实中和附中两所学校的 2013 级、2014 级、2015 级和 2016 级内高班新疆学生进行个性特征测评，共计 387 名学生，其所在学段分别为入学第一、二、三、四年。民族来源有 6 个，分别是维吾尔族 323 名，哈萨克族 26 名，柯尔克孜族 16 名，塔吉克族 13，蒙古族 7 名，乌孜别克族 2 名。整理统计后，有效问卷共 355 份，其中男生问卷 138 份，女生问卷 217 份；2013 级 56 人，2014 级 60 人，2015 级 117 人，2016 级 122 人；（语言教育背景）"民考汉" 121 人，"民考民"234 人。

本研究运用 SPSS 23.0 统计软件和 Excel 对数据进行统计分析。在保密的基础上，后期结合观察法、个案研究法等，有针对性地开展系列心理辅导教育工作，帮助学生发展积极的个性特征，提高其在学习、情绪情感和人际上的心理适应能力，从而顺利度过内高班的生活。

（三）结果

内地新疆生个性特征的标准分总体情况，见表 2-19。

表 2-19　内地新疆生个性特征的标准分总体情况

量表因子	独立性	敢为性	有恒性	怀疑性	克制性	敏感性	世故性	稳定性	外向性	恃强性	忧虑性
M	5.29	5.55	5.13	5.66	5.39	5.47	3.79	2.34	4.58	4.97	5.66
SD	1.469	1.370	1.563	1.400	1.028	1.059	1.189	1.258	1.840	1.852	1.820

内地新疆班高中生个性特征的等级分布情况，如图 2-5 所示。

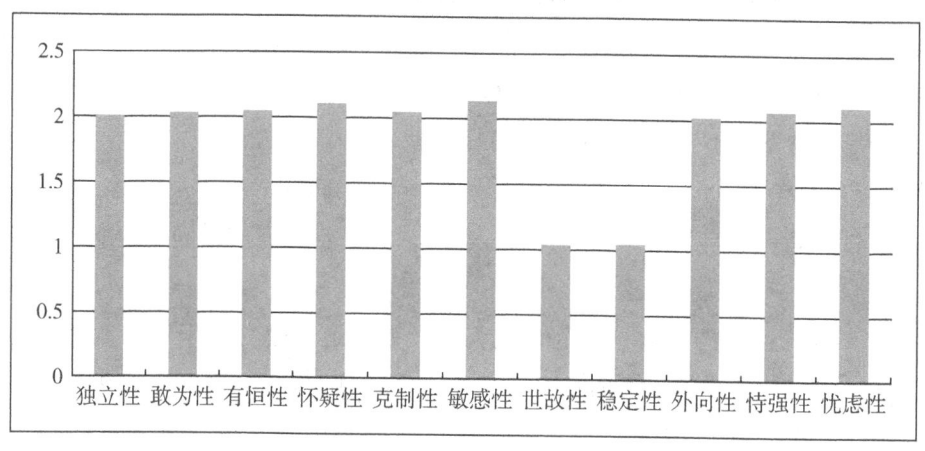

图 2-5　内地新疆班高中生个性特征的等级分布情况

从表 2-19 和图 2-5 可以看出，被调查的内地新疆班高中生个性特征的总体状况相对均衡。世故性和稳定性处于较低水平，世故性均值得分（3.79），稳定性均值得分（2.34）。其余维度处于中等水平。

内地新疆班高中生不同性别的个性特征标准分比较，见表 2-20。

表 2-20 内地新疆班高中生不同性别的个性特征标准分比较

个性特征	男生	女生	t
独立性	4.79 ± 1.62	5.58 ± 1.31	−1.652
敢为性	4.93 ± 1.32	5.92 ± 1.28	−2.262*
有恒性	5.00 ± 0.87	5.21 ± 1.86	−0.466
怀疑性	4.86 ± 0.86	6.13 ± 1.45	−2.962**
克制性	4.79 ± 0.80	5.75 ± 0.98	−3.097**
敏感性	5.14 ± 0.77	5.67 ± 1.16	−1.496
世故性	3.79 ± 0.57	3.79 ± 1.44	−0.018
稳定性	2.71 ± 1.20	2.13 ± 1.26	1.411
外向性	5.21 ± 1.47	4.21 ± 1.95	1.664
恃强性	5.64 ± 1.55	4.58 ± 1.93	1.747
忧虑性	6.57 ± 1.74	5.13 ± 1.67	2.530*

*$P<0.05$，**$P<0.01$

内地新疆班高中生不同语言教育背景的个性特征标准分比较，见表2-21。

表 2-21 内地新疆班高中生不同语言教育背景的个性特征标准分比较

个性特征	"民考汉"	"民考民"	t
独立性	5.91 ± 1.30	4.44 ± 1.26	3.476**
敢为性	5.82 ± 1.36	5.19 ± 1.32	1.421
有恒性	5.23 ± 1.74	5.00 ± 1.31	−0.438
怀疑性	6.05 ± 1.29	5.13 ± 1.40	2.090*
克制性	5.45 ± 1.10	5.31 ± 0.94	0.416
敏感性	5.68 ± 0.94	5.19 ± 1.16	1.442
世故性	3.77 ± 1.27	3.81 ± 1.10	−0.100
稳定性	2.23 ± 1.27	2.50 ± 1.26	−0.655
外向性	4.09 ± 1.74	5.25 ± 1.80	−1.993
恃强性	5.09 ± 2.15	4.81 ± 1.37	0.452
忧虑性	5.64 ± 2.01	5.69 ± 1.58	0.084

$P<0.05$，$P<0.01$

内地新疆班高中生不同年级的个性特征标准分比较，见表2-22。

表 2-22　内地新疆班高中生不同年级的个性特征标准分比较

个性特征	2013 级	2014 级	2015 级	2016 级	F
独立性	5.80 ± 1.32	5.11 ± 1.36	5.00 ± 1.49	5.22 ± 1.79	0.562
敢为性	6.70 ± 0.95	5.22 ± 1.48	5.50 ± 1.08	4.67 ± 1.23	4.999**
有恒性	5.90 ± 2.28	5.22 ± 1.30	4.70 ± 1.16	4.67 ± 1.00	1.377
怀疑性	6.60 ± 0.97	5.44 ± 1.42	5.60 ± 1.71	4.89 ± 0.93	2.865
克制性	6.20 ± 1.13	5.44 ± 0.53	5.30 ± 0.82	4.56 ± 0.88	5.607**
敏感性	5.70 ± 0.82	5.33 ± 1.58	5.40 ± 0.84	5.44 ± 1.01	0.209
世故性	3.40 ± 1.35	3.78 ± 1.20	4.10 ± 1.45	3.89 ± 0.60	0.586
稳定性	1.40 ± 0.70	2.56 ± 1.13	2.50 ± 1.35	3.00 ± 1.32	3.373*
外向性	4.10 ± 2.23	5.33 ± 1.94	4.20 ± 0.92	4.78 ± 2.05	0.899
恃强性	4.20 ± 2.25	4.44 ± 1.67	5.40 ± 1.58	5.89 ± 1.54	1.855
忧虑性	5.00 ± 1.87	5.22 ± 1.86	6.10 ± 1.79	6.33 ± 1.66	1.241

*$P<0.05$，**$P<0.01$

从表 2-20 和表 2-21 可以看出，在不同性别的差异性比较上，敢为性（$t=2.262,P<0.05$）、怀疑性（$t=2.962,P<0.01$）、克制性（$t=3.097,P<0.01$）三个维度得分女生显著高于男生，而忧虑性（$t=2.530,P<0.05$）维度的得分男生显著高于女生。在不同语言教育背景的差异性比较上，独立性（$t=3.476,P<0.01$）、怀疑性（$t=2.090,P<0.05$）两个维度的得分差异显著，"民考汉"的得分显著高于"民考民"的。

表 2-22 的方差分析（Analysis of Variance，ANOVA）显示，在敢为性、克制性和稳定性上都存在显著的年级差异，各维度在年级发展上的趋势不尽相同。随着年级的增高，大部分学生个性特征的敢为性和克制性发展呈增长态势，而稳定性发展呈下降趋势。其余维度的年级差异结果不存在统计学意义。

（四）分析

1. 内地新疆班高中生个体特征的整体现状

内地新疆班学生整体素质不错，他们爱祖国、爱家乡、爱亲人，勤俭、勤劳、淳朴、善良、热情，能歌善舞、多才多艺、感情丰富。通过研究结果可知，内地新疆班高中生的个性特征，除了世故性和稳定性处于较低水平外，其余维度均处于中等水平，总体相对均衡。究其原因，学生在入读内地班前接触外界新事物的途径较少，社会阅历相对浅薄，在人际关系中往往真实、坦诚，没有掩饰伪装，更没有处心积虑、尔虞我诈。世故性低、乐于表现真我是内地新疆生的一大特质，他们在意"兄弟义气"，注重团结合作。该特质在交往中，既是优点又是弱点，常常因直言不讳，容易让他人感到尴尬或不满，引发矛盾。青春期的学生自尊心强，对同伴的目光和评价很敏感，缺乏对情绪合理宣泄的认识和途径，常因小误会"为义气两肋插刀"，导致脾气暴躁、行为叛逆，校园欺凌等现象时有发生。

2. 内地新疆班高中生个性特征的性别差异分析

从研究结果看，内地新疆班高中生在敢为性、怀疑性、克制性的差异比较上女生显著高于男生，而忧虑性维度的得分男生显著高于女生。这一结论证实了个性特征的形成和发展受过去成长环境和文化的影响很大。在社会发展过程中，家长和教师都对学生赋予了文化所规定的不同的性别对待。在新疆少数民族家庭中，男性代表力量和权威，因此父母难免对男生产生过高的要求，对其行为和纪律上的约束更为严谨，于是在校园承担班干部任务或个性展示舞台上，往往是女生敢于冒险、挑战，但女生同时又有多愁善感的特点，遇事容易先入为主，对人有偏见，警惕和怀疑性比较高。与男生相比，女生行为温顺、合乎常规，更能克制自律。此外，文化要求男性更看重价值，男生获得的情感关注远不及女生。当他们在学习上不如意时，习惯归因为个人能力，常胡思乱想，加上男生不愿主动与人倾诉心事，更容易出现忧虑。

3. 内地新疆班高中生个性特征的语言教育背景差异分析

研究发现，在不同语言教育背景的差异性比较上，经"民考汉"选拔的学生在独立性、怀疑性得分上显著高于"民考民"。"民考民"学生来自全疆各地，他们过去所接受汉语教育的时间长短不同。在学习上，尽管大部分学生都很勤奋、努力，但学生的汉语基础差，在内高班大多数学科的课堂上，明显表现出害羞自卑、不敢表达。加上他们过去所选用的教材各不相同，学生的学习基础、认知情况参差不齐，在学习上确实会遇到难以想象的困难，于是因语言障碍、学习困难而引发的自卑、焦虑、依赖现象较多。而"民考汉"学生大多数自小学起便接受全汉语教学，甚至最晚的从初一就已经开始了集体寄宿生活，他们在学习和生活上更自立自强，因此，他们对待新事物会倾向于求真，持批评性态度，警惕性较高，在人际交往中不会轻信他人，不轻易向他人吐露自己的内心。

4. 内地新疆班高中生个性特征的年级差异分析

研究表明，内地新疆班高中生随年级增高，其敢为性、克制性呈现出逐步增长的趋势，但其稳定性随年级增高而逐步降低。从整体趋势上看，个性特征的其余维度的年级差异相对稳定。可见，高中阶段内地新疆生的个性特征相对稳定，但在各维度上的发展却是不均衡的，这与人生发展的关键期有关。埃里克森指出，青少年的主要任务是发展同一感。处于青春期的学生面临双重压力，一方面是社会变革带来的观念上的冲突，使他们陷入价值取向的迷茫和困惑中；另一方面是学生自身身心发展和学业上的压力。加上语言及文化适应的局限，他们越来越焦虑、紧张，面临人际冲突时容易情绪激动。少数民族的性情大多倾向直爽，情绪来得快也去得快，因此随着年级增高，学生能逐渐有意识地学会克制自己的行为，并敢于尝试挑战新任务，不再采取回避的方式。

（五）结论

被调查的内地新疆班高中生个性特征的各个维度总体状况相对均衡，世故性和稳定性处于较低水平，其余处于中等水平。其中，敢为性、怀疑性、克制性、忧虑性维度受到性别因素的影响，独立性、怀疑性维度受到语言教育背景因素的影响。各维度在年级发展上的趋势不尽相同，随着年级的增高，大部分学生的敢为性和克制性发展呈增长态势，而稳定性发展呈下降趋势。

（六）典型表现

内地新疆班高中生在个性特征下的典型表现如图 2-6 所示。

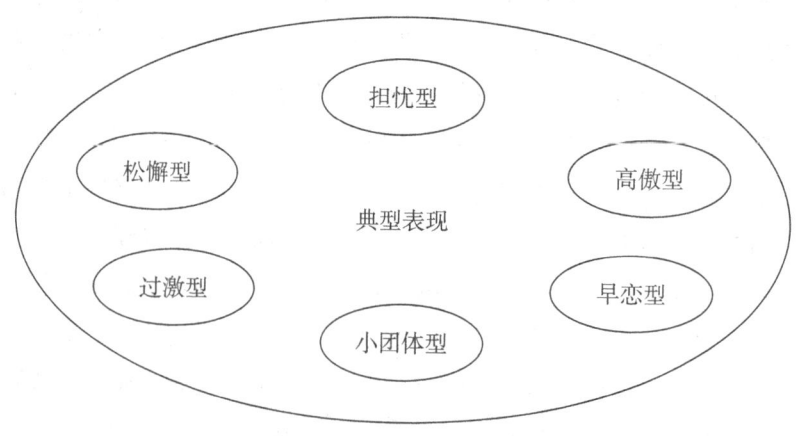

图 2-6　内地新疆班高中生在个性特征下的典型表现

1. 松懈型

有的学生经过初中艰难的备考，终于如愿以偿进入内高班后，感觉无比的轻松，难免会松懈下来。有的学生在初中被老师亦步亦趋地管习惯了，上了高中后发现老师不再像初中那样严格管理了，加上父母不在身边督促提醒，于是就陷入迷茫状态。这类松懈型的学生，听课漫不经心，作业稀稀拉拉，稀里糊涂地过日子，问题也随之而来，如功课跟不上、与同学难以相处等。这些问题如果得不到适当处理，学生会通过其他途径寻求解脱，容易沉溺于一些不良嗜好中。案例：小 A 在当地初中时曾是数学科代表，但升上内高班预科后，他的精力却主要放在打球、玩乐器等娱乐活动上，时常欠交作业，成绩从入学时的班级前五名退到 30 多名，班主任找他谈心，他显得很不在乎，表示内高班有四年的时间，自己到高三自然就会努力了。

2. 担忧型

学生告别可依赖的父母，千里迢迢来到一个完全陌生的环境，加之高中学习科目多、难度偏高，部分课程以前从未接触过（英语，部分"民考民"学生需要从零开始），部分学生一方面把思念与恋家的感情压抑在内心，另一方面被学习不适的困惑消磨着自信。一旦开始混班教学后，他们又担忧能否适应新老师的教学方式、能否跟上教学进度、能否保持原先的优势以及能否与新同学和睦相处。这些太多的不确定让他们害怕，让心理自我调节能力差的学生产生忧虑和恐惧等情绪。案例：小 B 入学成绩排在班级的第二名，但优势并不是持续的，由于她一直采取死记硬背的学习方法，未能适应高中的学习，所以期中考试的成绩只排在班级 30 多名。她感到压力很大，与父母打电话时常常流泪，认为自己对不起远方的家人。

3. 高傲型

优秀生往往觉得自己优于别人，自己是周围人的主宰，所以操纵欲、支配欲极强，别人的行为稍不如自己的意，就横加干涉，自己要做什么，即使错了，也不听劝告，继续做下去，处处显示出与众不同的姿态和神情。案例：小 C 是从小学开始接受汉语教学的，语言表达顺畅，一直都是班中的佼佼者，经常受到老师的表扬，但进入内高班学校后，发现班里还有部分汉语水平较差的同学，老师讲课时会照顾他们而放慢节奏和速度。为此，小 C 显示出唯我独尊的优越感，平时总喜欢与高年级的同学玩耍而刻意远离自己班级的同学，在班级活动中经常好表现自我，以命令的语气要求同学们服从其指挥，自习课上常常自言自语，不喜欢上的科目连黑板都不看，不接受老师和同学的善意批评，甚至认为老师和同学故意针对他。

4. 过激型

大部分学生在高中阶段的人生目标模糊，人生观、价值观不够稳定，自我评价水平和辨别是非能力仍不够成熟。其中，部分新疆班的学生自我防御意识特别强，尤其是个别男生，常常表现为没有安全感，因学习压力催化了敏感而浮躁、急躁而不稳定的心理。也会因一些小事与同学、室友发生口角，容易失去理智，在盛怒之下发生冲动行为。这些问题会引发班级凝聚力不够强、集体意识薄弱等团体心理问题。案例：小D由于语言的影响和文化的差异甚至相互排斥，因此形成自我封闭，出现人际交往的被动状态。他常因一些琐碎小事，引发情绪过激、冲动等行为，于是在集体生活中他成了教师高度关注的对象。

5. 小团体型

内地新疆生在寄宿的环境下，过着比较单一的三点一线（宿舍—班级—食堂）的生活这容易导致小团体固化。通常，小团体现象会带来一些人际摩擦和人际苦恼，一些不隶属于某些小团体的同学同样也会受到影响。案例：小E对这一现象可谓深恶痛绝，因此尽量使自己不陷入某个狭小的圈子，但因为想要维护正常的人与人之间的交往，以及不得罪班级里的任何一个小团体，所以她总是保持谦让和笑脸，尽管有时候她觉得这样做很累。但不想发生的事情还是发生了，在混合住宿时，因生活习惯的差异，磨合期间便出现了两派明争暗斗的情况，她开始还想做好人，努力地去调节彼此之间的关系，但却感到无能为力。更糟糕的是，她逐渐被两边的人都排斥，到后来她甚至感到自己没法再在宿舍待下去。

6. 早恋型

在寄宿制学校，人际交往过程中容易出现的另一个问题是异性交往。由于高中学生生理和心理的发展已经达到了一定的水平，开始有了强烈的与异性交往的需要。一般情况下，大多数中学生能够控制自己的情感，没有陷入早恋的情网。但是，在身处异乡、环境优美的寄宿制学校里，校园的生活相对来说比较单调，缺乏新奇感，加上繁重的学习任务以及考试和家庭的压力，使一部分自控能力弱的学生情感发展不稳定，陷入情网。案例：小F进入内高班后感觉压力大，在一个相对比较闭塞的校园环境里，强烈的孤独感和失落感就促使她向异性寻求情感寄托。开学不久，遇到异性向其表达爱慕时，她不懂拒绝，明知是没有结果的恋爱，仍一门心思投入，成绩自然一落千丈。

三、研究与实践

（一）培养学生积极个性特征的模型

我们结合珠海市两校的特色和学生的实际，对引导内地新疆班学生积极个性特征的心理健康教育的若干理论做了探索，特别在目标、途径等方面进行深入研究，并以此来指导学校新疆班心理健康教育工作。经过近5年的研究，我们总结出一套培养学生积极个性特征的心理教育模型，由学校领导、班主任、科任教师、心理教师为主导立体实施，具有可操作性，实践效果显著，在同类学校具有示范推广价值。

培养学生积极个性特征的模型如图 2-7 所示。

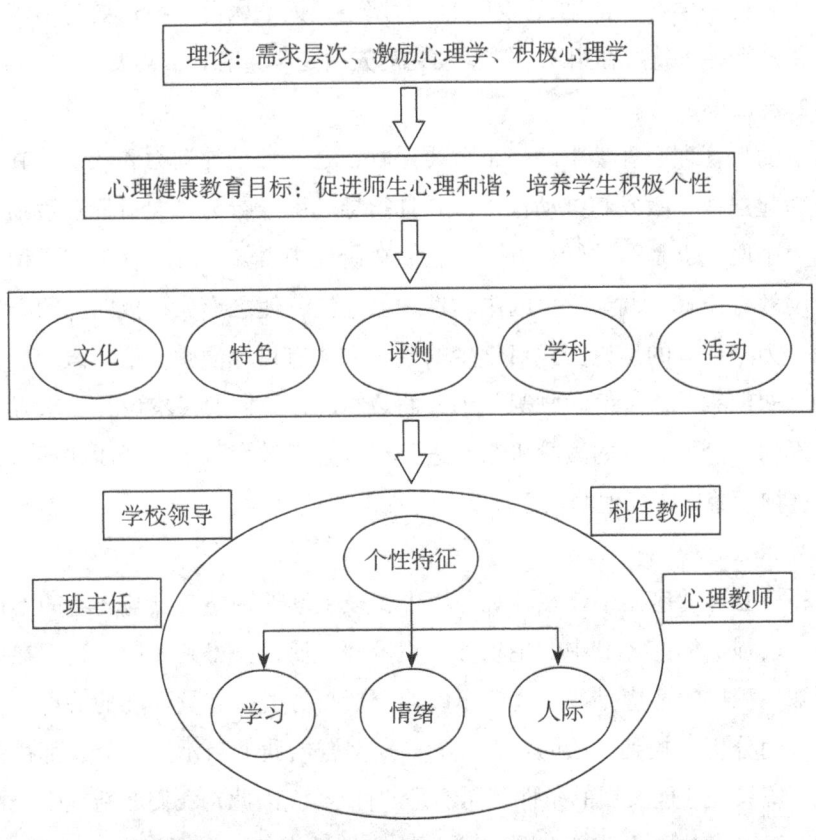

图 2-7　培养学生积极个性特征的模型

（二）培养学生积极个性特征的理论

本研究依据"需求层次理论""激励心理学""积极心理学"，从学习、情绪情感和人际交往三个方面考查，采用"认知心理疗法"的个体辅导和"体验式教学"的团体辅导相结合的形式，开展积极探索和主动研究心理健康教育策略，促进学生个性特征的积极发展。

1. 需求层次理论

马斯洛需求层次理论把需求分为生理需求、安全需求、社交需求、尊重需求和自我实现需求五类，依次由低到高层次排列。根据该理论，我们得知学生的需求，一是基本的生理需要；二是希望自己身体健康，学习、安全有保证，做自己愿望做或较习惯的事；三是希望在社会中受到别人的注意、接纳、关心、友爱和同情；四是希望自己具备各种能力和知识，希望能维护自尊，得到别人的尊重；五是实现自己的理想抱负、充分发挥潜能，完成和自己能力相称的学习或活动，成为自己所期望的人。因此，我们要想培养新疆生的积极个性，就要在组织各项活动之前先清楚学生有什么需要。

2. 激励心理

激励是管理心理学中的一个重要课题，是一种精神动力和状态，其对人的行为起加强、激发和推动作用，并且指导和引导行为导向目标。激励是一种动力手段，也是一种管理方法。我们在研究中得知，班级管理需要构建一套激励教育模式，调动学生的主动性和创造性，使之形成积极向上的心理状态和行为。现有的理论实践对学生的激励方式有目标激励、情绪激励、宣泄激励、期望激励、价值激励等几个方面。因此，我们通过本研究力求寻找一套合理的、恰如其分的激励机制，进而规范心理教育班会，全面地振奋新疆生的精神面貌，提高他们在心理适应方面的积极个性。

3. 积极心理

积极心理适应是个体在客观环境中积极主动地调整自己与环境的不适应行为，增强个体在环境中的主动性、积极性，使自身得到发展。我们在研究中得知，积极的适应是要学生能正确地分析自身的特点及环境的特点，从对这二者的分析中找到自己的生长点。马斯洛曾给我们启示：每个人都存在潜能，环境只是才能发展的条件，而不是"种子"。因此，我们在新疆生个性特征的心理教育中，开发学生调节心理适应性的潜能，即通过团体心理辅导，引导学生通过探究如何利用自身资源，将环境的有利因素和个性的积极因素统一在实践活动中。

4.认知心理疗法

认知心理疗法是20世纪六七十年代产生并逐渐发展起来的一种心理治疗系统，强调认知过程是心理和行为的决定因素。它认为情绪和行为的产生依赖于个体对环境情况所做的评价，而这种评价又受个人的信念、假设观念等认知因素的作用和影响。认知心理治疗就是通过改变人的认知过程和由这一过程中所产生的观念来纠正本人适应不良的情绪或行为。治疗的目标不仅是针对行为、情绪的外在表现，而且分析患者现实的思维活动，找出其错误的认知，加以纠正。为此，我们在新疆生个体心理辅导中可适当运用该理论，帮助具有学校适应不良的学生进行认知重组，重组对学校的合理认知，从而改变不良的情绪及行为。

5.体验式教学

体验式教学是指教师在一定教学目标指导下，通过头脑风暴、角色扮演、心理游戏、心理影片等方法创设情境引导学生，使学生更进一步地感知、觉察和领悟角色，使其习得知识和方法，懂得通过主体探索、发现，创造性地进行学习、发生改变。在体验式教学中，教师要充分发挥学生的主体积极性，培养学生独立审视问题的能力，从而达到促进学生个性特征的积极培养。同时，在体验的过程中，教师与学生相互温暖、相互滋养、相互影响，促进教学相长。因此，体验式教学对内高班团体辅导具有积极的价值。

（三）培养学生积极个性特征的途径

通过文化建设、特色课程、测评辅导、学科渗透、活动开展等五大途径营造人与自然、人与社会、人与自我的和谐，促进校园和谐共进；通过知识的传授、能力的培养和良好心理素质的训练，使学生形成积极的心态，具备自信、开放、互助、感恩等优良品质，并追求发展积极个性，提高适应力。

1.文化建设

校园文化：近年来，附中以"润"文化为学校文化建设的依托，着力打造"雅、美"的育人氛围，"乐水园"教化若水，"聚竹园"竹韵书声，"百草园"兼容并蓄，"桃李园"下自成蹊；还开设"润"石、香樟林、兰蕙树等绿色轻松的心康室，开放雅致的凤凰书院，等等。学校用文化育人、用环境育人，着力把内地新疆生培养为文雅、优雅、高雅的附中人。

心育文化：2015年，附中投资近百万元，建造全新的心理成长中心——

"润心阁"，其建筑面积1112平方米，包括园艺心理体验区、户外拓展活动区、开放式阅览区、来访接待室、教师办公室、个体心理咨询室、团体心理辅导室、社团活动室、音乐放松室、宣泄室、测量与训练室、沙盘游戏室等区域。此外，2014年实中建成的"沁心园"占地525平方米，为内地新疆生提供了舒适开放的心育环境。

归属文化：2015年，为确保新疆班学生有良好学习和生活环境，珠海两校先后建设"新疆楼"，陆续增加设施投入，通过一系列的环境布置，增强学生的归属感，如新生报到时，在学校门口设置标语、条幅，在道路两旁设置彩旗等向新生致以欢迎的气氛，让新生感觉到被期待、被接纳。再如，在宿舍方面，内地新疆高中班学生宿舍的标准是接近家的感觉，条件相当优越，还有内派新疆教师陪同，给他们家一般的温暖。

2. 特色课程

心育必修：从预科阶段起，内地新疆班学生每周体验一节学校的心理健康教育课程。心育课作为必修课排入课程表，主题包括自我认识、学习心理、情绪调适、人际交往、青春期心理、价值观、自信心等，通过"体验式"教学向学生传授心理保健知识，提高学生心理素养，课型深受学生的喜爱。例如，在"人生价值模拟拍卖会"上，新疆学生学会珍惜机会，不轻言放弃，树立积极向上的价值观。部分新疆学生的课程感悟如下：

新疆学生的课程感悟一

刚开始上心理课时，大家都很紧张，因为以前没有接触过。但后来，很多同学都主动举手回答问题，大胆参与老师的课堂游戏，每一个游戏体验的背后都有很特别的含义，需要我们去思考、去领悟。在这里我们是轻松的，快乐的。

——2013级旦★

新疆学生的课程感悟二

在心理课上，我学会了做人做事要有自信、有信心，失败了不要灰心，仍要坚持；学会换位思考，从别人的角度去思考问题；情绪不好时可以有多种解决办法，有时候你精心呵护的一盆植物便是你的倾诉对象。

——2015级阿★力

心育选修：园艺心理是附中的心理特色课程，学校依托课题研究，在原有的绿色生态环境基础上，吸纳语文、生物、地理等不同学科教师，以"和谐共进"的理念共同开设心育选修、加强文化建设、设立开心农场等课程，寻求生生、师生的"心理互助"。实中新疆部的"心灵小农场"，也是为帮助学生缓解心理压力、释放不良情绪而设立的特色课程，引导学生树立关爱自己、关爱学校和关爱生命的价值观。

校本课程：以《普通高中学生发展指导纲要（试行）》等国家文件为思想指导，以心育理念为中心，树立开放的大课程观，以促进学生全面和个性化的发展为目标，附中每个学期都开设民族合唱、国际象棋、传统手艺、版画、舌尖上的附中等40多门具有校本特色的选修课程，帮助学生不断开发潜能和特长，完善人格。

个性课程：新疆学生能歌善舞、性格热情，在学校的鼓励和支持下，他们的社团活动影响力也日益扩大。为充分挖掘学生的潜能、帮助学生提高自信，学校相应成立了乐器、球类等20多个课外兴趣小组，开设龙狮队、文学社等30多个学生社团，新疆生纷纷主动加入这些兴趣小组和社团中。学生从中学会"互助、感恩"，实现了个性发展，提高了环境适应力。

主题班会：新疆班班主任利用班会课营造积极的班级文化，主要包括适应性教育，使学生积极适应各种环境变化及社会中各种应激事件；学习心理教育，培养学生的自学能力；情感调适教育，使学生学会科学的心理调适方法，学会如何应对挫折；人际交往教育，使学生关心他人、乐于合作等。在班会讨论"混合住宿"的问题上，学生学会将心比心，培养了开放、互助、包容等积极的个性品质。

3. 测评辅导

心理测评调查：每学年珠海两校都组织内地新疆班入学新生进行心理测评，普查学生综合心理素质、心理适应性、个性特征等状况，建立学生心理健康档案，提交年级报告，关注学生的个别差异，对测评中达到预警水平的学生进行备案，启动心理干预机制，适时对其进行心理疏导。

个体心理辅导：珠海两校的"润心阁""沁心园"建立了完善的心育工作制度和管理规范，有专职心理教师值班，平均每年接待来访学生和家长近300人次。对存在心理问题、出现心理障碍的学生及时进行认真、耐心、科学的心理辅导，并与班主任一起对其进行共同跟踪、关注。

案例节选:

阿依**的蜕变

——内地新疆班班主任陈*老师的教育叙事

学校决定将新疆班同学插到本地班中进行混班教学,新疆班的每个同学都心事重重。

插班的当天晚上,阿依**紧紧跟在我后面,陪我送一个又一个学生进班,轮到她时,她扯着我的衣角念叨着:"老师,我怕。""老师,我很紧张。""老师,慢点。"我停下来拉着她的手,发现她的手是冰凉的。"阿依**,还记得我说的话吗?各方面都要主动,争取当班干部,哪怕是一个小小的组长。"过一个星期后,阿依**跑来找我,很高兴地告诉我,她当上组长了,老师表扬她收作业认真负责,同学赞她服务贴心,而且她很快熟识了班里同学。我正想表扬她,没想到她瞬间趴在我肩膀上哭了起来。我惊讶了,怎么回事?她一边哭一边说:"快两个星期了,同桌一句话都没跟她说,不知道自己做错了什么?"我安慰她说:"每个人性格不同,可能你同桌刚好是内向型,跟别人也少话,别乱想。或许你同桌也在苦恼呢。""老师,不对,她一下课就跑去找她朋友,有说有笑。老师,是不是我有什么味道,你闻闻,可我天天洗澡、洗衣服。"我安慰她说:"你的卫生习惯比我还好,别多想了,我们慢慢弄清楚。"

教育学家马卡连柯说,得不到别人的尊重的人,往往有最强烈的自尊心。我找到她的班主任,原来她班主任在前一天也听到她同桌同样的诉苦。她的同桌因为担心说错话,担心触碰到少数民族的忌讳,担心一不小心遭到报复,所以小心翼翼,不敢主动说话。后来我和她的班主任各自带上她们,带上一些零食和水果,在竹林下的圆桌子上聊了半个小时,她们终于有说有笑了,持续两个星期的心结终于打开了。

在此之后,我欣喜地发现,阿依**蜕变了,那个胆小自卑爱哭的小姑娘不见了,她已经蜕变成阳光自信、落落大方的大姑娘了。

全员育人导师制:两校的新疆部共同启动"关爱新疆班学生行动",挑选出责任心强、乐于奉献的教师与新疆生结成对子,从思想、学习、生活各方面给予他们关注和帮助,让远离家乡的他们在学校找到家的感觉。在寒假,学校开展了"新疆学生走进老师家庭"活动,全部新疆同学分批被老师领回家，让他们亲身感受粤式年味。四年的情感交融之后，有些已毕业的新疆生还会写信给自己的导师，表达感恩之情。

4. 学科渗透

近年来，两校都不定期地开展全体教师心理健康教育培训，使各学科在制订教学计划时渗透有关心理健康教育方面的内容，通过"师师互助"的形式实现心理健康教育的学科教学渗透。例如，在语文教学中，教师通过优秀的文学作品引导学生愉悦身心、陶冶性情，弘扬积极乐观、健康向上的情感和价值观；历史教师在教学中培养学生坚韧不拔的品格，学史以自强、以明志；心理教师在生命教育课程中渗透生物学知识，帮助学生从生理和心理两个方面深度了解生命。很多科任教师以周记的形式与学生交流，以积极关爱架起师生心灵沟通的桥梁。

5. 活动开展

珠海附中、实中均以多元文化活动，打造和谐心理校园，培养新疆学生的积极个性，并为学生未来的生涯规划做好铺垫，如图2-8所示。

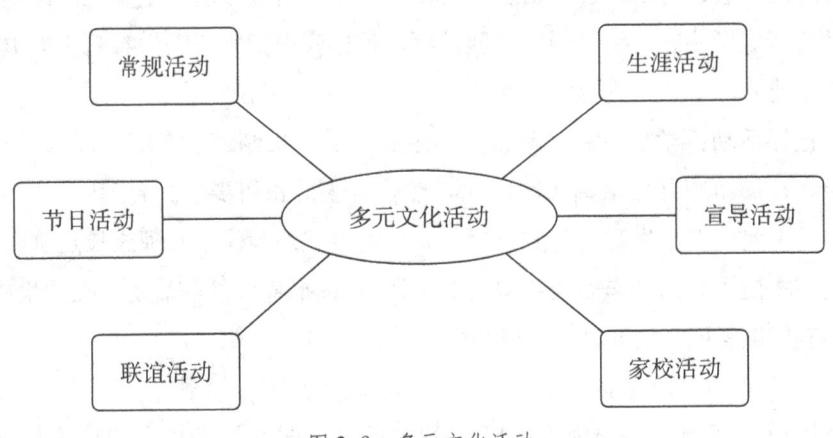

图 2-8　多元文化活动

常规活动：为了缩短"混合住宿"的磨合期，学校鼓励新疆生积极参加各种主题活动，如"5·25心理健康活动"、民族风情文化节、体育艺术节、科技文化节、读书交流会、诗文诵读比赛、拔河比赛、高考喊楼等。此外，学校通过开展社会志愿活动，以及本地学生与内地新疆班学生之间互帮互学、友好班级等活动，提高学生的合作和探究能力，全方位促进民族学生与本地学生的交融，为学生的全面发展搭建平台。

节日活动：在特殊节日里，学校开展学生喜爱、具有新疆特色的系列活动，既尊重了他们的民族文化风俗，又丰富了他们的精神生活，为他们搭建了施展能力和才华的舞台。例如，在传统的古尔邦节、春节、中秋节等节日，新疆班学生尽管无法返家，但在珠海同样能够享受充实而又丰富的节日活动。

联谊活动：新疆部有独立的学生会组织和主持学生活动，结合前期研究的结果，学校在人才选拔上特别注重男女比例。学校经常利用周末时间，组织本地班学生会与新疆部联谊，并让表现特殊的新疆生加入学校的学生会。附中则利用地处大学园区的优势，强化与中山大学、北师大珠海分校的合作关系，以"大学生与高中生互助"的形式，定期开展"手拉手心连心"活动，促进新疆学生的成长。

生涯活动：学校意识到生涯教育的重要性，对学生的个性化发展十分重视。两校利用家长和校友等资源，结合本校的当地生与新疆生混班教学的实际，开发组建本地互动式、体验式生涯教育学习实践平台，帮助学生树立主动发展的观念，提高其社会适应能力，如附中先后带领新疆生参观汤臣倍健、云洲智能等产业区，体验图书管理员等角色；实中带领新疆生参观格力电器、丽珠工业园、中航工业展览馆等。

宣导活动：学校在新疆班建立学生心理委员机制，由专职心理教师直接指导，每周组织开展培训活动，让心理委员领悟和初步掌握心理助人者的专业技能，实现"生生互助"的目标。心理委员定期制作《心理成长足迹》，新疆生与本地生共同合作完成"国旗下讲话""板报宣传"等活动，在师生中普及心理保健意识，培养自身积极个性。

家校活动：因为内地班办学的特定条件，家校合作一直是学校工作中的困难。新疆部要求内派教师和班主任定期向家长寄送书信、学校简报等，邀请并接待家长访问团，并组织教师到新疆进行家访，建立班主任、心理教师和家长沟通的网络平台，旨在通过多种途径让家长了解、反馈学生的心理状况，提升学生个别教育的工作质量，共同为学生的心理教育保驾护航。

四、成果与反思

（一）教育教学成果

通过五年的研究与实践探索，两校取得了显著的效果，具体如下。

1. 整体精神面貌

两校实行新疆生与本地生"混班教学、混合住宿"的成效良好，学生的心理健康状况良好，行为上呈现出自信、开放、互助、感恩等；教师在心育环境的熏陶下，和谐团结，认真、负责并快乐地工作，大大减少了职业倦怠现象。师生间平等和睦，生生间团结友爱，初步体现了"幸福、自信、互助"的师生精神面貌。

成果调查 1：新疆生对学校心理辅导活动的主动参与度。

在心理教育模式实施之前，调查发现有 61.3% 的学生对心理和精神问题存在偏见，另有 32.8% 的学生表示不太愿意参加学校的心理辅导活动。2018年 9 月，我们对 2016 级新疆生入读两年后的状况进行自制问卷调查。结果有61.21% 的学生愿意主动参与心理辅导；另有 3.57% 的学生表示不愿意参与，原因是他们知道个性特征的心理辅导有助于身心的发展，只是担心参与活动过多会影响学习，如图 2-9 所示。

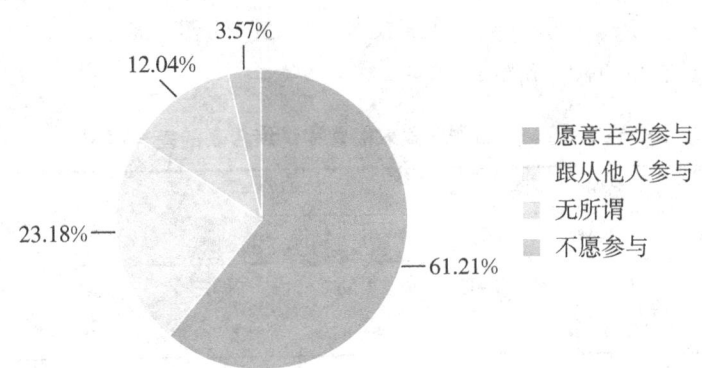

图 2-9　新疆生对学校心理辅导活动的主动参与度

成果调查 2：新疆生对学校心理健康工作的满意度。

2019 年 1 月，我们调查了 2015 级新疆生对学校心理健康工作的满意度，其中表示满意及非常满意的占 93.33%，如图 2-10 所示。

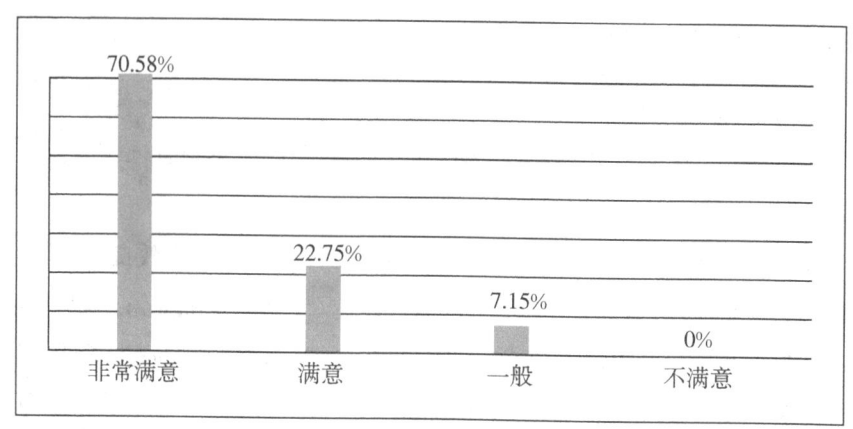

70.58%

22.75%

7.15%

0%

非常满意　　　满意　　　一般　　　不满意

图 2-10　新疆生对学校心理健康工作的满意度

成果调查 3：心理健康课程对新疆生的自卑感、情绪反应的干预。

2014 至 2018 年间，我们对附中 2014 级 36 名新疆生开展了关于学习、情绪情感和人际交往的心理健康课程辅导，对参与的学生实施自卑感、情绪量表的前后测试，见表 2-23。调查工具分别采用自卑感量表和情绪量表。前者是测量自尊应用最广泛和最有价值的量表之一，信效度方面量表的 Cronbach's α 系数是 0.92，重测信度为 0.86，具有较好的信度与效度。后者用于测试学生调节情绪的能力反应，分数高表示正向情绪反应高，在信度方面总量表的 Cronbach's α 系数为 0.93，各分量表内因素之间的相关系数均达 0.01 显著水平，量表具有一致性与可靠性。

表 2-23　前后测自我效能感和情绪量表的差异情况

（N=36）	前测总分		后测总分		t	P
	M	SD	M	SD		
自卑感	1.94	0.41	1.58	0.50	2.40	0.022*
情绪反应	72.56	20.676	86.81	12.792	-3.036	0.005**

*$P<0.05$，**$P<0.01$

表 2-23 的相关样本 t 检验表明，前测均分与后测均分差异显著（$P<0.05$），即通过心理健康课程的积极干预，学生的自卑感、情绪反应后测整体水平显著提高，表明干预有效。

根据以上 3 项调查结果可知，心理健康教育对内地新疆班高中生个性特征的积极培养有一定效果。

2. 学生个性发展

学校承办和开展多种心育特色活动，为全校师生发挥自身特长提供了机会，同时鼓励每一个新疆学生挖掘自身潜能，不拘泥于学习和成绩，积极参加各类竞赛项目。新疆学生在自己喜爱和擅长的领域中获得成就，提高了自信心。

例如，在附中的新疆部，苏比努尔和来拉在 2017 年全省"民族团结一家亲"演讲比赛暨全省"爱在广东"民族团结教育演讲比赛中，获二等奖。在纵横棋社 2015 年承办"象棋世界冠军进校园"活动中，有 20 名新疆生在比赛中初露锋芒；新疆部女生参加的合唱团获 2015 澳门国际合唱比赛金奖；龙狮社获 2016 广东省龙狮麒麟锦标赛高中组一等奖；他们的版画作品更是斩获多项省市级大奖。

又如，实中的马瑞同学获全国内高班演讲比赛第四名（二等奖第一名，广东省第一名）、苏比努尔同学荣获 2017 年广东省内高班演讲比赛第一名等；新疆部艺术团获珠海市艺术展演金奖；新疆生郭凯丽同学曾获全国中学生书法比赛一等奖；新疆班代表珠海市参加广东省第三、四、五届民族运动会，获得体育表演项目一等奖。

珠海新疆班学生参加国家、省、市各级各类比赛均表现突出，多次获奖。在此，家长发现了孩子的多种潜能，以孩子成为"内地新疆生"而感到骄傲、幸福，家长对内地新疆班学校的心理教育工作十分肯定、满意。

3. 学校心育成果

珠海附中、实中两校先后荣获"广东省民族团结进步模范集体""广东省中小学心理健康教育特色学校"等称号，附中在 2017 年还被评为"国家级心理健康教育特色学校"。两校的心育团队近年申报并结题的国家、省和市级课题共十余项，目前已结题的《内地新疆班"参与一体验式"心理课堂的研究》（课题编号：GDXKT3263）获广东省教育科研规划小课题研究成果一等奖；其课题多次获得市、校心理健康活动课评比一、二等奖；有多篇专业论文获省、市教育教学论文一等奖并发表于国家、省级核心期刊。附中专职心理教师麦贝吉被评选为首批珠海市"心理健康教育工作室主持人"。

（二）有待研究的问题

由于本研究的局限性，所抽取的样本仅限于珠海市两所内高班学校，因此其对于内地新疆班高中生群体来说样本的普遍性不够强。在今后的研究中可扩大到其他省、市的内地新疆班高中生，也可以对新疆当地的高中生进行相关调查，并进行对比研究，以更准确地把握新疆民族班高中生个性特征状况、发展趋势等，以便进一步完善培养学生积极个性特征的心理健康教育模型。另外，本研究的时间跨度较大，并且中间经历了几位民族内派教师的流动轮岗，因此新疆学生在内地城市面临的部分问题无法一一反馈。上述不足有待在以后研究中做进一步的完善和探究。

（三）相关教育建议

1. 消除特殊对待，强化平等教育

对于内地新疆班学生的心理健康教育，学校要明确培养目标，在校园内尽量消除对新疆学生的特殊对待，强化平等教育，即不强调新疆学生与本地学生的差别和不同，而是突出两者的共性和交集。他们来到学校的目标是一样的，即考上理想的大学；身份是一样的，即需要被接纳和被尊重；学习生活的环境是一样的，即心理潜能待开发。学校应积极创设良好的校园文化融合氛围，培养学生自信、开放、互助、感恩等积极的个性品质，提高学生的自信心和改善其校园适应的现状。

2. 关注性别差异，提高自信教育水平

鉴于内地新疆班学生个性特征的敢为性、怀疑性、克制性、忧虑性受到性别因素的影响，学校应注重性别特色教育，即在培优选拔和舞台展示中，要注意协调男、女学生的比例，因材施教，激发不同性别角色各自的潜能，培养新疆学生在学习、情绪情感和人际交往中积极的个性品质。其中以自信心、情绪教育为首，教师可以对其开展合理归因训练，引导他们学会积极的自我暗示、提高自我意识水平，进而增强其社会适应力和抗挫能力，帮助他们逐步健全人格。

3. 优化心育资源，注重情绪调适

招聘吸纳不同民族的心育教师，提升内派教师的心育技能，加强心理健康教育的师资队伍建设。在日常校园教育中开展以"发展性"为主、"补救性"为辅的多元心育活动，如课程、讲座、电影赏析、小组辅导、特色社团、体育锻炼、文艺活动、社会实践等，以积极心理学的视野挖掘新疆学生的优势品质和潜能，既可以活跃校园文化氛围，又能够引导学生树立正确的人生目标、激发其学习动力，从而提升学生的情绪管理与调适能力，逐步减少学生的学习焦虑和人际敏感。

4. 构建社会支持，发展积极个性

学校要为新疆学生构建完善的社会支持系统，联动家校社协同育人的资源，如引入往届毕业生、本地学生家长等优质资源，求助心理热线、家庭"结对子"、联手学习坊、互助沙龙等，汇聚幸福教育发展合力；发挥学生周边榜样的辐射作用，帮助学生丰富社会阅历，使他们勇于面对现实；唤醒学生的积极力量，引导学生从社会的大局角度考虑问题，更多地相信他人并与他人交流，在困境面前通过自我努力或寻求可能的帮助，提升自身克服困难的能力，积极发展个性特征。

第三篇

教学案例

开启我的生涯梦

一、设计理念

1. 理论背景

生涯规划是在对自我充分认识的基础上进行的，对自我的了解和分析得越透彻，生涯规划也越有针对性。每个人都需要认识自己，并做出实事求是的自我分析和评估。认识自我是生涯规划的前提。

2. 相关概念阐述

生涯发展理论：舒伯将个人的生涯发展划分为五个阶段，其中高中生所处的是探索阶段的试探期（15 ~ 17 岁），主要任务是基于自身的兴趣、能力关注升学或就业机会，做出暂时性的职业选择。

周哈里窗理论：个体在认识自己的时候，不仅要从自己的角度思考，而且要听取别人的看法和观点，看看别人眼中的自己是怎样的，并比较自己所体验的自我和别人看到的自我有哪些不一样。

二、教学目标设计

1. 认知目标

启发生涯，帮助学生清晰自己的内在兴趣和价值观。

2. 情感目标

启航梦想，激发学生实现梦想的动力。

3. 能力目标

帮助学生在同伴的见证中为实现梦想做出实际努力。

三、学习主体分析

高中生在其所处的环境中的自我概念的确定，会对个体的生涯选择和规划产生重要乃至决定性的影响，同样，生涯的选择与对生涯的投入程度会对高中生的自我认定产生极大影响。"我将会成为怎样的人""我将会如何发展自己""我将会从事什么职业"等问题会一直存在于高中生涯，乃至人生发展的每一个阶段。生涯规划是在对自己的认识和了解下做出的决定。高中生在做出生涯规划之前，必须先认识自己，形成明确的自我概念。因此，教会学生认识自我显得尤为重要。

四、教学策略使用

1. 情境教学策略

通过暖身游戏创设情境，引发学生的兴趣；通过情境的设计还原生涯知识的背景，营造生动、丰富的课堂氛围。

2. 启发教学策略

通过描绘生涯梦，启发学生探索自我；通过小组讨论，学生围绕唤醒生涯的主题建构自己的生涯梦。

五、教学重难点

1. 教学重点

引导学生分析梦想背后的兴趣、价值，激发为梦想而努力的动力。

2. 教学难点

鼓励学生进行更多地自我觉察，同时以同伴互助的形式明确下一步的具体行动。

六、教学资源准备

彩色卡纸、音频资料、PPT。

七、课时安排

1个课时。

八、教学年级

高一。

九、教学过程

1. 导入（10分钟）

设计意图：借助游戏活跃气氛，引导学生谈感受，导入主题。

暖身游戏：捉蜻蜓。

游戏规则：学生围成圆圈站立，教师念指导语，念到"1"时学生需要抓住右边同学的手指并躲开左边同学。

师：《驴子与农夫的故事》讲的是从前有个农夫，家里养着一头驴。驴为农夫干活，它干的活多却又吃不饱。一天，它跑去请求宙斯，让它脱离农夫，把它卖给别的主人。于是宙斯把它卖给了一个陶工。陶工让它搬运沉重的黏土和陶器，比以前更劳累。它又请求宙斯再给它换个主人，宙斯又把它卖给了一个皮匠。它一到皮匠那里，看到要干的活，就后悔不已地说："我真不幸！留在以前的主人那里该多好啊！现在我不仅要一直干活，连我的皮都得交给这个主人了。"

游戏互动，统计出错最少的"最佳倾听者"。

提问：这个故事的主角是谁？讲述了它什么经历？从它的经历中你明白了什么？

教师让"最佳倾听者"做出回答。

（过渡）同学们，假如我们未来的职业经历如同故事中这头驴，我们应该坚守原地还是转移目标呢？我们应该把什么作为权衡的依据？哪些东西是我们的内在需求和最在意的呢？今天我想和大家一起走进生涯探索。

2. 描绘生涯梦（5分钟）

设计意图：通过学生的趣味性描绘、教师的自我分享，引导学生关注自身的梦想职业，充分挖掘其内在需求。

师：从小到大，我们每个人都在用双眼观察世界，用心灵做抉择。什么是你梦想的职业呢？让我们来当一回人生设计师。

活动：描绘生涯梦想。

学生每人一张彩色 A4 纸，描出左手手掌，（假设你有 5 个选择空间）然后在 5 个手指上从左到右写下 5 个职业梦想，如图 3-1 所示。

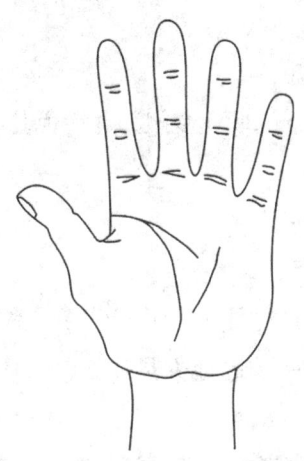

图 3-1　5 个手指，5 个职业梦想

　　轻音乐响起，教师示范描绘，分享自己的 5 个职业梦想：教师、糕点师、农场主、画家、摄影家。

　　师：以上职业，带给我的感觉都是美好的。教师每天可以帮学生解决疑难，与学生建立美好的关系，在带给学生快乐的同时获得学生的温暖滋养；糕点师每天可以面对好看又美味的食物，把糕点当作艺术品一样去雕琢，吃到糕点的人肯定会很开心，这让我很享受；成为农场主是我年老时的梦想，我梦想有一个农场，让我自己可以坐在果树下随意摘自己种的水果，特别自由自在，舒服惬意……

　　师：在这些场景中，我发现自己是一个喜欢自由的人，不喜欢被束缚，你们还发现了什么吗？

　　生 1：喜欢欣赏美，在意带给别人快乐的感受。

　　生 2：在意被关注和获得认同，擅长发现美好、记录美好。

　　生 3：整个描绘过程感觉很美妙。

　　（板书：教师记录关键词——美好、被关注、认同感……）

　　师：不用去思索社会的评论或职业的声望等，只凭内心感受，写下你所向往的和喜欢的 5 个梦想职业。实在写不出 5 个也没关系，挑选你最喜欢的就可以。

　　继续播放轻音乐，学生自主绘画、探索体验。

　　3. 分享生涯梦（15 分钟）

　　设计意图：通过分享和交流，让学生更清晰地表达内心的兴趣和追求，深入了解自我。

组内分享：我的生涯梦想。

学生在组内谈谈自己写下的职业梦想，并说说其中的原因。

组员相互反馈。

班级分享：学生代表分享。

启发提问：

（1）在职业梦想中看到的共同点是什么？

（2）职业梦想中与自己一致的地方是什么？（从兴趣、能力和价值观等方面谈）

邀请其他同学谈谈对分享者的职业梦想的观点和看法。

（板书：教师按兴趣、能力和价值观等分类记录学生的关键词）

4. 总结生涯梦（10分钟）

设计意图：学生有感而发，分享课堂收获。教师总结提升，回应绘画环节。

感悟：学生一分钟感悟分享（轻音乐响起）。

启发提问：

（1）今天你最大的收获是什么？

（2）如果在梦想之路上遇到困难，你会怎么做？

（3）如何让大家知道你行动了？

（4）你会做些什么事情来实现你的梦想？

学生自由分享：

生1：倾听了每个人的生涯梦想，了解到每个人的内在兴趣和价值需要。不同的人即使梦想相同，原因也可能是不同的。

生2：在这节生涯梦想课中，我们听到了有的人发现了与职业相匹配的性格优势，看到了有的人积累与职业相关联的能力。

生3：为实现梦想，下一步要觉察身边的外部资源，先从家庭、同伴入手。

......

师总结：这是一节让我们有收获、有成长的课。作为高中生，我们应该增强对自我的认识，在倾听他人观点的同时也能加强对自己的判断，主动探索生涯规划，促进自身对职业目标的明确。请记住在今后遇到选择困难时，就要像今天一样去看看你的手，手指各有长短，职业梦想的实现也可以分先后，只要我们握紧拳头，便能够获得力量，发挥自身优势，调整行动、适应环境，让自己的生活和学习更加充实和有意义！

生涯作业：从生涯梦想中提炼自己核心的生涯意义，完成填空。

我希望自己_____。

因为被母校评为"杰出校友"_____。

我的子女或孙辈学习我的_____。

我的墓志铭是_____。

十、教学反思

生涯教育课程不能是单纯的理论课，只有具有"生活化、实践性"的特点，才能达到预期的教学效果，因此本课设计重点突出以下两点。

1. 讲学生感兴趣的内容

围绕主题的情境创设，是学生学习的动力和兴趣点。因此，在教学内容选择上，暖身游戏的故事和描绘生涯梦环节都符合学生的心理发展需求，助力学生解决实际问题。

2. 采用启发教学的方式，激发学生实践梦想的动力

（1）学生缺乏生涯体验，教师结合自己的生涯梦，主动分享、启发引领，引导学生思考背后的生涯知识。

（2）通过自主探究、分享感悟的方式，营造灵活、开放的氛围，有效激发学生的学习热情，提高学生的主动性和参与性。

青春期的爱情

一、教学背景

美国心理学家斯滕伯格的爱情三角理论认为，爱情由三个基本成分组成：激情、亲密和承诺。激情是指男女之间本能的吸引，它是与生俱来的；亲密则是指两个人通过相互沟通，能够经常彼此分享自己的内心世界，并得到对方的接纳；随着双方关系越来越亲密，彼此愿意为对方承担责任并与对方保持恒久的责任关系，这就是承诺。爱情是一种艺术，高中生必须学习。但是因缺乏心理准备，高中生在面对所谓的"爱情"的时候显得异常迷茫，常常处理不好，导致其身心受伤害、人际关系紧张及学业失败。所以，让学生懂得爱情的真谛、引导学生学习亲密与承诺以及使青春期发展危机转化为提高自身素质和完善人格的转机非常重要。本节课将围绕"从青春期的爱情"这个话题，引导学生理性面对爱情、树立成熟的爱情观，让学生学会在现实生活中为爱情做准备，提高爱的能力。

二、教学对象分析

青春期的高中生在性生理、性心理上逐渐成熟，再加上学学业负担的加重，强烈的情感归属需求促使他们去寻找更多支持，尤其表现在对爱情的追求方面。日常的寄宿生活增加了同伴之间的相处时光，校园生活中的许多事又离不开与异性同伴的合作，男女同学之间的关系是微妙的，因此便激发了他们对爱情的好奇和探索。但是，高中生的辩证思维能力发展尚未成熟，加之他们缺乏生活经验，导致了他们对于爱情的理解是不完整的，更谈不上对爱情内涵的准确把握。因此，从青春期看爱情，把握爱的本义，在此基础上去认识爱情，有助于高中生建立合理的爱情观。

三、课程设计思路

在整个教学过程中，教师以多种形式的教学方法为载体，营造平等、民主、轻松、和谐的积极氛围，充分调动学生的参与性、积极性，并使学生的主体性贯穿教学的全过程。本节课主要涉及六个教学环节，符合"体验式学习"的"导、悟、用、改"的支架策略。具体如下：

环节一：导入爱情

通过图片导入和头脑风暴活动，引导学生表达他们对爱情的理解，并积极回答老师的问题，激发其讨论兴趣，营造出轻松、民主、和谐的氛围。

环节二：探讨爱情

采用"爱情比萨"第一轮 DIY（Do It Yourse Lf，自己动手制作）的形式，运用小组合作的方法，激发学生自主探索的欲望，用爱情原料包点缀"爱情比萨"，体验不一样的爱情观。每个学生充分交流表达自己对爱情的理解，让不同的观点与思想交流碰撞。

环节三：取舍爱情

在"爱情比萨"第二轮 DIY 的取舍过程中，教师引导学生将爱情讨论引向深入，这将是个艰难的过程，因为小组内每个成员都会面临对自己钟情的"原料"的抉择取舍，然后把大家认同的、更有价值的"原料"保留下来。这一环节引导学生深入思考爱情内涵，为理解明确、科学的爱情观做准备。

环节四：厘清爱情

通过呈现有影响力的美国心理学家斯滕伯格的爱情三角理论，将心理学家的视角与学生自主生成的认知观点进行对比，引导学生思考高中阶段的爱情，将理论与学生所处的现实生活中的案例相连接，加深其对爱情真谛的理解。

环节五：提升爱情

通过具体的讨论，明确为了将来拥有美满、幸福的爱情，现阶段的我们从激情、亲密和承诺三个维度上如何做准备。

环节六：整合爱情

通过三分钟挑战拼爱心活动，再度将课堂推向高潮，学生感悟用三年的高中时光寻找完整爱情的不易，并用一句话总结课堂收获与感悟。教师做提高总结，师生共同感悟美好成熟的爱情是需要等待的。

四、教学目标

1. 知识与技能

帮助学生充分认识爱情及爱情的三要素，使学生认识到现阶段如何从三个维度塑造、完善自己。

2. 过程与方法

通过导入爱情、探讨爱情、取舍爱情、厘清爱情、提升爱情、整合爱情等环节，用图片、DIY、案例、游戏等，引导学生为将来拥有幸福、美满的爱情做准备。

3. 情感态度与价值观

培养学生树立正确的爱情观，使学生学会在现实生活中为爱情做准备，为走入社会后追求自己的幸福生活打好基础。

五、教学重难点

1. 教学重点

爱情的三要素：激情、亲密、承诺。

2. 教学难点

营造宽松的课堂氛围，引导学生积极坦诚地参与讨论，反思自我、塑造自我、完善自我，为将来拥有幸福、美满的爱情打好基础。

六、教学方法

1. 感悟体验法

从两轮"爱情比萨"的 DIY 体验出发，引出美国心理学家斯滕伯格的爱情三角理论。

2. 讨论交流法

根据爱情三角理论，分析讨论案例"杰与丽"，以理论和事实为依据，归纳出什么是成熟的爱情。

3. 游戏挑战法

利用 3 分钟挑战拼爱心的游戏，让学生再次感悟到寻找完美爱情的现实困难。

七、教学设计的关键点

本节课根据学生的心理特征及实际学情，以"教师为主导，学生为主体"，让教师的"导"立足于学生的"学"，放手让学生进行自主探索的学习，使学生主动地参与知识形成的整个思维过程，力求帮助学生在积极、愉快的情绪体验中提高自身的行动能力，从而达到预期的教学效果。

八、教学课时

1课时。

九、教学过程

教学环节	活动过程	设计意图
一、导入爱情（5分钟）	1.用"浪漫珠海"的图片导入主题——爱情。 2.分享你心目中对爱情的理解。 （学生头脑风暴：双方、甜蜜、幸福、信任、陪伴……）	营造轻松氛围，进入主题。
二、探讨爱情（10分钟）	1.师：把同学们对爱情的各种表述组合成"爱情原料包"，让我们一起动手，DIY一份我们自己的"爱情比萨"。 （下发第1轮活动用纸） 2.播放轻音乐，学生小组自由创作。（4分钟） 3.组间交流。 师：在第一轮的DIY中，我们收获了精彩纷呈的"爱情比萨"，各小组的作品中既有大家认可的观点，如亲密不可或缺、信任是基础等，也有不同的观点，这些都引导着我们对爱情进行深入思考。	采用DIY的形式，激发学生自主探索的欲望，使其认识不一样的爱情观。

教学环节	活动过程	设计意图
三、取舍爱情 （10分钟）	1.师：如果仅仅让你保留三种原料，你会保留哪三种？这将是个艰难的过程，因为小组内每名成员都会面临对自己钟情的"原料"的抉择取舍，然后我们会把大家认同的、更有价值的"原料"保留下来。（下发第2轮活动用纸） 2.小组创作。 3.组间交流展示，教师选择小组保留率最高的原料进行归纳。	在第2轮深入思考爱情内涵，为明确科学的爱情观做准备。
四、厘清爱情 （5分钟）	1.师：美国心理学家斯滕伯格制作的"爱情比萨"里有三种原料——激情、亲密、承诺，构成了一个稳定的三角形。 呈现美国心理学家斯滕伯格的爱情三原色理论。 2.师：接下来我们来听一下斯滕伯格的理由。 （1）激情是一种情绪上的着迷，是两性间的相互吸引，包括外在美、气质美和性感等方面。着迷、吸引、美貌、性感、一见钟情等，都属于激情的内容。可以把激情比作"爱情的发动机"，我们赋予它活力的绿色。 （2）亲密是爱情关系中的温暖体验，包括对爱人的无私付出和心灵的深层沟通等，如同我们前面提到的浪漫、尊重、独立、温暖、信任、分享、理解等。我们可以把亲密比作"爱情的加油站"，赋予它温暖的红色。	通过呈现有影响力的爱情三角理论，将心理学家的观点与学生自主生成的观点进行对比，引导学生思考高中阶段的爱情，与学生所处的现实生活中的案例相连接，加深其对爱情真谛的理解。

教学环节	活动过程	设计意图
四、厘清爱情 （5分钟）	（3）承诺是维持亲密关系的决定或担保，包括忠诚、责任等，是爱情中最理性的成分，我们可以将它比作"爱情的安全带"，赋予它冷静的蓝色。 对于一份持久、美满、幸福的爱情来说，激情、亲密、承诺，三者缺一不可。 3. 案例分析："杰与丽"。 杰与丽是同班同学。杰认为自己对丽很有感觉，一天，杰给丽发了一条微信，写着："丽，我已默默注视你好多天了，每天上课我都会把目光偷偷转向你，晚上一闭眼，脑海中全是你的影子……"杰的真诚深深地打动了丽，丽接受了这份一见钟情式的恋爱。从此两人密切往来，形影不离。 但为了躲避家长和学校老师，两人只能偷偷摸摸、艰难地进行"地下"恋情。刚开始两人很愉快，可到后来，随着彼此缺点的暴露、性格的矛盾的爆发和成绩的下降，他们经常吵架并相互埋怨。两个月后，丽正式向杰提出了分手，他们都很伤心…… 思考：为什么两人最终是这样的结局？在爱情三角理论中，他们缺乏了什么？ 生：他们只有一时的激情，没有稳固的亲密关系，更缺乏承诺，结果只能分道扬镳了。 罗伯特·斯腾伯格 爱情三角形理论 师：再次呈现爱情三角理论图，明确爱情的误区。只有激情的爱是一时的迷恋，只有亲密的爱仍属于一段友情，只有承诺的爱则是空洞的爱，因为爱情真的是很美好、很严肃，很珍贵的情感。 高中阶段男女生之间相互吸引在所难免，但这种吸引与真正的爱情不在同一轨道上，当激情消退之后，留下更多的是伤害。没有具备三元素的爱情都是不完整的，是彼此伤害的。	

师生心互动——高中生综合素质培养的研究与实践

教学环节	活动过程	设计意图
五、提升爱情（5分钟）	1. 小组讨论： 根据爱情三角理论，为了将来能拥有一段真正幸福的爱情，我们可以从激情、亲密和承诺三个维度上做哪些准备呢？ 激情——如何让自己在集体生活中提升人际魅力？ 亲密——怎样学会关心、理解、尊重、宽容、信任异性？ 承诺——为了最终实现对爱的承诺，目前我们可以做什么？ 2. 请学生代表说出具体可操作的行动。 生 1：（激情层面）注意仪容仪表，不要邋邋遢遢，不要抽烟或说脏话，举止谈吐要优雅，平时要乐于助人，这样容易成为受欢迎的人。 生 2：（亲密层面）要学会换位思考，将心比心，凡事要大度，不要斤斤计较。遇到矛盾时要积极沟通，宽容他人，善待自己。 生 3：（承诺层面）今天在学习上的每一分努力正是我们未来的实力，我们还可以利用周末多参加社会实践、体育锻炼，提高身体素质和适应社会的能力，为将来的爱情提供更多保障和担当。 师：爱情是一生的功课，这堂课也仅仅是我们探索爱情过程中的一个驿站。让我们不断学习，使自己有能力去爱，与时间共同成长。	通过具体的讨论，明确为将来拥有美好爱情可以做哪些准备。
六、整合爱情（5分钟）	1. 小组挑战游戏：三分钟拼爱心。 师：愉快的课堂快到尾声了，老师想邀请大家来一场小挑战——三分钟拼爱心，小组成员合作，将每个信封里的"爱心"碎片拼凑出一个完整的"爱心"。 （学生挑战失败） 师：如果把完整的爱心比喻为真正的爱情，把三分钟拼爱心的过程想象成我们高中三年寻找爱情的过程，你有何感悟？ 2. 学生用一句话总结课堂收获与感悟。（轻音乐响起） 生 1：用 3 年高中时光寻找完整的爱情很困难，我们还是耐心等待吧。	总结课堂，感悟美好、成熟的爱情需要等待。

教学环节	活动过程	设计意图
六、整合爱情 （5分钟）	生2：爱情是彼此取暖的，若开始的时机不对可能会带来伤害。保持彼此欣赏的距离，明确我们肩上的责任…… 3.师总结：今天老师从同学们的分享中收获了满满的温情与感动。我们从青春期看爱情，看出了爱的内涵，也悟出了爱的真谛。爱情若发生在正确的时间，便是积极的、美好的情感，我们要憧憬和珍惜等待的时光，不断修炼和完善。祝愿每个人都能通过自己的不懈努力，最终拥有真正美满、幸福的爱情！	

十、教学效果与讨论

在本课中，我与学生一起探讨爱情，了解爱情的真谛，通过学习心理学家斯滕伯格的爱情三角理论，充分认识爱情必备的三个元素：激情、亲密、承诺，三者缺一不可。从课堂以及课后学生的反应来看，我认为本课的设计是成功的。本堂课从导入爱情、探讨爱情、取舍爱情、厘清爱情、提升爱情、整合爱情六个环节层层递进，使学生渐入佳境，达到本堂课的教学目的。所采用的图片和PPT展示、游戏体验、案例讨论分析等教学方法，能很好地激发学生学习的兴趣和主动性，体现了以学生为主的育人理念，做到上一堂课就扎扎实实地让学生有深刻的感悟。

然而，值得注意的地方是：激情、亲密两词的中文原释和心理学层面的含义有所不同，教师在课堂上要做区分说明，且视时间补充具体说明以及要把握的分寸，避免学生产生歧义。青春期谈爱情话题神秘而敏感，加上高中生"文饰性"的情感表达特点，他们在公众场合自由地表达、分享真实的感受与观点，始终是本节课的一大挑战，同时主题的敏感性给学生带来了兴奋感，因此教师需要对课堂的各环节加以关注。

学生通过本课感悟到同时具备激情、亲密、承诺这三个成分的爱才是真爱，只有激情而没有亲密和承诺的爱是不能永恒的。当激情消退的时候，留下的便是或深或浅的伤害。真爱的承诺绝不是空头支票，最贵重的承诺靠的不是嘴巴上的甜言蜜语，而是实实在在的行动和努力。在本课最后的提升和整合爱情环节，通过讨论，学生明确美好的爱情需要等待，相信每一个学生都已有了或多或少的收获。

遇见美好　人生可期

一、教学目标

1. 认知目标

学会处理身边的各种关系，懂得自己内心的真实需要，在人际关系中保护、塑造和完善自己。

2. 情感目标

通过层层剖析故事，增强爱自己的信念，培养爱自己、爱他人的能力。

3. 技能目标

运用交流与分享的方法，创建美好关系，达成正向、阳光、共同成长的发展型共识。

二、学情分析

高一学生处于青春期，情绪易冲动，但同伴交往早已成为他们最关注的主题，他们在人际交往中时常遇到烦恼，有时委曲求全，有时自我纠结。他们的辩证思维能力发展尚未成熟，加之缺乏生活经验，不会变换角度看问题，导致他们对于人际关系的理解是不完整的，更谈不上对关系内涵的准确把握。如何帮助学生建立良好的人际关系，让他们保持轻松平稳的心情和积极乐观的心态，将是一个迫切需要解决的难题。因此，本课从《小瓶子的故事》出发，把握关系的本义，带领学生在不同关系中认识自己，引导他们双向付出，让学生学会爱自己、爱他人，创建美好关系，帮助学生建立一个健康的人际支持系统。

三、教学内容分析

本课选自北师大版（高一）"人际交往"主题，选用学生感兴趣的网络故事作为导入。

1. 知识要点

人际关系学家戴尔·卡耐基指出："一个人的成功，只有 15% 靠他的专业知识，而 85% 要靠他良好的人际关系和处世能力。"本课运用感悟体验法，从《小瓶子的故事》出发，归纳不同的人际关系，厘清关系背后的需要；运用讨论交流法，引导学生思辨故事，改写故事，分析讨论关系中的主导者，归纳出对关系的成熟的看法，进而促使学生在行动上有所改变。

2. 重难点分析

通过故事分析学会在人际关系中保护、塑造和完善自己。通过层层剖析故事，增强爱自己的信念，培养爱自己、爱他人的能力，进而实现心理互助，创建美好关系。

3. 课时安排建议

1 课时。

4. 教学准备

学案、故事音频、轻音乐。

四、教学环节

整个教学过程以《小瓶子的故事》为主线，以多元角度的研讨和思辨为载体，营造平等、民主、轻松、和谐的积极氛围，充分调动学生的参与性、积极性，并使学生的主体性贯穿教学全过程。本节课主要涉及四个教学环节，符合新教材要求的"体验式学习"，凸显"导、悟、用、改"的支架策略。具体如下：导入故事—思辨故事—改写故事—提升整合。

1. 导入故事（7分钟）

简述网络故事：从前有只小瓶子，装满了叫感情的液体，它救过一条奄奄一息的金鱼，但它未曾想过，金鱼的记忆只有 7 秒，直到放金鱼走的那天，金鱼也没有带走关于它的一丝记忆。后来它遇到了小海绵，烈日下的小海绵被烤得缩成一团，它救了小海绵，于是它们成为好朋友。可小瓶子知道朋友绝对不是一味索取。在它最困难的时候，仙人掌先生一直陪着它。所以小瓶子义无反顾地跟着仙人掌先生，来到了仙人掌先生的家乡——沙漠。可是小瓶子渐渐发现它视若生命的东西，是仙人掌先生不需要的，不需要也就不重要了吧。小瓶子在想如果命运早点安排冰糖先生出现该多好，和它在一起的每一天，都会是甜甜的吧？只是，小瓶子此刻才明白最大的遗憾不是错过最好的人，而是当遇见更好的人时，已经把最好的自己用完了。感情是易耗品，愿你把最好的自己留给对的人。

教师播放自制的故事音频，学生聆听后开展对"感情"的深度思考。

师：故事中的小瓶子的前三段关系都是不愉快的经历，请把自己代入故事中的角色，思考以下问题：

（1）它们为什么会在一起？

（2）它们又为什么会分开？

（3）从三段关系中你感受到了什么？

生1：把小瓶子与小金鱼比作"快餐式关系"，小瓶子因善良、有爱心而主动救助了小金鱼，然而对方却忘记了这份恩情，这种关系无法勉强下去——原来感情需要有反馈、有回应。

生2：把小瓶子与小海绵比作"索取型关系"，小瓶子仍旧善良、有爱心的，同时也渴望伴侣，所以它与小海绵在一起，然而对方总在索取，没有回报，小瓶子的付出远超其能力范围，所以只能选择分开——原来感情需要双向付出。

生3：把小瓶子与仙人掌比作"自私型关系"，两者有共同的兴趣爱好，所以在一起，但这仅是表层的快乐，深交后发现对方无法理解自己内心的需求，总是自私地考虑自己，没有帮助小瓶子解决困难——原来分开是为了遇见更好的自己。

设计意图：激发学生对故事的讨论兴趣，让学生表达自己对人际关系的理解，并积极回答教师的问题，营造轻松、民主、和谐的氛围。

2. 思辨故事（10分钟）

小组讨论：

（1）感情真的是易耗品吗？

（2）怎样的感情会带来消耗？

（小组代表发言，学生可自由补充观点）

生1：总是单向付出很心累……

生2：对方听不到自己的声音时是一种消耗……

生3：感情不一定是易耗品，若遇到对的人则很甜蜜，如遇到冰糖先生一般。

师：你得把最好的自己留给最对的人，留给那个能看透你坚强背后的软弱、能够在你需要的时候与你深拥久伴的人。

设计意图： 采用小组合作、深入研讨的方法，激发学生的自主探索精神。本环节学生的讨论热情再度高涨，学会归纳、整理各种人际关系，结合个人的经历深入思考，挖掘不一样的体验。每个学生充分交流、表达自己对关系的理解，让不同的观点与思想交流碰撞。

3. 改写故事（13分钟）

小组讨论：假如故事可以重来，你会怎样改写？

生1：小瓶子再遇小金鱼时……

生2：小瓶子再遇小海绵时……

生3：小瓶子再遇仙人掌时……

设计意图： 改写故事结局，三段消耗的关系经过努力后可以获得有效的改善。故事多元、积极的走向由学生创作而成，增进了学生对关系的希望和信任。引导学生深入思考关系的内涵，明确为爱自己、提升自己做的准备。

4. 提升整合（10分钟）

师：谁决定了故事的走向？

生：我们自己。

师：未来有一天，当你遇到冰糖的时候，你希望自己是怎样的呢？你会做出哪些小改变呢？请你把未来自己的样子写在便利纸上，投进你心中的小瓶子里。

（师生互动，分享便利纸上的内容，达到情感升华）

教师做提高总结，师生共同感悟美好的关系需要等待。

设计意图： 通过呈现不同的故事结局，加深学生对关系真谛的理解，引导学生明白自己才是人际关系的编剧，任何时候自己都掌握着选择权，畅想自己的未来，做出行动改变。

五、教学资源

（1）网络故事《小瓶子的故事》。

（2）教师自制的故事音频。

六、教学评价

《小瓶子的故事》深入人心，学生受故事启发，想到自身的实际经历。教师要放手让学生自主探索故事中的各种关系，学会处理身边的各种关系，懂得自己内心的真实需要，学会在人际关系中保护、塑造和完善自己。通过层层剖析故事，学生增强爱自己的信念，培养学生爱自己、爱他人的能力。课堂上师生充分交流与分享，彼此滋养心灵，创建美好关系，达成正向、阳光、共同成长的发展型共识。

目标管理

一、教学目的

（1）让学生感受目标与成功之间的关系。

（2）帮助学生明确目标制定的步骤。

（3）帮助学生制定自己的合理目标。

（4）激发学生实现目标的动力。

二、教学重难点

促使学生树立清晰、明确的学习或人生目标，并将目标具体化、可操作化，提升他们的学习动力。

三、教学形式

心理实验、小组讨论、想象训练法。

四、教学准备

PPT、音频等。

五、教学对象

高一学生。

六、教学过程

教学环节	活动过程	设计意图
一、暖身活动	1.心理实验 教师：请同学们闭上眼睛，回忆一下身边有哪些东西是红色的……这时，你能数出的东西，可能不多。现在，请睁开眼睛，看看周边有没有被遗漏的？为什么我们想不起来那些东西呢？ （学生回答） 教师：身边的红色物体其实一直都存在，但我们没有事先设定目标要去看它，所以对于许多显而易见的东西，我们往往会视而不见。可见，目标就像感官的过滤器，当你有了目标，就会看见。目标越清晰，成功概率就越大。今天这节课我们就一起来探讨这个问题——目标与成功。 2.故事猜想 《四只毛毛虫的故事》。 分享感悟：结合自己的情况，分析你的经历属于哪只毛毛虫？看了这四只毛毛虫的经历，你有什么感悟？你希望自己成为哪类毛毛虫？	营造宽松的课堂气氛，激发兴趣
二、感受目标	1.材料呈现 师：在我们这个阶段，确定自己的目标能够对我们今后的路产生什么影响？我们从下面这一份调查报告中去体会。 材料： 哈佛大学有一个非常著名的关于目标对人生影响的跟踪调查。调查的对象是一群智力、学历、环境等条件都差不多的大学毕业生。结果是这样的： 27%的人，没有目标； 60%的人，目标模糊； 10%的人，有清晰但比较短期的目标； 3%的人，有清晰而长远的目标。 此后他们开始了自己的职业生涯。 25年后，哈佛再次对这群学生进行了跟踪调查。结果是这样的： 3%的人，在25年间朝着一个方向不懈努力，几乎都成为社会各界的成功人士，其中不乏行业领袖、社会精英； 10%的人，不断实现他们的短期目标，成为各个领域中的专业人士，大都生活在社会的中上层；	引导学生根据材料谈谈自身感受

教学环节	活动过程	设计意图
二、感受目标	60%的人，安稳地生活与工作，但都没有什么特别的成绩，几乎都生活在社会的中下层； 剩下27%的人，没有生活目标，过得很不如意，并且常常抱怨他人、抱怨社会、抱怨这个"不肯给他们机会"的世界。 其实，他们之间的差别仅仅在于：25年前，他们中的一些人知道自己到底要什么，而另一些人则不清楚或不是很清楚。 师：从这份材料中我们可以感受到什么？ 2.学生分享 师：从同学们的发言中，我能感受到大家对于目标和成功之间的关系有了自己的理解，既然这样，如果我们要想自己获得成功的话，那我们现在要做的是…… 学生：确定自己的目标	
三、确立目标	1.教师 以前我们习惯于将目标写在纸上。今天我们换一种方式，大家将自己的目标画出来，怎么画呢？就是请设想一下目标实现后你是什么样子的，然后把他（她）画出来。可以是具体的，也可以是抽象的，可以是单色的，也可以是彩色的。并且在画的旁边写上这个人在哪里，在做什么？ 学生在教师发下来的A4纸的上方进行绘画。教师在学生中巡视，给予一定的帮助。 2.同伴分享 师：现在请一些同学将目标达成后的自己和大家分享一下，在分享后，请同学们给予最热烈的掌声预祝他的目标早日实现！ 教师请5名同学分享。 3.目标设定的步骤	指导学生画出自己的目标
四、探索目标	师：请看着你手上的那幅画像，然后告诉自己，为了更好地实现它，你可以做些什么？请结合下面4个问题来进行。（教师发下自我探索单） 自我探索单 5年后我的目标	指导学生填写自我探索单、让学生分享自我探索单，帮助学生进一步明确目标实现的步骤

师生心互动 —— 高中生综合素质培养的研究与实践

教学环节	活动过程	设计意图
四、探索目标	1. 实现这个目标我最大的优势是 _____ 2. 目前我最大的阻力是 _____ 3. 为了实现它，我应该怎么做？ _____ 4. 半个学期后，我应该达到一个什么结果？ _____ 5. 一年后，我应该达到一个什么结果？ _____ 学生填写"自我探索单"，教师请一些同学做分享	
五、想象训练	师：邀请学生想象训练，与5年后的你对话。 1. 全体起立（音乐起，配合老师的指导语） 闭上眼睛，深呼吸，想象一下5年后的你就站在你前面不远的地方，你想对他（她）说些什么？（停顿）慢慢地走近他（她），现在你就处在5年后自己的位置，转过身面对现在的自己，作为未来的你想对现在的你说些什么？（停顿）从未来回到现在，好，转过身来，你现在有怎样的感受？ 2. 同伴分享	通过目标想象训练，引导学生与未来对话，深度反思自己
六、总结祝福	师：最后送给大家一首周杰伦的《蜗牛》来结束本堂课，但愿大家都像歌中所唱的那样："小小的天，有大大的梦想……任风吹干……总有一天我有属于我的天。"你们也会实现目标，找到属于你们的天！ 在歌曲《蜗牛》中结束本堂课	回顾重点，引发学生产生情感共鸣

我的情绪世界

一、教学目的

1. 认知目标

（1）认识情绪的存在是合理的，理解情绪的融合是一种常态。

（2）学会分析事件、情绪与看法的关系，初步掌握情绪 ABC 理论。

2. 态度和情感目标

通过体验，探索自己的情绪世界，树立积极的心态。

3. 能力或问题解决目标

运用方法调整情绪，培养从不同角度看待问题的能力，驳斥非理性看法。

二、教学重难点

（1）教学重点：体验情绪，学会转变认知来调节情绪。

（2）教学难点：学会分析认知事件、行为后果与看法之间的关系。

三、教学形式

心理体验、小组讨论。

四、教学准备

PPT、音频、彩笔、画纸等。

五、教学对象

高一学生。

六、教学过程

教学环节	活动过程	设计意图
一、走进情绪	播放视频：动画片《头脑特工队》。 师：每一种情绪的存在都是有原因的，不能单纯地用"好""坏"来评判。 "有情绪"比"没有情绪"要健康得多。 处理情绪的方式不是逃避，而是面对	激发兴趣、引入情境
二、绘出情绪	绘出我的情绪世界，规则： 从情绪词语清单中选出自己经常体验的情绪，作为自己的情绪清单。 绘出自己的情绪世界。 不必在意画画技巧，只要能表达自己就好。 体验整个绘画过程中自己的情绪变化	认识自己的情绪，感受情绪，并接纳情绪
三、分享情绪	分享我的情绪世界。 讨论交流： 分享自己的作品表达了哪些情绪。 你自己怎么看待自己所画的情绪，有什么感受	把体验表达出来，加深对情绪的认识
四、理清情绪	小组讨论： 举例说说某一种困扰自己的情绪，及其产生的原因是什么。 当时怎样的看法产生了这种情绪困扰？ 如果换个角度，我可以有什么新的看法？ 分析情绪：把自己情绪事件的分析填进表格，看看有什么新的发现？ 事件 A → 看法 B1 ⇒ 情绪 C1 　　　　 ↘ 看法 B2 ⇒ 情绪 C2	厘清事件、看法与情绪的关系，尝试从不同的角度看待和分析问题
五、提升情绪	讲授：情绪 ABC 理论。 师：情绪 ABC 理论对同学们有什么启发？ 情绪是由对事情的看法引起的，不同的人对同样的事情的不同的看法引起不同的情绪；同一个人对于同一件事情有不同的看法引起不同的情绪；情绪是可以改变的，可以换个态度、换个想法。 练习：驳斥不合理的 B	理论升华，培养调节情绪的能力

教学环节	活动过程	设计意图
六、拓展情绪	1. 拓展：其他调节情绪的方法。 2. 学生分享感悟。 3. 教师课堂总结。 "有什么样的心态，就看到什么样的世界！"	课堂总结， 回顾重点

情绪链

一、活动理论

心理学上存在情绪传染以及能量互动的现象，最初有一人出现情绪，周围目睹者受到感应，相继产生类似情绪的困扰，形成"情绪链"。一个团队在经历了一段时间的相处后，内部肯定有一些关于"情绪链"的故事，只是很多人都觉察不到。本堂课旨在通过参与体验式游戏，引导学生观察和发现生活中的"情绪链"，探讨如何防止自己受到不良"情绪链"的影响，并更好地帮助他人，提高团队的学习和工作效率，营造一个"心理互助"的良好氛围。

二、活动目的

（1）学会发现身边的"情绪链"，懂得保护个人情绪和帮助他人调节情绪的方法。

（2）通过活动体验，增强团队沟通的有效性，营造心理互助的良好氛围。

（3）运用交流与分享的方法，达成积极激励、共同成长的发展型共识。

三、活动对象

高一学生。

四、活动时间

40分钟。

五、活动形式

游戏体验、交流与分享。

六、活动准备

全班学生围成一个圆圈。

七、活动设计

活动环节	活动过程	设计意图
课前约定	同学们，上学前老师想与大家约定一个暗号：在课堂中，倘若老师发出这样的信号时，请你以相同的节拍来回应我，回应过后我们停止讨论，安静下来。信号是：**，***。（记住我们的暗号哦！） 另外，我需要一名助理，帮忙快速地给课堂上发言的同学递话筒。谁愿意帮忙呢？好，委任你了啊，谢谢你	
一、暖身游戏（5分钟）	下面我想邀请大家用声音来演奏一首《雨点变奏曲》：现在开始下小雨，小雨变成中雨，中雨变成大雨，大雨变成暴风雨，暴风雨变成大雨，大雨变成中雨，又逐渐变成小雨……雨过天晴。 （预测：随着不断变化的手势，让学生的声音不断变化，场面热烈） 最后，让我们以大雨和暴雨的声音来迎接我们的心理活动课！ 师：非常棒，欢迎你们！此时此刻，你们每一个人与老师的距离是均等的，我希望大家都可以平等交流、相互成长，好吗？ 师：刚才我们演奏的下雨声音好听吗？（观察学生反应）生活中我们的情绪和下雨有很多共同点，都是会不断变化的，那么情绪的变奏是否也来得这么悦耳动听呢？ （学生思考）	活跃气氛，引发兴趣
二、情绪链（10分钟）	主题活动："情绪链"。 （老师停顿一小会儿，流露出不开心的表情） 师：今天的我心情很糟糕，我感到焦虑、烦躁和不安，我想把这种负性情绪传染给你们，谁愿意成为我的第一个传染对象呢？ （老师在圈内走动，观察学生的反应，并选择目标） （选中第一个目标学生后，把他请出来，与老师手拉手） 师：现在这名同学与老师我有着相同的负性情绪，我们手拉手，以"情绪链"的方式把这股不良情绪传染	开展团体游戏体验，引导学生思考核心问题

活动环节	活动过程	设计意图
二、情绪链 （10分钟）	给剩下的同学。但凡被我们接触到的同学，都成为情绪源，每两个情绪源也要手拉手，同样以"情绪链"的方式传染给另外的同学。直至所有同学都被传染，游戏结束。现在你们可以在圈内自由地走动，躲避我们的传染。快逃吧…… （主题游戏互动） 师：请问有没有未被传染的？是否有漏网之鱼？旁边的同学还不赶紧把他们也传染了！ 师：刚才大家被传染上负性情绪是主动的？还是被动的？ 生：被动！ （老师微笑回应：那么当你被动传染上负性情绪时，心情如何？） 活动分享： 师：我想采访一下，第一个被传染的同学，你当时的心情怎样？ 生：（否定：不是我吧；抱怨：怎么是我呢；抑郁：好不爽啊；接受：随便吧！） 师：这是人遇到糟糕事情时的正常情绪反应。 师：我还想了解一下，最后被传染的几个同学。你们从一开始幸运逃脱，到最后又被迫中招，心情经历了怎样的变化呢？ （学生代表回答：原本开心的，后来又不爽了） 师：原来心情的变化可以来得这么快啊！ 那么我想邀请大家假设一下，倘若今天我们传染的不是负性情绪，而是一种爱、一种快乐、一股正向能量呢？你们又怎么看呢？ （学生代表回答：选择主动、乐意接受） （或：我记得游戏开始，我询问大家是否愿意成为第一个被传染对象时，你举手了，你当时怎么想的？你很勇敢哦！现在我想邀请你假设一下，倘若……你又会怎么看？与前者相比，你会更喜欢哪一种？）	
三、交流与分享 （15分钟）	师：很开心同学们可以敞开心扉，真诚地交流。我们这个团队在两个多月的时间里从陌生到认识，从认识再到熟悉，共同经历了军训生活、大合唱和考试竞赛等，当中肯定发生过一些"情绪链"的故事，因为某个人的情绪影响到自己，或者其他人，甚至整个团队。有的发生在班级，有的发生在宿舍里，有的是在校园的某一处，等等。请大家回忆和讨论一下，并	通过讨论交流，引导学生发现身边的"情绪链"，并且探讨如何应对不良的情绪链

活动环节	活动过程	设计意图
三、交流与分享（15分钟）	分享出来。 （老师暗号：**，***。学生回应，安静下来） 分享提示：所分享的故事可以是亲身经历，也可以是从旁观察到的，注意尊重和保密原则。 （学生代表分享生活中的"情绪链"，老师引导思考不良的后果） 师：看来这件事情对你和身边的人影响都很大，后来你们怎样了？ 师：这名同学认为这是一件"情绪链"的故事啊，同学们你们怎么看？ 师：这是一个事件，我想把重点回放到事件发生时，谁最先受到影响？你是怎么想的？你又有怎样的感受？你身边的人又是怎么样了，后来结果如何？（或最初给予你什么感受？你是怎么想的？） （过渡）"情绪链"的产生是一种自然反应，本身没有好坏之分，我们不需要谈"情绪"而色变，但是不同的情绪所引起的行为则会带来不同的后果。通过分享，我们都了解到，尽管我们喜欢快乐，可是负性情绪更容易传染我们，影响我们的学习和工作效率，我们不得不面对它们。 师：为了防止被别人的负面情绪所影响，我们需要做什么？ （老师引导学生讨论如何从自身、他人的角度调节负面情绪） 生：远离情绪源，冷处理，正确理解和接纳情绪，适当的行为调节等。 师：倾诉法，如果对方想找你做他的倾听者，你愿意吗？成为他人的倾听者，说明别人信任自己。谢谢你，如果我拥有你这样的一位朋友，我会很幸福。 师：这是一种建议，我们再来听听其他同学的意见。看来这种建议我们会有所保留。 师：传播正能量，这个提议不错，你会如何细化在行动中呢？ | 情绪宣泄法	自我调节法
---	---
1. 发泄调节法	1. 语言暗示法
2. 运动调节法	2. 目标转移法
3. 倾诉调节法	3. 环境调节法
4. 音乐调节法	……
5. 呼吸调节法	
……			

师生
心互动
——高中生综合素质培养的研究与实践

活动环节	活动过程	设计意图
三、交流与分享 （15分钟）	教师补充：除了以上方法，情绪ABC理论还告诉我们，"怎么想"决定了我们产生什么样的情绪，你的选择越积极，你的情绪也越积极！因此换个角度、换个想法，快乐自然来。 （视情况列举刚才学生分享的某一事例，换个角度、换个想法） 师：假设这件事情无法改变的话，我们可以如何改变自己的想法？	
四、课堂总结 （10分钟）	欣赏音频资料《创造快乐人生的方法》，教师朗读。 师：看完这份美妙的素材，你们的感受是否有所变化呢？ 学生总结：用一句话表达课堂感受与体验。 教师小结：此时此刻，我想起了一句话，当别人给予你的是一个包袱时，你可以轻轻地推开；如果是一份幸福，则要把它抱紧，并且分享出去。因为我们都是自己情绪的快乐源，也会是他人情绪的助人者。 结束活动：快乐告别。 师：今天在大家的帮助下，我也获得了成长，我已经找到了防止被负性情绪传染的有效措施，那就是制造快乐源，现在我要行动起来，将我的快乐传递给你们。 （老师与圈内每一名学生快乐告别） 师：如果你与老师有着相同的意愿，请跟在我的后面，以微笑、握手和拥抱的方式来营造我们班的快乐氛围吧。 （快乐互动，课堂结束）	回味活动，用微笑、握手和拥抱等方式"冲淡"负性情绪带来的影响

寻找生命中的"幸福账本"

一、教学目的

（1）通过活动，引导学生感受幸福，学会体验并记录自己的积极情绪。

（2）通过活动，引导学生观察生活中的细节，了解"生命中处处存在着幸福"，从而提升个人的主观幸福感。

（3）学会记录"幸福账本"。

二、教学重点

让学生领悟生命中处处存在着幸福。

三、教学难点

营造宽松的课堂气氛，引导学生积极坦诚地讨论，使学生在轻松的气氛中寻找和感受生命中的幸福。

四、教学形式

心理体验、讨论交流。

五、教学准备

彩笔每人一支、"幸福账本"每人一本、活动用图文资料、多媒体教学设备等。

六、教学对象

高一学生。

七、教学过程

教学环节	活动过程	设计意图
一、我的幸福指数	暖身活动： 发给每个学生一本"幸福账本"，上面印有十颗幸福之星，请每个同学用自己手中的彩笔，将代表自己幸福感受的星星涂上颜色	引发兴趣，引出主题
二、分享我们的幸福	1. 学生思考每一颗被涂上颜色的星星代表什么含义，没有被涂上颜色的星星又说明什么？ 2. 分组交流各自的"幸福账本"。 3. 请比较有代表性的几个学生发表自己的看法	分享自己生命中的"幸福账本"，学会体验并记录自己的积极情绪
三、别人的幸福指数	1. 呈现图文资料——《贫困山区儿童眼中的幸福》 幸福就是喝上干净的自来水； 幸福就是每天的饭盆里有一块肥肉； 幸福就是赤裸的双脚能有一双新鞋； 幸福就是可以重新捧起书本； 幸福就是能有一支铅笔； 幸福就是能有一间遮风挡雨的教室； 幸福就是能有一副手套，冬天不至于冻伤双手； 幸福就是能有一条通往学校的山路； 幸福就是读书时有一盏昏暗的灯； 幸福就是卖掉柴换来学费； …… 2. 请学生分享看完图片的感受。 3. 教师小结：相较于贫困山区的学生，我们有太多的幸福。之所以我们没有感受到，是因为我们从来没有在意。正如同学们所说，如果我们用心地感受，就会发现，其实生命中处处都有幸福	通过播放视频，使学生进行对比反思，对自己的幸福感有更深刻的认识，幸福指数有更大的提升
四、感受生命中的幸福	1. 呈现图文资料展示本班同学生活中的美好时刻。 幸福就是同学间的一个幽默玩笑； 幸福就是被邀请去参加生日聚会； 幸福就是看到朋友的一个笑容； 幸福就是无意中听到别人对自己的称赞； 幸福就是体育课跌倒时有人把自己扶起来； 幸福就是埋头苦学时有同学陪伴； 幸福就是下雨时宿舍里有人帮自己收衣服； 幸福就是早上睡过头时有人喊自己起床；	拓展到学生的日常生活，使其对幸福进行思考，以良好的心态去面对生活，热爱生命

教学环节	活动过程	设计意图
四、感受生命中的幸福	幸福就是忘记带伞时有人会帮助你； 幸福就是放学后赶到饭堂就能直接吃上饭； …… 2. 学生分享看后的感受。 3. 教师小结：我们从不缺少幸福，而是缺少发现幸福的眼睛、耳朵和心灵，关键是我们能否用心去感受、去体验	
五、重打幸福指数	1. 再次拿出自己的"幸福账本"，重新为自己打一个幸福指数。 2. 多数同学的幸福指数有所提升，请大家思考：多出来的星星包含了哪些内容？ 3. 全班分享交流。 4. 教师小结：愿每个同学用自己的眼睛、耳朵、心灵去发现、去感受、去体验我们身边的幸福，记下幸福的点点滴滴，去寻找和感受生命中的乐趣	呼应前面暖身活动，让学生重新审视自己，为自己的幸福指数重新打分
六、总结幸福账本	（轻音乐响起） 1. 学生代表用一句话总结活动。 2. 教师总结：幸福不用刻意追求，在你不经意的时候，幸福就会悄然降临在你身边。但幸福也长着一双翅膀，随时随地都会与你擦肩而过。所以，我们要把握生命中的幸福，珍惜生命中的幸福	回顾重点，引发学生的情感共鸣

第四篇

辅导札记

高中园艺心理辅导的设计与应用

大量研究证明了园艺心理技术在情绪、生理、社交等方面的疗效，通过园艺活动达到帮助人消除疲劳、增进思维、拓展社交、培养积极心态等目的。笔者认为，在学校里开展积极心理学取向的园艺心理活动，可以起到对学生身体和精神方面双重改善的作用。在身体方面，通过各种园艺活动可以刺激他们的感官、强化运动机能，有利于学生强壮体魄，改善视力；在精神方面，可以提高他们的学习兴趣，消除他们的不安心理与急躁情绪，培养他们的忍耐力与注意力，增强其责任感，使其树立自信心。

为有效地调整高中生的心理状态并促进其成长，以及探讨积极心理学对于高中生园艺心理应用研究，笔者组织了一个团体并对某校高中生实施了心理干预，取得了良好的辅导效果。现将辅导过程做以下简单介绍。

一、目的

学生通过参与和体验园艺心理的团队活动，提高自我认识，学会情绪管理，促进身心成长。

二、参加者

高中生35人，分成5个固定小组。

三、时间

每周一次，共6次（一个学期内），每次一个单元，每单元90分钟。

四、程序

（一）单元一：团体形成

目标：明确目标、建立信任。

1. 微笑握手

操作：指导者引导大家争取与每一个成员握手。

2. 轻柔体操

操作：在绿草地上，指导者与全体成员围成圈，面对圆心，指导者先做一个动作，要求成员模仿做三遍，然后成员依次做一个动作，大家一起模仿。

3. 背坐起立

操作：两人一组背靠背坐在地板上，双手抱肩，然后相互用背靠紧，通过用力推挤站立起来。分享感受。

4. 三个"最"

操作：介绍自己的三个"最"，即最高兴的事、最喜欢的学生和最烦恼的事分别是什么，团体分享感受。

5. 签订活动契约

操作：形成本团体的活动契约，并请每个成员在活动契约上签字。

（二）单元二：户外自然体验活动

目标：通过园艺和自然体验活动，亲近自然，放松身心。

1. 赤脚静行

操作：选择一块安静舒适的绿化场地，每人赤脚静行，并在行走过程中联想一些美好画面。

2. 我是照相机

操作：组内公认"最美丽的照相机"负责讲述故事的开头，其余成员逐个接力，勾画"生命之网"。

3. 绿地毛毛虫

操作：每组成员共同骑在一个毛毛虫布娃娃上面，把毛毛虫提起来行走，5组同时进行比赛。

（三）单元三：园艺栽培

目标：通过亲身体验，学习园艺栽培技术和园艺概念。

1. 塑料袋中的种子

操作：给每人发放4颗已在水中浸泡过几个小时的苜蓿种子。将纸巾折叠成和塑料袋一样的大小，并将其放入塑料袋中，纸巾的高度在8厘米左右。把3颗订书钉排成一行钉在塑料袋上，需要钉住塑料袋和纸巾两层，大约钉在纸巾下2.5厘米处。把水灌入塑料袋中，使纸巾完全浸润，然后挤出多余水分。如果过于潮湿，种子就会腐烂。在每颗订书钉上放一颗种子，之后密封塑料袋，并将其放在温暖的地方。

作业：组内展示培育苜蓿种子一星期后的成果。并分享"我从种子上收获了什么？"

2. 走进常识

操作：指导者运用多媒体教学展示播种、扦插、分株等操作，并呈现往届学生的成果，引导学生分享感受。

作业：每人认领一种植物种子、一块专属土地，开启真正栽培体验。为后期做准备。

3. 我与植物的对话

操作：在栽培过程中，每天完成两次内在对话——"……，我想对你说……"，并记录《心灵日志》。

（四）单元四：室内园艺

目标：通过室内园艺作品的制作，体验专注，学习摄心的方法。

1. 叶拓

操作：留下叶子的轮廓。内省——"我生命中的印记（叶拓）都有哪些？它带给我怎样的感受？我将如何面对它？"

2. 陶泥

操作：制作"青蛙的同心圆"。内省——"倘若我是同心圆中的青蛙，谁会出现在我的同心圆里？谁又会在圆的外围？我的支持系统里有哪些人脉资源？我将如何处理与他们的关系？"

3. 手工蜡烛

操作：每名成员 DIY 制作手工蜡烛，寄托着幸福、美好、祝福、愿望等，为单元五做准备。

（五）单元五：真情表露

目标：学会欣赏、接纳自己，发挥团体力量，解决问题。

1. 循环沟通

操作：组织愿意主动分享的成员排成内外两圈坐，由指导者发口令，内圈循环移动位置，每次换一个沟通对象，每两次一个主题，听与说交替进行。分享话题如下：

（1）假如你是一种植物，你认为你是哪一种？说明原因。

（2）每当你看到这种植物时，浮现在你脑海里的最快乐的事件是什么？

（3）每当你看到这种植物时，浮现在你脑海里的最难过的事件是什么？

（4）假如你现在有机会重新选择一种植物，你准备做些什么？

2. 爱心训练

操作：成员用自己喜欢的颜色制作一个爱心，挂在自己认领的植物上，指导者引导团体成员思考自己对爱心的理解，然后团体分享。

首先，放松训练；随后，爱心信念输入，摘自《羊皮卷的故事》"我要用全身心的爱来迎接今天"；接着，唤醒；最后，爱心训练，强化"现在的你是一个全新的你，是一个充满爱心的你"。

请成员离开自己的座位，和其他人握手，并亲切地送上自己的 5 个真诚的祝福，尽量送给更多的人。倘若可以的话，将在单元四制作的手工蜡烛送予特别投缘的朋友。团体分享感受。

（六）单元六：笑迎明天

目标：结束园艺体验活动，使成员充满信心，迎接明天。

1. 收获园

操作：指导者自己做总结，然后请团体成员一一发言，表达自己的感受。

2. 大团圆

操作：在团体最后一次活动结束时，指导者请大家站立，围成圆圈（全部成员将在单元三栽培的植物放在圈内），然后轻轻地哼唱大家都熟悉的歌曲，并随着歌曲自由摇摆。

五、关于评估

对全体成员进行主观幸福感量表前后测，前测均分与后测均分差异显著（$P < 0.01$），即园艺心理团体辅导的干预的效果显著。团体活动结束后，全体参加者都认为这个成长团体非常有价值、有意义。它借助系列性的园艺课程，为每个人提供了面对自己的机会，使其发现内隐的自我，获得交往沟通的经验，调整自己的情绪状态，学会接纳和欣赏自己，变得更加宽容、更加快乐，并能够积极地投入学习和生活，同时保持良好的心理状态。

总之，园艺心理体验活动的应用有力地推动了学校的心理健康教育工作的发展，并在各个适用领域发挥着其独特的教育作用。

关于一个秘密的辅导个案

　　每个人都有自己的小秘密。为来访者保密，是心理咨询的基本原则，有利于建立信任的咨访关系，然而一些涉及人生重大决策和生命安全的秘密，青少年是无法独自承担的，心理辅导员必须打破保密原则。在本个案中，我帮助一个疑似怀孕的女学生勇敢地接受家人的帮助，重新认识自我，并在生命辅导和性教育问题上为其补上了人生重要的一课。

——题记

一、个案

　　小雪是一名来自高二的女生，出于对性的好奇和冲动，懵懂中与异性发生了性关系。因经期推迟了一周，害怕是自己怀孕了，不知道如何是好。

　　小雪的家庭状况是这样的：平时父母外出打工，一个月才回家一趟，自己与奶奶一起生活，关系较冷淡。身边关系要好的同性伙伴很少，之所以在校外认识男朋友就是为了在精神上寻找一个依靠，摆脱家里的束缚。发生性行为后，她不敢告知家人，又害怕被别人知道，处于心惊胆战的状态，没想到这个月的经期迟迟未来，其内心更是恐惧，担心自己怀孕了。她曾把担忧告知男朋友，但对方却刻意回避她，并对她的态度产生了180°大转变。小雪缺乏社会支持系统的帮助，害怕怀孕事件曝光后，会受到家人、老师和同学的鄙视和责骂，从此无法抬起头见人，因此不知道如何应对当前的这场危机。

　　感到百般无助的小雪，此时想到了心理成长中心的我。

（一）老师，你发誓为我保守秘密我才能说

　　某天我在心理室值班，小雪突然走了进来，小声说了一句："老师，我可以坐一坐吗？"

　　这是她第一次来见我，情绪明显不佳。她呆坐在沙发上，低着头什么话

都不说，双手紧握，同时凝望着双手，并摩擦着两个大拇指。我们的对话并不顺畅。

"你来找老师，肯定是有事情发生了，能告诉我是什么吗？"我轻轻问道。

小雪抿一抿嘴巴，仍然默不作声。

"如果是遇到了困难，我可以为你提供什么帮助呢？"我又问。

小雪的嘴角动了动，开始默默地流起泪。

我给她递过纸巾，接着问："如果你愿意说，老师会一直倾听，倘若你选择不说，我也会尊重你。"

小雪点点头，抽了抽鼻子，突然抬起头来看着我，又环顾着四周，似乎在观察有没有人发现她在与我说话。

又沉默了一阵子后，小雪再次观望窗外确保安全后，终于开口了："老师，你发誓为我保守秘密我才能说！"

我稍愣了一下。小雪见状，马上又说："我记得你在心理课上说过，心理辅导是要绝对保密的！老师你要发誓！"显然这孩子很在意即将要谈到的话题，我略略感受到一些挑战。作为专业的心理辅导员，我深知保密原则的重要性，平时也在心理宣传活动中提过这点，小雪能记得，我心里是高兴的，这表明她选择信任我，愿意与我诉说。但鉴于她的反应很特别，又是一名未成年人，可能会涉及生命安全的问题，我没有爽快地答应她。

停顿了一下，我冷静地回答说："老师不能发誓。"

小雪看我没有同意，有点失落，挪了挪位置，表现出一副想离开的样子。

见此，我缓缓地说："老师只能确保在不影响你生命安全的前提下为你保守秘密，老师相信，有时候独自处理问题不一定是最好的办法，必要时有家人、老师的陪同才是对你最大的保护。"

为了让她能继续打开话匣子，我又说："或许，你现在正面临着人生的一个重大困难，你需要有一个理解你的人来陪同你走过这段危机，老师可以成为这个人，只要你愿意。"

小雪听了这话，重新调整好自己的位置，盯着地板，双手捂住脸，半天吱出了一句："我与别人发生了性关系，可能怀孕了，我很害怕！"

说着，她开始抽搐痛哭起来。"我实在是太傻了！"显然此时小雪的声调要比刚才提高了许多，她愧疚、自责，同时又担忧、恐惧。

我慢慢靠近她，用手搂着她的肩膀，静静地为她递过纸巾。我轻声说："人生都是在不断犯错、在错误中学会成长的。性行为是一种具有后果的行为，原本成年后结婚、生儿育女是一件幸福的事，但对于青少年来说，过早地偷吃禁果，可能会遇到很多我们暂时无法解决的问题……"

小雪打断我的话说："老师，你能帮助我吗？我不想告诉我的父母，他们会打我的，我也不能让其他人知道，大家一定会说我不要脸的，我很害怕……"她双眉紧锁，露出极为痛苦、焦虑的神情。

看得出这段时间小雪的内心一直饱受煎熬。我说："小雪，我理解你此刻的难受心情，你担忧此事已经多久了？"

"我也不确定，但我发生了那种关系后一直就很害怕怀孕，这个月的经期推迟了7天，一直没有来，我想我真的是怀孕了！怎么办啊？"

此时的小雪需要冷静下来，我便说："我希望你能把事情的全部经过都讲出来，或许我们能理清一些思路，想出一些更好的解决办法。"

听了此话，小雪抬起头来，凝望着我，开始诉说事件的前因后果（略）。

（二）重要时刻离不开家人的陪伴和支持

小雪在给我讲述了整个事件的经过以及她目前的艰难处境后，深深地吁了口气。显然，小雪对自己冲动的性行为相当后悔，但由于害怕，无法面对现状，身边又没有敢于倾诉的对象，不知道何去何从。

"老师，你说我该怎么办啊？我不敢自己去医院，况且选择去医院做手术的话，肯定要经家长签字的，我不敢告诉他们，我不敢想象他们知道这事后的反应，太可怕了！我是错了，错得很严重，不该发生这种事，但是我仍想在学校继续读书啊，我又害怕大家知道后怎样看待我，我人生是不是要毁了？彻底毁了！"

看来小雪对自己的行为十分懊悔，当务之急是要解决这事。下面的辅导关键是怎样使她能接受面对家人、寻求家人的帮助。

我向小雪表达了充分的同情，并耐心地告知她不是所有的性行为一定都会导致怀孕，经期的推迟可能有多种原因，以及若万不得已选择流产手术的话，要面临的生命安全问题等。我的目的是让小雪能客观地面对问题，意识到她作为未成年人无法独自承担这样的风险。事已至此，作为她的辅导老师，我提出陪同她约见父母。在征得小雪的同意后，我主动联系了其父母。

在与小雪父母的见面会上，我让小雪先暂时回避。父亲得知情况后，正如小雪所预料的，马上雷霆大怒，"我平时严格要求她的，她怎么这么不争气，做出这种丢脸的事！"父亲说完便要起身找小雪痛打一番，母亲连忙拦了下来。

我说："孩子发生这样的事情，我们的确是痛心的，谁都不希望此事的发生，包括小雪在内。事实上，小雪她本人已极度后悔自责，事情发生以来她个人也一直在独自忍受煎熬，最终是走投无路才鼓起勇气选择向我求助。我想此时的孩子是迫切需要我们帮助的！"

听过我的话后，母亲点点头，父亲也逐渐冷静了下来。

接下来，我继续说："心理学界有一句话——问题的本身不是问题，如何解决问题才是问题。人总会犯错，人的一生本是一个不断犯错而又不断改正错误的过程，我想，此时过多地责备孩子不是理想的做法。家长因为工作的缘故平日无法陪伴孩子，对孩子的情感关爱一直不够，孩子遇上人生的重大危机不懂得如何应对，也没有能力独自承担后果，我们把精力放在好好地陪同孩子渡过这个难关才是正确的。"

小雪父母认同我说的话，答应不会着急于责骂和批评小雪。

轮到小雪出场，我全程抱着小雪，陪同她与父母商讨对策，应对各种可能。

……

最后，小雪父母决定陪同孩子一起去医院做检查，共同面对问题。

（三）性教育是人生重要的一课

又过了一个星期，小雪来见我。

此时她已经过了医院的专业检查，确认没有怀孕，只是虚惊一场，例假推迟的主要原因是自己过分担忧和高度紧张。她万分庆幸自己"重生"了，并表示这次经历让她再次感受到父母对自己的关爱，今后会对父母多一些理解和体谅，把精力和时间放在学习上，绝不再犯相同的错误。

我问她将来会如何看待性行为，她笑了笑，说："这种事风险太高，以后都不敢再碰……"

听过小雪的话，我感觉她在此事上留下了一个难以抹去的阴影。这是人应对危机后的正常反应。我相信她以后会成熟地处理性关系，但同时她需要补上一节性教育的知识课。

为此，我向小雪专门讲授了性保健知识，包括事前预防措施、事后的补救措施、人工流产的危害，以及如何拒绝对方的性要求等。

为了减轻此次阴影对小雪产生的伤害，我还提道："将来有一天你想与你的爱人发生亲密关系时，请自问如下问题——我爱自己吗？我们相爱吗？我们相互尊重吗？我们可以谈论避孕和预防性病的知识吗？除了性以外，我们可以分享其他事情吗？以上若有任何一点回答是 NO 的话，那就意味着你们分享亲密关系的时机尚未成熟。"

结束前，小雪对我说："老师，你是真正理解我的人，是你的陪伴和鼓励，我才有勇气去面对父母、解决问题，也是你的帮助和疏导，拉近我与父母的距离，更让我认识到今后如何保护自己，做一名对自己负责任的人。我十分感谢能遇到你，感谢你当时没有答应为我保密。"说完，小雪笑得很轻松。

"我也很感谢你在重要时刻选择了对我的信任。"我回答说，最后我送给她一条寄语："一朵花的凋零荒芜不了整个春天，一次挫折也荒废不了整个人生。人要对自己负责任，只要自己不想趴下，别人是无法让你趴下的。"

小雪离开时，深情地拥抱了我。望着她远去的背影，我内心有一种成就感，我在这段辅导过程中也算是实现"助人自助"了。

二、个案点评

保密原则是要视情况区分的，这是我通过此次辅导领悟到的道理。对于绝大多数的心理问题是可以坚持保密原则的，但若面临涉及人生的重大决策和生命安全时，心理辅导员必须客观对待。小雪是未成年人，本身不具备独自解决困境的能力，倘若没有得到家人及时的陪伴和支持，后期恐怕会引发更严重的后果。

小雪平时没有父母陪伴，在家庭关爱方面没有得到情感满足，于是在性关系不成熟的情况下发生了性行为，险些导致怀孕，让自己陷入了焦虑、痛苦和无助，可见孩子缺乏自我保护意识实在可怕，这是一个深刻的教训！

性爱需要以合适的身份、在合适的时间、合适的地点上遇到合适的人。人生本是一个不断犯错又不断改正错误的过程。诚然，我们生命当中的绝大部分错误是可以被原谅的，但有一些错误却会让自己终生遗憾。当前学校应该加强青春期性教育，关注家庭情感薄弱的未成年人，帮助他们树立科学的性保健意识，为自己和别人的青春负责。

　　从家长层面上，我之所以能安抚家长，使他们平静下来，最后陪伴小雪解决困境、改善亲子关系，关键在与其父母的沟通技巧上。我运用同理心，先谈情绪再谈问题，引导父母能换位思考理解小雪的困境，不把焦点集中在问题上，而是优先关注如何解决问题。孩子的成长是需要家长陪伴的，孩子犯错后更需要家长及时的理解和支持，帮助孩子共渡难关。一味地指责和过度地批评可能适得其反，待事情解决后再来引导孩子重新认识问题，或许会更有成效。

　　每个错误都是一次成长的契机！愿每一个未成年人都能珍惜青春、爱惜身体，让青春美丽，让生命无憾！

焦点解决短期心理咨询对
"交往障碍"的个案辅导

一、焦点解决短期心理咨询简介

焦点解决短期心理咨询（Solution-Focused Brief Therapy，SFBT）是在积极心理学背景下发展起来的一种充分尊重个体、相信个体自身资源和潜能的心理干预模式，把解决问题的关注点集中在人的正向方面，并寻求最大化地挖掘个体的力量、优势和能力，具备简单、实用、见效快等特点，为帮助解决"交往障碍"、改善人际关系和改善社会支持系统的工作增添了更多可行性。

二、案例基本情况

（一）一般资料

梁同学，男，某高中理科班学生。自小性格内向孤僻，朋友很少。近期情绪低落，时常感到压抑、想哭，人际关系差。

（二）主诉及个人陈述

主诉：心烦，焦虑，注意力下降，希望受关注但又讨厌身边的人。

梁同学主动前来咨询，并陈述了自己的情况：

最近一个多月来，我越来越讨厌身边的人，看不惯他们的行为。身边的同学整天都是虚度时光，我讨厌他们，他们整天吊儿郎当的，讨论这个讨论那个，烦得不行。我曾告诫过他们，但他们排斥我，我无法面对这些环境，不愿面对他们继续生活和学习。有时候我觉得自己很孤单，希望他们能陪我说话，但没有人愿意这样做，他们可能觉得我怪怪的。因为最近我每次和他们沟通，都有发脾气的冲动。我想换班，但有时想即使换班又怎么样，我的处境可能还是这样。自习课当别人议论时，我会怀疑他们是在议论我。尽管我很努力地学习，但脑子里都是他们，静不下心。我有时想我再怎样努力都是没用的，我的成绩还是这么糟糕。看到第一、第二名的同学，我也想和他们一样，但现在的我好想放弃自己。我整天都想着这些人平时的所作所为，简直停不下来，心情很差，想哭，上课走神，无法集中注意力学习。我不知道如何改变自己的状态，找回从前的自己，更不知道如何面对将来，我迫切想改变这一切！

（三）观察了解到的情况

1. 心理教师的观察

梁同学言语条理清楚，思维反应较敏捷，记忆力好。情绪波动大，有时落泪，对咨询结果有良好期望。

2. 同学、班主任与家长的反映

梁同学敏感多疑，平时不合群，不爱说笑。对外界事物过分关心，总是怨天尤人，对他人苛求完美，常批评别人。最近脾气很怪，动不动就发脾气，和同学关系冷淡，同学一说话马上走开，避免和同学对话，也甚少与老师沟通，经常独自在宿舍偷偷流泪。对自己有过高的期待，目标要考上清华、北大这类重点大学，学习虽很用功，起早贪黑，但效率很低，经常走神。时常以留校自习为由，隔两周才返家一次，父母问其情况时他也很少回答。

三、案例问题分析

（一）梁同学的主要问题

梁同学的主要问题属于"交往障碍"的问题，他目前人际交往能力和心理适应性较差，对周边的人和事有过高的期待和苛刻的要求，以致别人无法和他相处。梁同学对于他人的意见不能充分接受并改正自己的行为偏差，对于自己心态的调节能力有限，需要外界的支持和帮助。

（二）梁同学产生问题的主观原因

（1）存在明显的非理性观念和错误的思维方式，非常在意别人对自己的评价，想要获得周围每一个人的认同，存在以偏概全的思维。

（2）被烦恼、焦虑、自卑情绪所困扰，缺乏有效解决问题的行为模式。

（3）对人际关系采用回避方式，减少与人的交往，即使是与亲密的家人和朋友也缺乏交流，加速了消极情绪的恶性循环。

（4）梁同学个性特征为争强好胜，苛求完美；敏感多疑、易受外界影响。

（三）梁同学产生问题的客观原因

（1）家庭的教养方式存在一定的问题，缺乏沟通、理解，对求助者的个性形成和发展有较大影响。

（2）缺乏社会支持系统的帮助，如被同学背后议论，很少和老师沟通。

四、辅导方案与实施

运用 SFBT 改善梁同学的人际关系，下面是在建立咨询关系后的讨论。

（一）明确问题，描述阶段

心理教师尝试了解求助者对问题的主观阐释、问题对求助者的影响、求助者如何处理问题、当下发生了什么事让求助者觉得困扰。

以下 A 代表梁同学，B 代表心理教师。

A：（神情黯淡、紧张不安地坐在咨询室的椅子上）

B：你来找我，肯定是发生了什么事。可以告诉我最近是什么在困扰你吗？

A：……

B：我相信你在一段时间里曾对这个问题有过一定的思考，能和我说说你有哪些思考吗？

（二）协商目标，描绘愿望阶段

心理教师协助求助者描绘对于问题解决的美好愿望，即"我最希望的、最理想的结果"。对求助者所偏好的未来细节进行探讨，引发求助者改变的动力并制订行动计划。

A：和班上的同学在一起时，我会很讨厌他们，事实上他们也排斥我……

B：那你今天希望改变的是什么？（架构目标）

A：我也不知道是怎么啦，自己最近老是想着他们，简直停不下来，我总是想哭，心里不好受。

B：人在不同时期总会遇到不同的心理烦恼和困惑，情绪也总有起伏，每个人都会遭遇情绪低谷期，在高中阶段遇到人际烦恼是很正常的。（正常化技术）

B：在这之前你有没有尝试用哪些方法来改变自己？

架构目标：听取抱怨，通过循环式提问将求助者的抱怨转化为目标。

正常化技术：让求助者意识到自己的遭遇具有普遍性，降低他的恐惧感，明确他只是陷入暂时性困境，并让他接纳自己当前的问题。

（三）挖掘资源，寻找例外阶段

挖掘资源，寻找例外阶段，是整个咨询过程中最重要的环节。心理教师必须积极探讨求助者过去相关的成功经验和优势资源。寻找例外，意味着学生获得了换个角度看自己的机会，暗示学生自身拥有解决问题的能力。

A：做过一些，如主动过去跟他们搭讪，但他们还是不理解我；我想独处，但又会想起他们，特别难受，特别想哭。

B：这样的情况让你很难受。你的难受、想哭，让问题解决了吗？你觉得这样做会发生什么？（预设性提问）

预设性提问：指有意识地采用一些可以产生积极暗示的语言，引导求助者树立积极正向关注的观念。

A：大家会重新喜欢我，我的朋友会多起来……

B：哦，这会是你最理想的结果。如果让你对人际关系进行打分，最满意打10分，最糟糕打0分，你认为现在自己的状态可以打几分？（刻度化提问）

A：4分。

B：是什么让你给自己打4分？

A：当别人遇到困难时，若他们找到我，我还是会帮助他们的。

B：一下子达到10分确实有困难，如果能再往前一点，提高到6分的话，你需要哪些改变？

A：我偶尔与他们说说笑笑，少抱怨，少发脾气吧。

刻度化提问：指利用数值的评量（0～10分）协助求助者将抽象的概念具体地描述，并请求助者把对问题的看法和预测在一个0～10的评量表上反映出来。

B：你以前有没有类似的经验？（例外提问）

A：有。

例外提问：指对问题做出基本假设，即凡事都有例外，有例外就能解决。寻找问题发生的例外，发展求助者的正向资源。

B：能不能回想一下当时你是怎么做的，有哪些具体方法是比较有用的？（具体化）

A：想到他们的优点时，我就会不那么讨厌他们，不会发脾气和想哭。

具体化：凡事至少有三种以上的解决方法，鼓励求助者思考更多的解决方法，具体问题具体分析。

B：哦，这是个不错的方法，还有吗？

A：如果我不那么讨厌他们，我会和他们好好沟通，好好说话的。

B：我的理解是，现在你最想解决的是你和他人沟通的问题，是这样的吗？

A：是的。

B：那你可以说说，在什么情况下你和他人的沟通状态会比较理想吗？（例外提问）

A：在和我的一个朋友一起时。

B：这么说，你挺喜欢和你的那位朋友沟通，是这样的吗？真好，这值得我们高兴。相信你的那位朋友也很喜欢你，为你高兴。（振奋性鼓励）

振奋性鼓励：在求助者找到例外的解决方法时，心理教师及时适度地给予支持性肯定，有助于营造正向、积极快乐、期待改变的气氛。

A：他是例外的，我一直觉得我没法与任何人沟通，现在想起来，之前我有困难，曾找过他，他乐意帮忙，我不会讨厌他。如果哪天他有困难时，我也会帮助他。

B：能否回想一下，你与这位朋友沟通时，与其他人会有什么不同？（具体化）

A：可能他帮助过我，我不会讨厌他。我们谈话时会笑，他笑起来很好看，尽管我们联系很少，但每次他都会听我说很多，我心情会很好。有一次，他爽约了，我并没有向他发脾气，我很平静地告诉他，我一直在等他，我很不高兴，希望他以后不要再这样做了。他听后也主动和我道歉。

B：看来如果能找到别人的优点，不讨厌对方，能用心倾听对方说话，能平静地与对方表达自己的感受和期望，适当地赞美对方，同时相互理解，这样的沟通会好很多。

A：应该是吧。（低头思考）

B：我们假设，今天你回去睡了一觉，醒来之后发现奇迹发生了，你和很多人的沟通变通畅了，你拥有了好的人缘，不再讨厌别人，那么你会有哪些不一样？（奇迹提问）

A：我不会总是一个人，我不会偷偷地哭了，不会乱发脾气，可能笑的次数会多了。

奇迹提问：指向未来的提问方法，在目标设置和问题景象向解决景象转变的过程中非常有效。

B：那么你会如何对待当下的沟通状态呢？

A：主动一些，多点微笑，或许他们有优点是我没看到的。如果他们遇到困难，我可以主动帮忙，以前我和朋友可以沟通好，以后和身边的人也可以好好沟通，他们会对我投来好友和真诚的目光，而不是排斥我，不再说我怪怪的。

B：这是多么美好的画面！

（四）中断休息，思考解决方法

休息阶段是有意设置的谈话暂停，产生空白效应，让求助者思考前一阶段的整个谈话过程，促进自我进行积极探索。

B：现在我们休息五分钟，请你对我们的谈话进行回顾和思考。

A：好。（独处静思）

（五）确定小步，赞美反馈阶段

在休息自省阶段后，心理教师提供反馈，对求助者进行整体肯定，特别是针对与目标达成有关的优势力量，并用任务作业鼓励其做实验练习，尝试新的改变行为，不断持续正向的良好的行为。

B：现在问题解决了，你会怎样对待以后的人际交往呢？

A：我会关心我努力为别人做了什么，把语言上的关心转变为行动，至于别人对我的评价不会再那么在乎……

B：看来，你能善于思考和解决问题，对于自己的状态能及时调整。在谈话过程中，我听到了很多让我感动的地方……最后我会给你几点建议……至于任务作业，你看可不可以每天寻找两三名同学的优点，然后主动与他们沟通，听听他们对生活事件的想法、看法，在他们需要时给予你能提供的帮助。下星期我们约个时间，到时我想听听你实践后的体验，可以吗？

A：好的，我试试看。

五、效果与评估

梁同学自我反映心情好多了，他开始关注别人的优点，自然减少了对他人的讨厌，能主动去沟通，身边的同学不再排斥他，他自我感觉良好。此外，班主任和其他同学发现，梁同学有了很大的进步，减少了独处的时间，能关心别人的需要，与大家沟通时不再发脾气了，会不时浮现出笑容。总之，我对梁同学的辅导取得了较好的效果。

六、总结与反思

（一）方法简便有效

焦点解决短期心理咨询能比较有效和快捷地处理一般性的"交往障碍"问题。这种较简便和容易掌握的模式，如系统平衡的理念、积极正向关注的观念、挖掘当事人自身已有的解决问题的资源方法及将抱怨转化为目标、转变问句、例外问句及刻度问句等提问技巧，可以和其他咨询模式结合运用，从而促进校园心理咨询和心理治疗更有效地开展。

（二）符合群体特点

处于青少年时期的高中生，他们的自我意识开始觉醒，特别爱面子，较避讳"揭伤疤"。因此，很多求助者在明确问题时不愿回顾"不堪回首的往事"，而是以"没有什么""我也不知道"等理由搪塞。焦点解决短期心理咨询指向未来不容易导致求助者的阻抗行为，关注求助者可以做什么事来帮助其达到实际效果。这种强调解决方法、以探究和激励为本的咨询模式比较符合高中生群体的特点。

（三）适用性强而广

成长中的高中生，容易受周边事件的影响，他们大多因为学习问题、人际关系问题、青春期性生理性心理的困扰等来求助。问题的原因往往也都比较简单明了，没有太多深层的东西，因此这种发展性的、正向鼓励性的咨询模式比较适合他们。另外，对于学业紧张、时间紧迫的高中生而言，他们都希望用有限的时间获得更显成效的咨询。所以，以解决为焦点的短期咨询方法和模式是比较适合他们的。

（四）合力关注培养

心理咨询的基本原则是"助人自助"，而焦点解决短期心理咨询的重点是解决问题，不问症状、不寻找症状背后的原因，引导求助者往问题解决的方向发展，缩短疗程，提高成效。但是这种咨询方法存在以下局限：忽视求助者的倾诉机会，缺乏对心理困扰与障碍产生原因的深入分析，难以应用和解决较为复杂的心理障碍等。因此，除了对"交往障碍"实施焦点解决短期心理咨询外，还需要家长、教师和学校的长期关注，合力帮助求助者走出困境，从而使他们更好地生活和学习。

一个关于微信红包背后的思考

　　某边境中学高二贫困学生小花，一向学习成绩优异，曾作为代表参加某沿海城市的冬令营活动。自从幸运地被媒体曝光后，很多叔叔阿姨时常给小花寄来生活用品或金钱资助，并与其建立微信联系，时常关注其学习和生活状况。慢慢地，小花的内心不再平静，她时常在微信上讨要红包，如"今天是我的生日，发一个红包给我吧！""我想买一双球鞋，请发一个两千元的红包给我！""学校老师的水平比不上沿海老师的，我想参加校外补习班，需要三千元补课费，你们发我一个红包呗！""叔叔阿姨请带我离开这里吧，我想去你们大城市读书，若不行就发我一个红包吧！"等。红包成了小花的法宝。

一、不完美的原生家庭，是一种存在

　　小花的原生家庭是这样的：父母早婚早育，在小花一岁时已离异，小花随母亲再嫁到新家庭（继父也有一个孩子），属建档立卡户。目前母亲在沿海城市打工，一年才回家一次，而小花跟随继父生活，平时与母亲、继父甚少有心灵交流，生活在不冷不热的家庭氛围中，极少获得家庭关爱。通过参加沿海城市的冬令营活动，她走出大山，开阔了眼界，增强了学习激情、奋发意识，这对小花来说原本是一件好事，但遗憾的是她因此增长了虚荣心。小花将对家庭的精神需求全部转移到外来的红包上。孩子不喜欢原生家庭，这是一种悲哀。然而，原生家庭的不完美，也是合理存在的。

二、停止抱怨和指责，是一种释放

　　原生家庭的不完美，是不可选择的。倘若面对原生家庭的情绪是讨厌、不满、怨恨和指责等，本质上是对自己的无能产生了愤怒。研究发现，大多数有性格缺陷的孩子，都对其原生家庭有狭隘认识。一个对家庭带有火药味的人，容易出现不安、孤独、冷漠、恐惧等不良心理，也将形成自卑、消极、偏激、暴力等性格。每个人都要勇于面对原生家庭的影响，停止对原生家庭的抱怨和指责，这是一种自我释放。小花只有主动去释放这些负性情绪，才能减少对自身内心的伤害，让内心处于平静、稳定的状态，才能清醒地思考如何提升自我、调适自我情绪，这是自我成长的重要途径。

三、接纳家庭重塑自我，是一种选择

你不一定能改变家庭困境，但至少可以接纳。原生家庭是不可选择的，但必须明白，你是唯一对自己完全负责的人，你的内心世界是可以自己选择的。一些名人的成长故事已证实了这一点。小花一味想脱离原生家庭，想用外来红包来麻痹自己、获取自己在家庭里缺失的关爱，然而这是错误的想法。从长远发展来看，对原生家庭的认识会潜在影响其以后的心理和行为模式，乃至人生幸福。接纳、包容和爱护家庭的人，更容易获得安全、信任和归属感，形成乐观豁达的性格。因此，接纳家庭，重塑自我，学会从多角度理解家庭、理解父母，是一种成熟的选择。

四、珍惜身边的资源圈，是一种契机

在国家帮扶政策的号召下，小花的身边出现了一些"扶贫济困，关爱你我"的社会资源，这是"你我同行，温暖人心"之举，但不是让被帮扶者懒散、依赖和乞求的理由。孩子，请看清红包的本质，外来的扶贫只是暂时的，内在的拼搏才是长久的！叔叔阿姨们希望看到的是一个尽管困难重重但仍然勇敢乐观、自强不息、拼搏不止的孩子，请你务必珍惜这种资源，将此作为激励自己成长的契机；多寻找身边的积极榜样，多与敬重的老师、前辈们沟通交流，敞开心胸，学习处世之道，在获取他人情感关怀和温暖的同时，要懂得感恩和回报社会，并时常反思自己、鞭策自己。

五、自强不息活出自己，是一种超越

孩子，或许目前的你缺条件，但绝不能缺精神、缺斗志。家庭条件从来不是评价个人高低的标准，没有谁能高人一等，不要随意与他人比较，更不能遇到挫折就自怨自艾、自暴自弃。你要正确认识自己，自我价值感源于对

自我的认识和悦纳，强大的内心是靠后天的努力形成的。孩子，做一个自尊自爱的青年，在更好地爱自己的同时，应该不断改正自身缺点，不断自我完善。请记住：红包不是万能的，自强不息、独立自主才是永恒的。请不要辜负本应奋斗的自己，今天你的努力，便是你明天的实力，用更多的行动去实践自己的理性和价值，超越自己，成为更好的自己！

"三段式"化解你我矛盾

Q：老师您好！我是一名高一学生。我入学后有了一位好朋友，但现在没有了。我与她发生了矛盾，这是我最近的烦恼，事后我也很后悔，但是每每想到她对我那种排斥的眼神，我就不想靠近她、不想和她说话、不想和她相处，让矛盾持续下去吧，反正缺了她，我的世界一样精彩！可每当我独处的时候，我又会默默想起她，明知道是一件小事，可心里就是放不下，不知如何和解。平日里与她总是低头不见抬头见的，我时常会焦虑和尴尬。尤其是我们同住一个宿舍，每当回宿舍时，我内心总是无法平静，我该怎么办呢？我希望这种烦恼能早点远离我。

珊珊

A：珊珊，你好！从你的信件中，我能感受到你此刻的矛盾心理。其实你现在面临的烦恼事件并不是异常的，而是在中学生群体生活中普遍存在的。在埃里克森的理论中，青少年时期主要的发展冲突是"自我同一性"的成长冲突，因此与同伴交往的问题正是我们关注的焦点。当我们意识到自己的遭遇具有普遍性时，自然会减少恐惧感，认为这只是暂时性困境，并接纳自己当前的问题，将问题正常化尤为重要。

青春期的我们，处于人生发展的关键期，面临着双重压力：一方面是社会的高速发展引起的观念上的冲突，使得我们容易陷入价值取向的迷茫和困惑；另一方面是每个人来自不同的家庭，在过去的十几年生活中，我们的说话方式和行为习惯各有不同，由于语言及文化适应的局限，在高中开启第一次寄宿生活时，容易出现人际冲突、情绪困扰。你在家里也会有与爱你养你的父母起冲突的时候，何况是与自己相处时间不长的同学呢？因此，矛盾是在所难免的，允许别人与自己不一样，多理解、多包容，在交际中求同存异。

事实上，值得肯定的一点是，你在成长的路上已成功学会了克制。在矛盾关系中，你越是焦虑、尴尬，说明你越在意这段人际关系，你有改变关系的决心，同时你也有认真和执着的特点。心理学认为，问题本身并不是问题，我们选择如何应对问题的方式才是问题。要知道，我们青少年的情绪来得快也去得快，能逐渐有意识地学会克制，并敢于尝试用新任务、新方法来解决问题，不再采取回避的方式，你就已经成功一半了。

以下分享"化解矛盾三段式"，建议两人选择在一个独立的空间面对面谈话，希望能帮助你重塑关系。

第一步，谈谈我就矛盾事件的看法、感受等，表达从"我"的角度回看该事件的经过和感受。比如，"当时，我看到……或听到……时（陈述事件）；我感到很生气、烦恼……（表达感受）；因为我想到了……（表达产生感受和当前行为的缘由）"。这是事件中"我"的想法、情绪和行为，直接向对方非常明确地讲出来，注意语气要平缓、不要轻易地带着情绪。

第二步，倾听对方对此事的看法、感受等，表达从"你"的角度回看同一事件的经过和感受。句式参考第一步的表达即可，请给对方充分表达的空间，不打断、不随意插话。此时"我"可以客观地换位思考，重新审视事件的全过程，学会冷静地看待问题，为下一步处理好关系做铺垫。值得注意的是，每人都是先讲述事实，后如实描述想法、情绪和行为，没有带着不好的情绪。

第三步，以"事已至此，你觉得怎么办呢？"为开场白，引导双方探讨化解办法。通过前两步明确事实和现状后，"我"向对方摆出真诚友好的姿态，邀请对方一起商讨解决矛盾的具体方法和思路。两人若能顺利进展到第三步，问题就已被成功化解。要么和对方一起想办法解决，要么"我"可以先提出方法来。例如，"我希望你能和我一起……记得下次要……"当然"我"的希望仅仅是个人希望，两人把内心的想法表达出来，最终需要两人努力、尊重彼此，满足彼此的需求，两人依据探讨出的新结论做出各自的改变或调整。很多时候，当你主动说出"事已至此，你觉得怎么办呢？"，对方便会会心一笑，过往的怒气和尴尬就会烟消云散。

注意，当矛盾问题异常激烈时，也是运用这三步，只不过顺序不同，要将之倒过来进行。三部曲可以在谈话中依次循环，直至找出共赢策略，达成和解。当然若对方若无其事、无法给予回应时，你不妨尝试先按下"暂停键"，重新审视这段关系是否值得你继续投入精力和情感。

因此，在矛盾面前，我们既不用躺平，也拒绝摆烂。主动约谈起来，用"三段式"跳出自己的局限思维，想到化解的妙招，进而抚平关系的裂痕、实现自助互助。当矛盾化解后，我们仍可以相约一起去做运动、一起去玩"剧本杀"、一起去照哈哈镜。要学会在关系中一边接纳矛盾一边寻找快乐，满足每个人内在且合理的需求，彼此共生共赢。

矛盾时时有，三步化危机。我们倡导"温和并坚定"地维持彼此的和谐关系，即"你好—我好""你赞同—我也赞同"的关系。关系中的危机，不是负性情绪渲染的扩大器，而是针对全面性的事实，实现彼此改进、彼此成长的好契机。每个人都能通过人际的修炼不断丰盈自己的内心。

最后，邀请你尝试做"冥想练习"，唤醒过去你俩相处的愉快时光和美好记忆，然后果断开启你的行动，用"三段式"去约谈你所在乎的这位小伙伴吧！

祝顺安！

永恒的幸福来自我们的心灵

Q：您好！我是一名中学教师。我曾以自己的职业为骄傲，作为一名教师，能够站在一群接受教育并被塑造的学生面前，受到学生的尊敬与崇拜，是令人幸福的事。可是，工作以后，我逐渐发现这份工作并不像理想中的那么美好，整天面对着那一根根粉笔、一个个方块字、一堆堆等待批改的作业、一项项被领导挑剔的任务、一群群初涉世事的孩子，甚至总有几个顽皮捣蛋的学生需要去教育……教师的工作是如此的平凡与琐碎。每当我独处的时候，我就会默默地想：自己每天起早贪黑地工作，日复一日地重温着昨天的故事，持续不断地付出体力和心血，消耗着热情、耐心和工作动力，我感觉自己已接近衰竭，越来越倦怠。

启航

A：启航老师，你好！从你的信件中我能感受到你此刻的矛盾心理。其实你现在的心境并不是异常的，职业倦怠问题让教师成为需要被重点关注的人群。北京师范大学心理学系教授许燕分析："中国正进入工作倦怠现象高峰期，工作倦怠已成为社会'流行病'；工作倦怠是一个社会发展到一定程度的必然结果，是正常的社会问题。我国处于社会转型期，工作倦怠高发是必然现象，我们应该用正常心态对待，完全没必要恐慌。"可见，教师的职业倦怠问题是很普遍的，其本身并不可怕，它只是我们职业生涯中的一次心理"感冒"，你大可放下对当前问题的恐惧和担忧，因为"阳光总在风雨后"！

一、幸福的两个密码

1988年，霍华德金森教授曾对24岁群体实施了一项"你幸福吗？"的调查，得出结论——幸福的人有两种：一是功成名就的成功者；另一是淡泊恬静的普通人。于是幸福的第一个密码被破解了。20年后，他突然又想到了自己以前的研究，他经过极大努力再次回访了当年的群体，并得出最后的结论——物质支撑的幸福是暂时的，心灵支撑的幸福是永恒的。这就是幸福的第二个密码，永恒的幸福来自我们的心灵。那么，支撑心灵的是什么？答案正是我们内在的理念。理念决定你是一个幸福的人，还是不幸的人，如果你的理念倾向于向好，你就能看到更多的美好，自然与幸福关联越大。启航老师，你是否存在这种向好的理念呢？

二、幸福是一种选择

其实，心理学上有许多双关图，如图4-1所示，这些都在告诉我们选择的角度不同，结果也就不一样。在困难面前，我们要相信自己是处于可以选择的状态。维克多·弗兰克曾说过："即使在极端恶劣的环境里，人们也会拥有最后的自由，那就是选择自己态度的自由！"如一张"白纸、黑点"的图片，你关注的是黑点，还是周围大部分的白纸呢？倘若一名教师，总是把工作精力过多聚焦在几个调皮、捣蛋、惹事的学生身上，是否会忽略了周围大部分纯洁、美好、向上的学生呢？事实上，我们是倦怠或是幸福，是可以选择的。启航老师，你不妨多关注一些工作中美好的事，这样可以收获更多的幸福。

图4-1　双关图

三、幸福的艺术频道

压力是教师职业倦怠的直接根源，而压力是教师面对环境时做出选择或改变时的个人感受。当环境一时难以改变时，改变自我就成为缓解和预防职业倦怠的最好方法。以下是从认知、情绪和行为的角度改变自我的具体策略。

认识：正确认识压力，改变思维模式，避免"绝对化要求""过分概括化"和"糟糕至极"的不合理思维。比如，把想法中的"必须""应该"，转变为"可能""希望"。又如，对"领导故意挑剔我，我很生气"等想法转变调整语句，并把"因为"置后，即"即使领导对我挑剔，我仍感到高兴，因为他对我有更高的期待"。

情绪：微笑和大笑都是立刻放松情绪的最佳途径，不妨在每天起床时面对镜子露出你的微笑，在情绪低落或火气上涌时用大笑来转移注意力。此外，还可以适当运用肌肉放松法、想象放松法、音乐放松法、幽默放松法、运动放松法等，学会放松身心，释放紧张情绪，尽量让自己的心境处于平稳状态。

行为：在沟通上，要多换位思考和理解，多沟通、多鼓励和多支持，恰当表达自己和聆听他人的感受。在人际关系上，要保持界限，不过分坚持，学会求同存异，协调和谐的人际关系，增强幸福感。在生活方式上，多留意身边的事物，广泛阅读和学习，形成良好的生活方式，培养自己的乐观性格。

四、记录教师的幸福

不妨做一位细心的生活观察者，运用照相机功能，把教师的幸福点滴储存在大脑里。在"教师幸福的那些事"调查中，有的教师说"当所教的学生成绩进步时自己会感到幸福""当学生在自己的鼓励下变得自信、阳光时自己会感到幸福"；有的教师说"当在校外被学生喊'老师好'时自己会感到幸福""当学生求知的目光获得满足时自己会感到幸福"；又有的教师说"当自己刻苦磨课创新设计出一节新课时自己会感到幸福""当拥有寒暑假能多陪伴家人时自己会感到幸福"；等等。那么启航老师，你认为还有哪些幸福的事呢？

五、赠予启航的话

生命太短暂，且行且珍惜；压力不是问题，怎样面对压力才是真正的问题；不要寄希望于他人和环境的改变，而要改变自我；请善待自己，不要为难自己；实在辛苦，就在一定范围内"放纵"一下自己；过好每一天，让每天都成为愉快的时光。

走出迷途的我

一、基本信息

（一）基本资料

小林（化名），男，16周岁，高一年级学生，身高1.65米，瘦小，家中老二。性格比较内向，学困生。

（二）背景资料

小林小学至初中的学习成绩都不错，在家里是一个乖巧听话的孩子，爸爸、妈妈在家务农，没有太多积蓄。从小跟哥哥的关系比较好，哥哥没有上完高中便外出打工，只能靠电话联络情感，自从上了寄宿制高中以后，在家里与父母交流的机会就更少了。小林认为自己要改变家庭命运，在考上高中之前满心期待、胸有大志，可万万没想到自己在高中跟不上学习节奏，期中考试和模拟小测的结果都糟糕透顶，尤其是物理和化学都排到班级的倒数一二名。面对成绩的大落差，小林心里无法接受。教师们都认为他是一个认真用功学习的学生，但他的学习方法比较呆板，不懂得知识迁移和灵活变通。

（三）来访者主诉

面临即将到来的高一下学期选科，小林毫无头绪，成绩本来就差，压力很大，心里更是烦乱，有点想放弃高中学业回家务农了。父母对他的成绩并没有很高的要求，只是希望他能再努力一点，将来能比哥哥安稳一些，以后能有一份稳定、体面的工作。他不想辜负家人，想突破自己，但又缺乏动力，看不到提高成绩的希望。

（四）初步评估结果

通过与小林的接触和问卷测试，心理教师发现其具有以下问题：

（1）对是否继续读高中存在焦虑情绪。

（2）对自己的未来发展规划比较迷茫。

（3）通过学科思维评价、学科兴趣倾向及一般推理能力的测量，发现小林属于文史型学生，其信息理解能力远优于实验基础、实验分析能力。

二、原因分析

小林第一次体验高中寄宿生活，适应不良，在学习方面已经很努力但是成绩还是不尽如人意，对此他有很大的压力。眼看着马上要选科分科，小林不知该何去何从，害怕自己选的科目再努力都没成效，不能达到理想的成绩，让父母和老师失望、同学笑话。而每次跟哥哥交流，哥哥总说："别怕，有哥在，大不了回家务农！"他想着如果选择回家，就不用面对排名倒数，不用参加高考，压力或许就没这么大了，但是每次这样想的时候又感觉愧对父母，所以十分苦恼。

其实，小林过分沉浸在小学、初中的优越感中，没有与过去告别。他没意识到其实高中学业的难度增大是必然的，高中学习的竞争较过去更激烈，并且高中的学习方法与过去大有不同，更需要静下心来深究，灵活变通，举一反三，并没有他想象中的那样轻松。

三、咨询目标

通过耐心倾听和沟通与小林达成共识，咨询教师制定如下咨询目标：

（1）缓解小林的不良情绪，给予其信心和希望。

（2）改变小林为逃避困难而盲目选择回家务农的不合理想法，帮助其树立正确的自我认知观，了解自己的兴趣、价值和能力。

（3）帮助小林确定合理的学习目标，科学地规划自己的生涯发展路线，从而正确地面对生涯抉择、合理择科。

四、咨询计划及过程

（一）第一阶段

此阶段主要改善小林的不良情绪，帮助其建立良好的信任关系，制定咨询目标。

在第一次咨询中，咨询教师引导小林释放焦虑情绪，合理宣泄，让他感觉到被鼓励、被关注，建立了良好的咨访关系。

1. 遇到问题

小林唉声叹气，低头不愿说话。（有点冷场）

2. 应对方法：评量提问

师：如果让你给自己的现状打分，1 ~ 10 分，1 分代表最糟糕，10 分是最理想、最开心，你对自己的现状打多少分？

学：2 分吧，至少我语文还是合格了，我感觉生物学科没那么难，老师说有希望合格。

师：那么我们接下来一起努力争取得 3 分，你愿意吗？你觉得可以从哪里最先尝试？

生：语文、生物吧。

（二）第二阶段

此阶段帮助小林明晰整个事件，引入生涯规划，帮助其建立正确的生涯观，正面看待自己的抉择。

在第二次咨询中，心理教师通过小林所画的鱼骨生命图，鼓励他阐明过去的积极事件，尝试让他找到自己既有的积极资源，改变小林为了逃避困难而盲目选择回家务农的不合理想法，理清思路。同时，通过学科思维评价、学科兴趣倾向及一般推理能力的测量，帮助小林明确他属于文史型学生，信息理解能力远优于实验基础、实验分析能力。本阶段咨询可以激发小林的自信和潜能，为他的生涯抉择开拓新思路。

小林的"鱼骨生命图"，见图4-2。

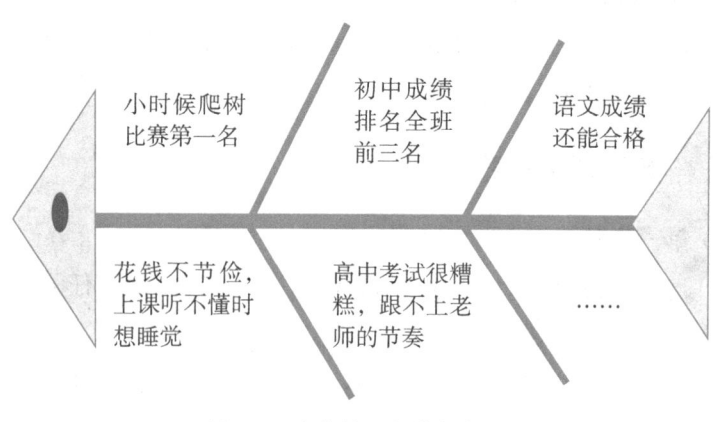

图 4-2　小林的"鱼骨生命图"

1. 遇到问题

小林看不到希望，对现实迷茫。

2. 应对方法："叙事疗法"

师：在你的鱼骨图里，有3件积极开心的事件，你能说说你是如何实现的吗？其中的情景和细节能否说一说？

生：我想这些事件的成功都离不开我的坚持吧，初中时成绩好，一是当时的老师盯得比较严，我能较好地专心学习，二是初中知识只是靠记忆，记住了就能拿到不错的分数。

师：很好，坚持曾是你的优良品质，现在能否把它激活起来发挥作用呢？要不试试？

生：想想过去心里舒坦了很多，我明白老师，你的意思是说不要那么快考虑回家务农，再坚持一下学业，对吧？

师：（点点头，继续给予小林信任的眼神）

（三）第三阶段

此阶段在积极沟通的基础上，帮助小林确定合理的学习期望，理性地制定自己的生涯发展路径，正确地面对生涯抉择，探讨未来与人生。

第三次咨询开始前，小林的状态明显好转了。

小林看到他的"鱼骨生命图"和学科思维评价、学科兴趣倾向及一般推理能力的测量结果，特别想听听我对他兴趣、价值和能力的建议和分析，于是我们聊到了小林今后的人生发展规划。发现他若选择历史、政治、生物学科，能够较好地推动自身学习活动的内部动机。文史型学生的思维优势可能体现在社会科学的相关学科上，而他的信息理解能力远优于实验基础、实验分析能力，因而建义他可以有效地规避物理、化学这些弱势科目，降低弱势科目的学习目标，增加优势学科的知识积累，这是近期的学习目标。然而，这只是一种选择可能，学科的抉择还得经过慎重的考虑。这次咨询结束后，小林表示要跟哥哥商量一下，并想上网搜索一下大学专业的信息，表示自己愿意尝试一下，这是他跨出的一大步。

在第四次咨询中，小林说自己在老师的帮助下调整了学习目标，主动尝试了新的学习方法，慢慢地找到了一点儿学习的节奏，生物成绩有了较大的提升，学习的自信心也找回来了。在与家长、老师的进一步沟通下，小林有了争取考上大学的决定，结合其家庭资源，其初步确定了要报考植物生产类、林业工程类等应用专业。

五、效果评估

经过一个月的辅导，小林调整了对自己生涯规划的认知，合理地设置了学科学习目标，减少了自身对高中适应不良和学科抉择问题上的焦虑和恐惧。他认识到，坚持是自己的潜能品质，这一优秀品质可以让很多问题迎刃而解，这是重要的一步。在生涯发展的抉择问题上，小林走出了迷途，变得更为冷静和理智，对自我有了更为清晰的认识。

六、个案反思

本个案还有待改进的地方：

（1）小林的家庭资源在辅导中还没有很好地结合、运用，小林是高中生，正处于青春期，内心情感比较细腻、丰富，在学习上遇到困难时会感到压力过大。若能得到有力的家庭情感支持、积极有效的亲子沟通，则辅导效果会更好。在本个案中，咨询教师后续可以加上与小林父母的接触和沟通，增强辅导效果。

（2）在咨询的过程中，小林还很在意他人对自己的期望和评价。他担心自己的成绩无法提升，会被别人看不起。他过分强调外在的评价机制将不利于其今后的职业生涯发展。因此，后期咨询教师要关注小林的人格发展，引导其进行积极的自我对话训练，提高其自我评价能力。

探索优势　赋能生涯

一、基本信息

（一）基本资料

小琴（化名），女，16周岁，高一年级学生，身高1.60米，瘦小，家中独女。性格比较敏感、内向。

（二）背景资料

小琴入读高中前的学习成绩都不错，在家里是一个乖巧听话的孩子，疫情期间习惯居家和上网课。在低风险时期为避免被感染，也常常家、校两点一线生活，很少外出活动。因为是独生女，所以家人对其照顾也是小心翼翼的，物质上尽量满足其需要，但不太重视在人际交往和情感沟通方面对其进行引导。小琴考上高中后，满心期待、胸有大志，本想积极发展自己，可万万没想到自己跟不上高中的节奏，无法适应寄宿生活，期中考试和模拟小测的结果都比预期的要糟糕得多，尤其是物理和化学的成绩在班级排名倒数一二，因此产生了厌学的想法。她很羡慕别人既参与社团活动、学生会工作，又能兼顾好学习。而自己面对成绩的大落差已无法接受，更不敢去参加学生活动。老师们都认为她是一个刻苦用功学习的学生，但她的学习方法比较呆板，不懂得知识迁移和灵活变通，同时胆小、缺乏社交。

（三）来访者主诉

很快要面临高一下学期的选科，小琴毫无头绪，成绩本来就差，压力也大，又不懂得交往，不适应寄宿生活，心里很是烦乱，有点想放弃高中学业外出打工。她本是家中乖乖女，想向父母证明自己能出人头地，能考取一所二线城市的大学，以后能有一份稳定体面的工作。但是她觉得现实对她的打击很大，她既想突破自己，但又缺乏生涯目标和动力，看不到希望。

（四）初步评估结果

通过与小琴的接触和问卷测试，发现其具有以下问题：

（1）对是否继续高中寄宿生活存在焦虑的负性情绪。

（2）缺少对社会的认知，对自己的未来发展规划比较迷茫。

（3）通过学科思维评价、学科兴趣倾向及一般推理能力的测量，发现她属于文史型学生，其信息理解能力远优于实验基础、实验分析能力。

二、原因分析

2020 年以来，小琴很少参加社会实践，加上因为第一次开始高中寄宿生活所以不能很好地适应，并且已经很努力但成绩还是不尽如人意而感到压力山大。平时羡慕其他同学参加社团活动，但自己不敢尝试。眼看着马上要选科分科，她不知该何去何从，害怕自己选的科目再努力都没成效，不能达到理想的成绩，让大家失望。她很想放弃，想着"大不了不读高中外出打工"，但其内心深知这只是表面的放松，感觉自己愧对父母，又苦恼于自我放弃。

其实小琴过分沉浸在小学、初中的优越感中，没有与过去告别，同时没意识到自己高中的适应不良是环境影响和长时间居家所致的，缺乏对外部的联结和认识。高中的学习方法与过去大不相同，需要静下心来探究、灵活变通、举一反三，并没有她想象中的那样轻松。同时人际交往、情感沟通也是成长的两大主题，能助力生涯发展。当她没有经过优势探索、缺乏积极赋能而无法看到自己的心理资本时，会让她在倍感压力的同时深陷迷茫。

三、咨询目标

通过耐心倾听和沟通与小琴达成共识，确定了如下咨询目标：

（1）缓解焦虑的不良情绪，增强其信心和希望，帮助小琴主动参与人际互动，创建与外部的联结，提高环境适应能力。

（2）改变小琴为逃避困难盲目选择外出打工的不合理想法，帮助她树立正确的自我认知观，探索优势和心理资本，了解自己的兴趣、价值和能力。

（3）帮助小琴确定合理的学习目标，并使其学会在社会实践中科学地规划自己的生涯发展路线，积极赋能，从而正确地面对生涯抉择、合理择科。

四、咨询计划及过程

（一）第一阶段

此阶段主要改善不良情绪，建立良好的信任关系，制定咨询目标。

在第一次咨询中心理教师引导小琴释放焦虑情绪，合理宣泄，让她感觉到被鼓励、被关注、被支持，建立了良好的信任关系。

1. 遇到问题

小琴唉声叹气，表明自己无法适应高中的寄宿生活，羡慕别人有丰富的社团活动，而自己不敢尝试。（有点冷场）

2. 应对方法：奇迹提问

师：假如此时墙上的挂钟正目睹了你的所有经历，并且看到了你成功适应了现在的环境，猜一猜，它可能看到了你的哪些具体变化？

学：主动与别人打招呼，为别人提供帮助吧，有来有往的，其实融入群体活动好像也不太难。

师：那么，我们接下来一起努力争取建立更多不太难的习惯，你觉得还可以从哪里先尝试呢？

生：（思考片刻）和老师您一样，爱笑的人可能也容易与他人打交道。

（二）第二阶段

此阶段帮助小琴明确事件的盲区，引入生涯规划，探索优势，帮助其建立正确的生涯观，正面看待自己的抉择。

在第二次咨询中，心理教师通过用 STAR（Situation Task Action Result）法来编写成就故事，鼓励她阐明过去的积极事件，帮助其探索优势，尝试找到其既有的积极资源，使其改变自己为了逃避困难而盲目选择外出打工的不合理想法，理清思路。同时，心理教师通过学科思维评价、学科兴趣倾向及一般推理能力的测量，帮助小琴明确她属于文史型学生，其信息理解能力远优于实验基础、实验分析能力。如此一来，心理教师刻意激发小琴的自信和潜能，为她的生涯抉择开拓新思路。

1. 遇到问题

小琴看不到希望，对现实迷茫。

2. 应对方法：用 STAR 法来编写成就故事

师：请写一个你的成就故事，内容包括具体的情景和细节，如当时的形势、面临的任务／目标、采取的行动／态度、取得的结果等，试着分析其中所反映的个人技能。

学生思考并书写。

成就故事

这学期，语文教学中曾有演讲和展示的培训内容，老师要求我们在学期当中必须自选题目并用PPT进行一次演示讲解。在此之前，我没有学过如何制作PPT。我请教过同宿舍的一个同学，大概20分钟的时间，她教给了我PowerPoint软件的基本使用方法，我又自己在学校的机房细细研究了一下，并向信息老师请教了几个不明白的问题。选定了主题后，我上网搜索了相关资源和图片，然后制作了10分钟展示的辅助教学PPT。在课堂讲解演示中，由于我的PPT制作精美、图文搭配得宜，我获得了96分的高分，并得到了老师和同学们的称赞。

师：很好，从这个故事里你发现了自己有哪些优良品质？现在能否把这些优势激活来发挥它们在其他场景中的作用呢？

生：想想在这个情景中，我最大的优势就是有"求助技能"，这些优势品质也可以坚持运用在学业上，对吧？

师：（点点头，继续给予信任的眼神）是的，你可以肯定自己的每一小步，多一些积累、多一些探索，把成就故事写成日记，逐渐地，自信心就建立起来了。

（三）第三阶段

本阶段，在积极探索的基础上，帮助小琴看到自己的心理资本，确定合理的学习期望，理性地规划自己的生涯发展路径，正确地面对生涯抉择，探讨未来与人生。

在第三次咨询开始前，小琴的状态明显好转。

1. 遇到问题

小琴虽看到优势，但缺乏与外界生活的联结，信心仍是不足。

生：（点点头，还是表示犹豫）这些对未来还能发挥哪些大作用呢？

2. 应对方法：表象训练法

师：你的优势资源就是你在未来就业生涯中的"心理资本"，它是可变的、可积累的、可培养的，尤其适用于当前复杂多变的环境，有利于我们学会适应。例如，激活你前面提及的"求助技能"，你便具备了"自信"资本，现在需要你继续开发潜能，运用想象，对自己的未来进行情境预设。

小琴按照心理教师的指导语，进行了充分地想象。她想到自己在 10 年后克服重重困难，在某个网站平台成为 UP 主，负责某个大型项目的宣传推广，并且负责培训及管理员工方面的工作，在平台小有名气，在网民中享受一定的声誉，父母也跟随自己在二线城市过上幸福、稳定的生活。想象过后，小琴显得很高兴，表示自己从来没有认真构思过自己未来的样子。通过表象训练，小琴对于自己的生涯规划有了一定的清晰认识，模糊的向往转变为有希望的方向。

师：（肯定小琴的表现）在这个想象的未来情景中，除了"自信"外，你还能看到自己的哪些心理资本呢？

学：希望、乐观、韧性……

小琴通过自己的"成就故事""心理资本"和学科思维评价、学科兴趣倾向及一般推理能力的测量结果，逐渐明确对未来的规划。她发现若选择历史、政治、地理学科，能够较好地推动自己学习的内部动机，自己更倾向于在社会科学、人文艺术上寻找兴趣和价值，如此一来，她可以有效规避自己的弱势科目，增加优势学科的知识积累，聚焦潜能，培养核心素养。

然而，这只是一种选择可能，学科的抉择还得经过慎重的考虑和社会实践。这次咨询结束后，心理教师给小琴布置了一个家庭作业，指导她做一个"简单的职业规划书"，让她上网搜索，明确作为一个网站平台的 UP 主，应该具备什么样的能力和素质，并分析目前她是否具备这种能力和素质。另外，心理教师让她找一些学生会宣传部的同学和文学社的同学咨询一下，她可以从哪些学生活动中锻炼自己。小琴表示自己愿意尝试一下，这是她跨出的一大步。

（四）第四阶段

在第四次咨询中，小琴带着已完成的职业规划书来了。她提及自己在老师的帮助下调整了学习目标，主动发挥"求助技能"，尝试新的学习方法，慢慢地找到了一点学习的节奏，政治、历史和地理成绩有了较大的提升，学习的自信心也找回来了。在与家长、老师的进一步沟通下，小琴有了考大学的决定，结合其家庭资源，其初步确定了要报考人文社科类、管理类等应用专业。

五、效果评估

经过两个月的辅导，小琴调整了对自己生涯规划的认知，合理地设置了学科学习目标，减少了自身对高中适应不良和学科抉择问题上的焦虑和恐惧。她认识到，求助、坚持等是自己的优势品质，培养心理资本可以让很多问题迎刃而解，这是关键的一步。在生涯发展的抉择问题上，她变得更为冷静和理智，对自我有了更为清晰的认知和抉择，她在课余时间主动参与学生会宣传部的活动，假期在做好防护的前提下还参加了市电视台组织的社会实践活动，其人际交往能力和社会适应力也得到很大提高。

六、个案反思

本个案还有待改进的地方：

（一）联动家庭资源，达成家校共育

小琴是高中生，正处于青春期，内心情感比较细腻、敏感，学习上遇到困难、生活上不适应会让她感到压力过大。此时在生涯教育中能得到家庭情感的支持、进行积极有效的亲子沟通，显得尤为重要。在本案中，心理教师后续可以加上与其父母的接触和沟通，促进辅导效果的巩固和发展。

（二）工欲善其事，必先利其器

生涯教育只有经过长期的探索、实践以及不懈的坚持才能成功。在咨询的过程中，心理教师鼓励小琴："当你不知道去哪里时，所有的风都是逆风；当你知道去向时，所有的人都会为你让路。"目的是强化其内在动力。因此，生涯教育是一个长期的跟踪教育过程，后期要关注小琴有没有动态变化的新目标，引导其持续进行探索优势、积累心理资本，并通过表象训练积极赋能，提高其实现生涯目标的驱动力。

第五篇

赋能学生

当你是一名高中生

假设你即将走进高中校园，成为一名高中生，在这里麦麦老师有话想对你说。

高中是历练心智的阶段，你会收获许多积极品质，如努力、耐力、动力、独立、韧劲、主动性、专注、思考力、探究力等。其中谈及努力，学习是主线，努力不一定会成功，但成功肯定离不开努力。高中学习生活很苦，但也很甜，那些苦尽甘来等待你来体验；你的独立、韧性、自信等也是从中一步一步累积而成的。以上的积极品质，远比你收获的分数要可贵，它将陪伴你的终生，成为你的精神食粮。请记住，高中考卷上的分数只是一个数字，它虽重要，但最终也只是冷冰冰的符号罢了，而其背后收获的积极品质才是你这活生生的个体可以炫耀的资本。

高中是收获资源的阶段，高中校园里有美景、有传说、有故事，它们值得你去一一探索，请将你的校园印入脑海，勾画出一幅心灵地图，必要时激活这些资源并按需提取。在高中，只要你主动、热情、真诚，便会认识一群能谈论海阔天空的同学、畅想未来的盟友、推心置腹的闺蜜、志同道合的知己。要知道大学的同学因彼此相仿的生涯选择将会是你在社会上的竞争对手，而高中同学未来将从事社会的各行各业，他们将是你宝贵的人脉资源。多年以后，你会意外发现当年老督促你交作业的同学成为你孩子的班主任，爱与你拌嘴的同学成为一名律师，在你旁边捣鼓小动物实验的同学成为一名医生。

人贵在自知，知不足而努力改正，唯有努力方不虚此行。愿你热爱高中生活里的每个人、每件事，全力以赴，而后满载而归！

莫说来日方长

有一位书法家，在回忆自己的成长经历时讲了一件事。小时候，他父亲让他跟一位老先生学书法，他用旧报纸练字多年，却始终没有多大长进。老先生对其父亲说："如果你让娃儿用最好的纸来写，可能会写得更好。"此后，他父亲就按照先生说的去做了。果然，他的字大有长进。追问原因，先生说："因为他用旧报纸写字的时候，总感觉是在打草稿，即使写得再不好也无所谓，换张纸就可以重写，所以不能全身心投入；倘若用最好的纸，他就会珍惜，用很端正的心态，专心致志地写，所以字也能写好。"

这位书法家说：多年后，回首自己走过的人生路程，确实有草稿上练字的那种心态，以至于许多愿望都没能实现。总以为来日方长，还有很多机会，老是以一种非介入的心态做事，把生活里的许多事情当成演习、当成准备，未能全身心参与，完全发挥不出自己的潜能，结果就放走了许多难得的机遇，白白浪费了许多人生的"好纸"。以至于要拿出结果的时候，却没有"好字"。

同学们入读高中自然是想要考个好大学，这本身是好想法、好动机！然而却有人错误地认为，高考是高三以后的事，感觉高一、高二为时尚早，先以"打草稿"的心态得过且过。如此一来，岂不是浪费了自己的高中"好纸"？因此有以下几点建议，希望能帮到大家。

1. 永远保持旺盛的求知欲

高中面对的是新学科、新知识、新角度、新难度、新思维，只有对学习达到痴迷的境界，才能将事情做到极致。

2. 永远坚持顽强的意志品质

牢记勤奋只够及格，拼命才会优秀。拿不出拼命的状态，优秀会越来越远。

3. 永远遵循科学的学习法则

方法重于投入时间，建议先预习后听课、先复习后做作业，一周一小结，两周一总结，高效学习不疲倦。

4. 永远不忘今日追梦之初心

若你中考有遗憾、有想法不服输，请不忘初心，与手机划清边界，三年如一日全心投入，排除干扰，待高考再试高低，完美实现梦想。

人生的路，好与不好都得自己走，珍惜当下的时光，走好脚下的路！莫说来日方长，想，全都是问题；干，才能出成绩！

阳光正好，微风不燥

我们何其有幸，生活在祖国繁荣昌盛的新时代，生活在如今越来越好的高中的校园环境中。

许多高中学校的教育教学设备应有尽有，除了基础教室外，还有图书馆、实验楼、运动场、体育馆、艺术馆，甚至有大量多功能活动室和工作坊，如社团拓展室、木工室、微课微电影室、电子创客室等，这些都是符合高中生个性化发展的硬件设施，充满了现代气息。学子们可以活跃在高中个性化生活规划课程中，最大限度地吸收知识养分。

个别有条件的校园还会圈养小动物，如金锦鲤、戏水鸭、狮头鹅、功夫龟等，它们可爱的姿态恰好展现了校园的活力，陪伴着学子们一同彰显强大的生命力。阳光正好，微风不燥，要珍惜美好的校园生活，不浪费青春好时光。

我还想提醒你善待校园里的各种事物，无论你喜欢还是讨厌，抑或它带来的是美好还是遗憾，它都有存在的意义，对你的成长都是助力。只要你愿意，它们都可以是你安放心灵的选择，也可以是你寻找能量的加油站。

例如，当你学习烦闷时，可以按下暂停键，暂时离开座位，与花儿谈谈情、与动物们说说爱，也可以在运动场里宣泄一下，或是去校道最热闹的地段高歌一曲，或是夜间走在升旗台处仰望星空，待你放空心灵后再重回教室脚踏实地、奋起直追。多年以后，你将会怀念这些高中奋斗的日子，正是它们赐予你无穷的力量。

校园美景，尽收眼底，全因你的感官而汇集。

一动一静，阴阳平衡，生生不息，和谐洋溢。

目标就是正能量

每个人都有自己的梦想，这是支持我们持续奋斗的力量。青春，是奋斗出来的，而目标就是青春的正能量，代表着一个人的志向。任何一个有坚强心志的人都是目标明确的专家。

《银河补习班》中说，人生就像射箭，梦想就像箭靶子，连箭靶子都找不到在哪儿，你每天拉弓有什么用。青年人应该清醒，不要在梦想和幻想中混淆不清，从现实入手设定目标，量力而行。我们都有美好的期待，但说到和做到，隔着一条鸿沟，它考验着我们每个人。如果你想要在高考季摘到长在高处的果实，就必须先在地上架好牢靠的梯子，梯子再高，也永远脱离不了大地，并且踏梯的过程必须一步一步踏稳。而高中三年每一年有每一年的具体目标，都要一一落实在行动上，否则，我们就会面临被摔在地上的危险。

因此，你要放弃那些大而空的目标，努力成为一名既能仰望星空，又能脚踏实地的高中生。

达成目标有12个步骤：①写下你热切且明确的愿望，作为自己的目标；②目标必须是可以被相信的，可以达成的（若答案是否定的，则重新设定目标）；③评估你的目标（是否具体、清晰、明确）；④明确你为什么要达成这个目标（写下你的理由，写得越多，理由越充分）；⑤分析你当前的位置（你整装待发的起始点在哪里？）；⑥设定一个时间期限（含总目标期限、子目标期限）；⑦确认你要克服的障碍（按重要性优先排序）；⑧确认你所需要的知识（你需要去学习什么知识以完成该目标？你如何获取你所需要的知识？）；⑨确认你需要哪些人的帮助（你需要哪些人、团体或机构来协助你完成目标）；⑩制订一个计划（包括若干子计划，优先顺序、活动事件和需要时间）；⑪视觉化与情绪化（每一步计划的实现都能获得可视化的肯定，并且保持愉悦的情绪去继续坚持）。

　　抗日民族英雄、爱国将领吉鸿昌说："路是脚踏出来的，历史是人写出来的。人的每一步行动都是在书写自己的历史。"请为"自己的历史"设定一个目标吧，每一步都会有每一步的惊喜！

学习是永恒的联动

亲爱的同学们，学习是一生的事情，其成功需要毅力和持之以恒，未来做事也是如此。有些人三分钟热度，和长辈、老师谈话后积极性被调动了，于是学习了三天，然后遇到烦心事又放弃了，不能坚持下去，未来就无法成功。所有成功人士，皆有一个显著特点——拥有永恒的毅力，做任何事情都能持之以恒。请不要在别人的要求下，被动、不情愿地学习，这样对你毫无意义。把"要我学"转为"我要学"，激发自主学习和发展的内在动力，发挥好积极联动的情感效应。

要知道，每个人的潜力都是无限的，你能作茧自缚，就能破茧成蝶。在学习道路上，当你的内在力量还没被充分点燃时，可以先借助外力来升温。你在高中所建立的人脉，主线是同伴，辅道是老师，他们与你串起永恒的联动，搭建成长的桥梁，共享资源、互相借鉴、学习和交流，不断探索、反思和改进，这是我们一直鼓励的事。师生之间、生生共同努力、携手前行。

还有两点想告诫大家：一是在变迁中学习。偶发事件不是意外，而是正常且不可避免的，是每个人生涯发展中的一部分。如今社会高速变化，要求培养综合应用型人才，我们在学习上遇到难题时要敢于转变、勇于创新，精准发力。二是在机会中学习。我们不能静待幸运的发生，而是要给自己创造幸运的机会。在校园推广新活动、新方案时，如模拟招聘会、联合国辩论赛等，我们应大胆参加，多接触他人，多拓展阅历。我们要想成功，就要让学习永恒地联动。

麦麦老师在一天之中最喜欢早晨，因为可以和过去说再见。分享一个好习惯：每天早晨闹钟响起时，我会告诉自己"真好，我还活着！我今天该继续学习！"

从读书谈改变

改变，从自己开始，从读书开始，要自己行动才叫行动。

每个人总有自己的烦心事，如学习能力不佳、社交关系不畅、与父母沟通不顺、未来何去何从方向迷茫等，那么该如何觉醒自我、改变自己呢？听好了，你不可能等待别人的变化，自己行动才叫行动。去好好读书，用书本的厚度去垫高自己的人生。

《人民日报》上曾有一篇文章《为什么要多读书？》，文中分享了要读书的8个理由，这是我听过的最好的答案：

（1）脚步丈量不到的地方，文字可以。

（2）读书的意义是使人虚心，较通达，不固执，不偏执。

（3）书中未必有黄金屋，但一定有更好的自己。

（4）读书让你哪怕深陷泥泞，也依然可以仰望星空。

（5）书或许不能解决眼下的难题，但它会给你冲破困难的力量。

（6）读书，就是让自己变得辽阔的过程。

（7）当你爱上读书，独处就成为一个人的狂欢。

（8）别抱怨读书的苦，那是你去看世界的路。

可见，读书除了培养我们的阅读力、理解力、思维力以及对提高学习成绩有显性效果外，还可以让我们学习到故事人物的思维方式、处事方式，每本书中的观点都向我们呈现了一个立体的世界。生活里没有阅读，就好像没有阳光；智慧里没有阅读，就好像鸟儿没有翅膀。特别是居家期间，我们时常宅在家里，有了更多读书的时光。与爱读书的人聊天，你可以清晰地感受到自己从表层的学习中慢慢地追求和提升，有了对更广阔的世界的渴望，有了自己的理想，且有了想要努力达成的目标。这才是人生最宝贵的财富。多给自己时间，用心去阅读、去改变自己吧，它能支撑我们的人生路，使之更坚实、更丰盈。

人就是这样，想来想去，犹豫来犹豫去觉得自己没有准备好，勇气没攒够，其实只要迈出去了那一步，你就会发现所有的一切早就准备好了。同学们，老师还建议你们参加读书沙龙会，从共读活动中获得领悟，探索成长的最新空间。

多读书，读好书，与同学们共勉。

别忘了别人还在奔跑

比你优秀的人比你还努力，你有什么资格不去奋斗。

努力了不一定会成功，但成功从来离不开努力。成功者不是从不失败，而是从不放弃。当你停下来休息时，别忘了别人还在奔跑。没有人会嘲笑一个全力以赴的人。

个别同学喜欢隐藏自己努力的样子，在人前塑造一个在学习上无须多付出便可得到高回报的形象，以此来证明自己是聪明的、有才华的。麦麦老师认为这种做法有点傻，我们要提防被这种假象欺骗。学习从来就是光明正大的事，刻苦用功无须遮掩，远离那些阻碍你学习的人与事，多与助力的资源扎堆靠拢，你应抓住一切奔跑的时机，来实现自己更为优越的进阶。

"学海无涯""学无止境"之类的成语，既可以用来劝诫人时刻虚心学习，注意戒骄戒躁，又可以用来警戒人学习要有度，避免陷入过度焦虑中。那么，怎样才能找到自己的平衡点呢？我们越是学习，就越觉得自己无知；我们看到的世界越大，就越觉得自己渺小；我们见的世面越多，就越觉得自己平凡。学习到的知识越多，向外界拓展愈广，对自我的认识就愈清晰，摒弃那些源自浅薄和偏狭的自大和自卑，多借助外在支持和内在自省，不断学习、不断成长。

今天的努力就是明天的实力。学习不是让自己从不完美走向完美，不是让自己从不足够走向足够，而是让自己在今天已有的基础上，证明自己可以跳出厌恶的圈子，在祝福与美愿中走向更好的明天。当你过上更好的生活、给家人带去幸福时，一定要感谢每一天努力的自己，感谢每一天奔跑的自己。

你未来的模样，藏在你现在的努力里。

蜗牛也能爬上塔顶

曾有人说，世界上只有两种动物能到达金字塔塔顶，一种是老鹰，另一种是蜗牛。老鹰天生就拥有凌驾于别人之上的本领，翅膀就是它的助力；而蜗牛天资不足，行动迟缓，若想站在金字塔塔顶俯瞰众生就只能一步一步地爬，稳扎稳打，拥有常人所不能有的执着与坚持。

人生的每一步都是"困难模式"，尤其是高中时代的学习历程中有很多前所未有的困难。过去你可能是小学、初中学校的佼佼者，但来到高中后，发现山外有山，你的优越位置可能被替代。或许你因适应稍慢而导致学习滑坡，这时你可想象自己是一只努力不懈的蜗牛，不怕苦不怕累，终将也能攀登至塔顶。

以学习为例，高中学科内容多，学习难度大，教师的教学方式百花齐放，要一下子适应谈何容易。过去想考出好成绩大多只需要记忆技能，但高中学习还需要拥有举一反三、归纳演练、灵活变通、综合迁移等能力，想要学好高中各科就需要主动地把新旧知识串联起来，构建自己的整体思维脑图，还要有社会素养。在同一群体里，有些同学自律性强，而有些同学时间管理能力弱，自我管理能力有待提高，因此学生的学习效果存在差异是正常现象。然而，学习贵在每天的积累，对于同一个知识的掌握，有人像老鹰需要重复 2 ~ 3 次，有人则像蜗牛要重复 10 ~ 15 次，每个人不一样，不必在意他人的速度，专注、把握好自己的节奏即可。例如，每天将自己与自己比较，今天的我比昨天的我多记了 30 个单词，今天的我比昨天的我在运算上少出错了 2 次，今天的我比昨天的我彻底弄懂了某个公式的应用……学习路上尽管走得慢，但我始终在前行。

心有骄阳，行而不辍。哪怕是做一只蜗牛，只要踏实前行不放弃，你的前方也是塔顶。

慢下来

麦麦老师时常会接待这样的高中生，他们认为高中的日常生活周而复始，"几乎没有变化""毫无价值意义"。而麦麦老师的工作就是陪伴一个个普通的高中生面对自己，从"几乎没有变化"的日常中发掘价值，看到有意义的事物。

麦麦老师始终坚定一种信念：不是只有惊天动地的生活才值得一过，有些价值就蕴含在普通而枯燥的周而复始中，每一个瞬间都有其存在的意义。你所付出的努力可能很微小，却让事情往好的一面多靠拢了一些，这就是你的价值。它的变化可能也很微小，却让世界变得更美好，这就是它的价值。价值不在于其本身，而在于你看待价值的心。转变看待价值的角度，便能够发现价值。

价值很少是一蹴而就的。你奋发图强了一段时间后，所学习的知识不可能立竿见影地体现在下一次考试中，但你所学的知识终归不会浪费，其量变积累会引起质变飞跃，学习是厚积薄发的。以麦麦老师给学生上课为例，为呈现台上的 40 分钟内容，我通常要辛辛苦苦在台下"充电"备课 7 ~ 8 小时，换来的结果可能是学生"听完跟没听一样"。但过了一段时间，这些反馈没有长进的学生，又会在行为举止中显示出改变，如更好地与同伴相处、懂得调整自己的情绪、有效地规划自己的时间等。原来课堂知识早已偷偷地储存在他们的身体里，日常课堂中的每一个时刻都在为他们赋能，待时机成熟时便能激发启用，助力成长。

慢下来，观察此时此刻，一切都在长进中。那些日积月累的努力，会慢慢转化为你的能力。

请给时间一点时间

虽说时间平凡无奇地存在，不可逆转，无法捕捉，但时间却是一个强大的武器，能帮助你适应发展变化，抚平伤痛，修补玻璃心，也能成为你的宝贵财富。生活为了磨炼我们，总会给我们设置许多的惊喜，有时也会是惊吓……但只要我们在正确的方向上努力，相信最终我们收获的一定是惊喜！

智者常言：得意时淡然，失意时坦然。任何人的成功都不是一蹴而就的，每一阶段的成功都离不开日积月累的努力。不骄不躁，耐心努力，保持对新事物的好奇，就是行进在成为更好自己的路上。慢下来，当你已全力以赴去改变时，请将问题交给时间，让时间去逐一见证，生活终将为你备好所有的答案。

你还可利用时间去欣赏他人，去帮助他人。多花一点儿时间与70岁以上和6岁以下的人相处，找寻人生各个阶段的长与短，在他人需要时伸出援手。生活就是一场治愈，它在治愈别人的同时也在治愈你，你需要扫清眼前的迷茫，让自己活得更通透。

每晚临睡前不妨自我设问以下话题：

回望一年前的自己，如何看自己，你想说什么？

对一年后的自己，你最大的期待是什么，你会在哪些方面有变化？

站在五年后的位置，今天你所难过的事情还重要吗？

下一个五年，你会在哪里？你更在意的是什么？

有思索，便有洞见……

时间几乎可解决任何事情，当你尝尽其他方法无果时，请给时间一点时间吧！

自律和专注

作为高中生，在当下社会内卷的大环境下，你永远不知道自己哪一刻会被卷入焦虑、消极的漩涡中，要想收获高质量的学习不是一件容易的事情。这里麦麦老师向你分享两个法宝：自律和专注。

所谓自律，是以积极而主动的态度解决人生问题的重要原则。北京冬奥会获两金一银的运动员谷爱凌，在接受记者采访的时候说的一番话可以给我们一些启示。她说："我永远是第一个到练习场地，最后一个走。"问题来了，有同学会说，自己也想像谷爱凌一样，每天第一个到教室，最后一个离开教室，但坚持两三天后，就发现自己坚持不下去了。自律就是一个长期累积的过程，该如何积极、主动地坚持下去呢？

曾有一个网络故事《只追前一名》，讲述的是一个小女孩每次体育课跑步都是最后一名，她为此很苦恼，害怕上体育课，妈妈知道以后，安慰她，并给她出了一个主意，就是让她每次跑步的时候给自己设定一个目标——追上前一名。小女孩听从了妈妈的建议，每次跑步就奋力追赶在她前面的那名同学。结果她从倒数第一名，到倒数第二、第三、第四……一个学期还没结束，她的跑步成绩已到中游水平，而且也慢慢喜欢上了体育课。后来，小女孩把这种"只追前一名"的理念迁移到自己的学习中，一点点地积累，最终被世界名校哈佛大学录取。大家不妨试一试小女孩这种用"只追前一名"的理念让自己坚持下来的做法，一定会有意想不到的收获。

谈及专注，许多人会感觉有很大的压力，但其实你不用强迫自己做到长时间的专注。回忆你过往的生活，肯定会有专注的经历。例如，画一幅画、磕一包瓜子、煮一碗面等，它能换来你心情感觉的平复，帮助你，使你有效应对消极，被"心流"疗愈和滋养。所谓心流，指的是当你全情投入热爱的事物时，流淌在内心的能量。人一旦有了心流，便能沉浸在当前的事情中，感觉时间过得飞快，结束后还会感到满足、愉悦、幸福，甚至是酣畅淋漓。它能滋养我们的生活，能帮我们逃离"思维的苦役"。

因此，当我们感觉不在状态、特别消极、提不起劲时，不妨用专注来启动心流。正如当汽车无法前进时，我们需要先给它一个推动力然后再启动马达，汽车才能彻底动起来。所以，当我们有负性情绪时，可以问问自己现在至少可以做什么？从尝试坚持 2 分钟开始；当不知道如何写作文时，从先写两行字开始；当不知道如何背诵段落时，从打开书大声朗读开始；当不知道如何坚持运动时，从穿上运动鞋走下楼开始。自律的秘诀就是要先动起来，然后专注地去做。之后，你需要朝着自己的目标前进，不断努力。

负性即是正向

负性自动思维人人皆有。每个人都会经历无力、生气、烦闷、焦虑、悲伤、悔恨等，一旦上述状况出现时，你应该先想想自己受到哪些想法左右了，以及它们属于哪一种思维类型。觉察是改变的第一步，有时你会先气上心头，事后又懊悔，懊悔自己学了这么久却还是控制不住自己的愤怒情绪。不用着急，这本来就是需要用一生学习的功课。从某种程度上说，你能觉察自己的负性情绪，就已经达到成功治愈的一半了。

转换角度，懂得负性即是正向，能帮助你觉醒、止损，能帮助你从正向角度回看事件、回看经历，总结得失。有时你暂时不能从负性情绪中抽离出来，这也不用担忧，因为它的出现是本能反应、是自我防御罢了。当你平复、觉察后，你会更懂得保护自己，避免让自己受伤，从而变得更有耐心、更细心、更机智，毕竟吃一堑长一智。正如海明威说："生活总是让我们遍体鳞伤，但到后来，那些受伤的地方一定会变成我们最强壮的地方。"由此可见，每件事到最后一定会变成一件好事，如果没有，说明它还没到最后。

幸福是一点一点积累的，正向的情绪也是如此。你看待事物的正向思维越多，积累的幸福感就会越来越多。人生也是一天一天经营出来的，不要整天焦虑、烦恼，保持愉悦的心情面对一切挑战才是最重要的。进入高中，你需要做好全程爬坡的准备，用尽全力去奋斗；累了就睡觉，醒了就微笑，不盲目与他人攀比，但是可以自己与自己比，比如，自己今天的幸福感比昨天增加了一些。就算你偶尔有负性情绪，曲线滑坡了一下，也属正常现象。谚语说，人在世上练，刀在石上磨。负性情绪本就是我们生活中的一部分，我们不应该纠结，也不应该逃避，而应该勇敢面对它。

接纳负性，用最坏的打算去做最好的准备，用正向的姿态去迎接崭新的每一天。

化烦恼为快乐

不少人误认为情绪产生的原因是诱发事件本身，他们觉得如果别人经历了经历他的事情，会产生与他相同的情绪。但情绪 ABC 理论的创始者埃利斯表明：人们产生负面情绪的原因在于他们自身的不合理信念。由此我们可知，烦恼或快乐皆源于自身的信念，所有的情绪行为结果 C 都由你对诱发事件 A 的认知、思维、信念 B 所决定，也就是说"态度决定了一切"，可见信念对情绪具有强大的影响力。情绪是由对事情的看法引起的，不同的人对同样的事情的不同看法引起不同的情绪，同一个人对于同一件事情的不同看法引起不同的情绪。情绪是可以改变的，因此我们可以通过换个态度、换个想法来调节自己的情绪。

聪明的你应该习得自主寻回快乐的能力，掌握改变信念的简单方法，即换一种想法，快乐自然来。例如，步入考场前，你感觉"自己糟糕透顶了，考试可能也会失利"，然而你可以转换想法，想自己"考前已把坏运气用完了，考场上必定否极泰来"。当你感受到改变信念之后"焕然一新"的心情时，就能获得对人生的掌控感，获得积极的情绪体验。

以下分享几点创造快乐的方法：

（1）每天面带微笑行走 10 ~ 30 分钟。

（2）每天至少让 3 个人微笑。

（3）多多微笑和大笑将会使你活力四射。

（4）多花一点儿时间与 70 岁以上和 6 岁以下的人相处。

（5）早上醒来后，对自己说"我今天的目标是……"；每晚睡前自省，如"我要感谢……""我今天完成了……"。

（6）丢掉所有没有用、不美丽或令你不愉悦的东西。

（7）相信无论情况是好是坏，它都会有所变化；不管心情如何，都要站起来，打扮整齐，出去见人。

（8）不要过分执着于别人对你的看法，凡事宽恕，对人容忍；也不要对自己有太苛刻的要求。

（9）你无须赢得每一回争论，要有认同异议的雅量。

（10）以平静的心情面对过去，尽量善用时间并享受人生的乐趣。

最后，借用李开复《世界因你不同》中的一句话："不指望世界会因我而改变，但愿我身边的人会因我而快乐和幸福。"

理性或感性

人无完人，过多的理性会让人失去柔情，过多的感性则会让人失去原则。学会将两者拿捏得当，需要时间的历练。

每个人的个性都有感性和理性的两面，当我们完全沉浸在音乐世界时，感性占主导，如诗人、作家、艺术家这些角色在寻找灵感时依靠感性思维。但我们在生活中权衡某事时，便是理性思维占主导。感性是通过个人的感受判断事情，它能触动我们的心底，让我们更能全身心以及不顾后果地去完成一件事情。理性是经过大脑各种计算，考虑到各类情况，权衡了所有利弊才决定做某些事。因此，感性与理性是阴阳两极，两者各有优缺点。曾有人提出，感性追求的是理想世界中的美丑，理性更关注现实世界中的得失。

同学们，你在生活中大多时候是感性人，还是理性人？其实，每个人都是感性和理性并存的矛盾综合体。

其一，社会赋予人们的社会角色要求离不开社会规范、伦理道德、价值观念等，于是在公众场合里，多数人喜欢以"超我"的"理性"面具登场。

其二，感性是遵从"本我"的情感，而情感最容易受外界影响；理性则需要思考，是和"自我"对话，不容易被外界影响。但人类大脑的本性是偷懒享乐，所以多数人会选择较为轻松的"感性"思维方式。

其三，人在感性时的感受不容易被他人共情，即感性思考得到的结果在传递过程中被打了折扣，甚至会被人贴上多愁善感的标签；而理性思考的结果是可以用逻辑关系来有条有理地说服别人的，所以大众对理性思考的认可度是大于感性的。

就像现在我并不喜欢某个学科，但是出于理性的权衡考虑，我必须去努力克服自己的不喜欢，因为一切都是为了最后的高考梦想（感性的梦想），所以我觉得这种努力很值。

感性和理性共同左右着我们，处事需三思，平衡为最优。

请允许别人与你不一样

正如世上没有两片相同的叶子，固然也没有相同的人。每个人的性格、成长背景都是与众不同的，人们对过往生活事件的理解和处理方式，影响着其后天的说话方式和行为习惯等。每个人都有自己的活法，都有不同的生活方式、兴趣爱好，面对那些自己不能理解的人或事，要以宽容、接纳的心态去应对。

因此在成人眼中，任何群体的矛盾都是在所难免的。高中生的成熟，就是开始允许别人与你不一样，并且不会随随便便评论别人。有时，彼此看不顺眼，未必是对方的错，站在各自立场上总能找到各自的充分理由。差异是合理存在的，因为你可能永远无法理解对方，正如古人有云："子非鱼，安知鱼之乐？"

当别人滔滔不绝地说着你不赞同的话题或内容时，请你平静、亲和地回应一句，"是的，你的想法很特别""哦，原来你是这样想的！""嗯嗯，你的想法是存在的。""我在倾听，请你继续"等。此时的你不必表态，但可以证明你是尊重对方的。我能接纳，并不代表我赞同。注意，不要用"你真怪！你怎么会这样想？你也太奇葩了吧！我才不会是你！"否则容易引起不必要的矛盾，莫名地拉开彼此心里的距离。

我曾遇到一个很特别的学生，每次遇到我巡查教室时，他总会调侃我一句"老师，你借到笔了吗？"然后引得全班哄堂大笑，班里的同学都说他是个怪人，"这个梗，他一直过不去"。关于笔的故事我早已记不清了，但他总是揪着不放。

麦麦老师提醒你，为人处事，需要说话不偏不倚，站位中立，认可他人与自己不一样，求同存异。请记住，人与人之间的差异是必然的，我们都是独特的个体！接纳差异，是一种胸怀、一种大度、一种品质。交流中，倘若你心中有误解、有疑虑，请去多读书、多见识，你会发现世事有多面、人有多角色，只有和而不同，才能革新向前。在学习上，我们要习于思考、交流碰撞，通过合作、自主和探究的三路径与身边的人和谐共处；在生活上，我们要善于互动，多进行头脑风暴，通过体验、分享和联结的三形式实现共生共长。

和而不同，美美与共。

自信地说出内心的需求

内在需求，值得被听见。需求众多，人人不一，有些不言而喻，有些则需要勇敢表达。一个人倘若不敢表达自己的感受，往往也不会关注对方的感受，最后则不了了之。久而久之，不仅自己内心的痛苦得不到缓解，甚至会让双方的关系变淡，最后造成疏远。因此，自信地说出内心的需求，是合理且正常的。

通过自信的表达，把自己的想法讲给别人听，能更好地认识自己，帮助我们做好内在明确和外在探索，最大限度地尊重自己内在的声音。

通过自信的表达，我们还能关注需求之外更深的情绪，能更好地觉察自己的真实情绪，恰当宣泄心中的郁闷和愤怒，消除胆怯，战胜胆怯，降低人际焦虑，更好地保护自己。

此外，自信的表达，是良好沟通的基础，能提升自己与他人沟通的应对适应能力。

真正地把自信地说出内心的需求内化于心，使自己不用自我提醒也能主动表达自己的想法，假以时日，你就能关注自我成长，如总结自己对重大生活事件的态度、分析自我未尽事宜、完善自我概念等；能不断增进自己的技能、兴趣和价值等，学会表达，从过往经验中寻找生活的意义；还能够在适应高中校园和变迁的社会中，创造更加幸福美好的生活。

自信是需要时间积淀的，请你自信地说出内心的需求并坚持下去，一段时间后，自信就会变成你的内在习惯，直到有一天你变得真正自信。

不唱人群中的独角戏

成长需要有面对孤独的勇气，但有些同学过分迷恋孤独沉浸在孤独中，喜欢独来独往、张扬个性，竟不知个性越突出，越是会显出与同学之间的差异。高中生离不开群体生活，你要知轻重、懂分寸，谨记自己是其中一员，不要本末倒置。

推荐你巧用心理学中的接触效应帮助自己融入群体。接触效应是指人对越熟悉的东西越容易产生喜欢的现象。

在现实生活中，有些同学善于制造彼此接触的机会，从而提高彼此间的熟悉度，使彼此产生更强的吸引力。比如，邀请你一起去图书馆，主动借给你洗衣粉，帮助你收发作业本等，通过一来一往的行为关系也就建立了。我们在新认识同学时，可能会遇见相貌不佳、气味独特的人，最初我们可能会觉得这个人难看、怪异，可是在多次打交道之后，就会慢慢习惯他的长相、接纳他的气味，逐渐就不觉得他难看了，甚至会欣赏他在某些方面的魅力，这样你们彼此的磁场就相通了。

高中生活丰富多彩，无论是班级、宿舍，还是学生会、各大社团里，每天都有交集活动，群体中每个人都包含着丰富的信息。我们要打开信息，了解彼此，当对方的内在需求得到满足时，就能彼此靠拢，找到彼此的物质和同质，拉近心理距离，从而建立更多的人际联结。

良好的关系是双向的，因此，千万不要自我封闭，要走出去展示自己，与人多接触、多交流。通过集体活动，真实地展现自己，融入大家，不要独自站在一边，要多倾听、多互补，把独角戏变为群体心理剧。

没有太阳还有群星

　　泰戈尔在《飞鸟集》中写道："如果你因失去了太阳而流泪，那么你也将失去群星了。"这句话看似朴实，实则富含哲理。泰戈尔将太阳和群星比喻为人生的各种机遇或想得到的事物，指出世间万物失与得的关联，提醒我们失去可以是拥有的新希望，痛苦可以是快乐的新桥梁。我们不能一味垂首沉浸于已失去的东西，不能只顾着眼前的伤感而忽视了身旁的其他风景和事物，正如面对白纸黑点图例，很多人因为小黑点的存在而忽视了白纸的绝对占比，因小失大，得不偿失。

　　换一种表达，即世间万物皆有缘法，莫强求。比如，入学时同一个班级的小伙伴，也会在三年内经历多次分班、分宿舍的变化，不论你在乎或不在乎，环境总在变化。人生亦如同乘坐公交车，每个站点都会遇到不同的乘客，在某一段旅程中你会因缘与不同性格的人捆绑做伴，但下一个站点又将会出现新乘客、新伙伴。对于友谊、爱情等亲密关系，有时不用太较真，不要沉沦于过往，没有太阳，还有群星。直白一点说，关系就是相互取暖、相互滋养、各取所需罢了，尽管你在上一段关系中有遗憾、有挫伤，也绝不妨碍你开启下一段关系。

　　每个人，可想象自己是一个同心圆的圆心，不同亲疏关系的人物分别组成了你的若干内外圈，你要知道这些人所在的圈层位置不是固化的，而是可随时变动的。有时你会因一次冲突事件把某位内圈层的伙伴迁至外圈层，有时你又会因一次美好经历将某位中圈层的伙伴移入你的最内圈层，于是又会建立起新的内外圈距离。你的内外圈人物变动是常态，当内圈层的太阳移走时，你还有中圈层的群星。因此，麦麦老师建议你在空闲时不妨常联络中圈层的小伙伴，毕竟情感需要互动和联结。电话线虽冰凉隐形，但人心却温暖互通。有时情感通了，便能一通百通。

　　愿每位同学都能被群星善待，活出精彩的人生！

漫谈爱情

在高中校园里，你或许会留意个别异性亲密结伴的身影，你会情不自禁地关注他们。若刚好其中一方是你认识的同学，那么关于他们的流言蜚语会迅速飘入你的耳朵。于是你或许备感孤独，或许陷入沉思。

不少高中生会把喜欢和爱画上等号，两者虽然都是双向的，但内涵却截然不同，于是麦麦老师想与你谈谈爱情。爱情是两个人相亲相爱，爱情是两个人幸福浪漫，爱情是两个人专一且排他，爱情是人与人之间的强烈依恋、亲近和向往。爱情是甜蜜的吗？不总是，其中也有苦痛，没有苦何以体会到甜呢？如果爱一个人，就要包容对方的小脾气；如果爱一个人，就要付出，让对方快乐和幸福；如果爱一个人，就要原谅对方的过去，乃至一切；如果爱一个人，就要体谅对方的任性、小气；如果爱一个人，就要接纳对方家庭的种种，爱屋及乌。所以，喜欢只是欣赏对方最好的一面；而爱则是明知对方有最差、最糟糕、最潦倒的一面，却依然爱得义无反顾。

高中生进入青春期，因为荷尔蒙被异性吸引在所难免，其往往会无限放大对方的光环。但这与真正的爱情不在同一轨道上，大多数高中生的爱情是轰轰烈烈地开始的，当激情消退之后，因为缺少足够的亲密和承诺，加之这段关系难以见光，并且面临家长和教师等压力，它留下更多的可能是伤害。更严重的是，有人因坠入爱情后朋友圈变得狭窄了，自身的人际交往也遇到了问题，学习成绩也因情绪的波动而大打折扣。高中时段的学业和友谊尤为宝贵，为了爱情放弃了友情、疏忽了学习是很不值当的。

爱情是一段成熟且亲密的关系，它不以数量为目的，是可遇不可求的，是值得等待的。请把最好的你留给值得的人。今后，一定会有那么一个人，他能看穿你的逞强，保护你的脆弱，在你需要的时候，出现在你身旁……如若值得的那个"他"尚未出现，说明你还可以更强大、更优秀。

先努力成为最好的自己，不要刻意去追一匹马，用追马的时间种草，待到春暖花开时，会有一群骏马为你而来。

善待自己，为青春负责

有位学者说过，我们对几亿光年之远的某些星球了如指掌，却对腹部以下的身体结构茫然不知或耻于了解。性知识也是一门科学知识，同学们对其了解多少呢？了解科学的性知识，不仅是善待自己的身体，更重要的是为自己的青春负责。

在电影《早熟》中，一对高中生偷吃禁果导致意外怀孕，双方陷入极度苦恼中却无法解决问题。有一种 100% 不会怀孕的方法就是不发生性行为。面对别人提出性要求，说"NO"是最好的方法。有同学可能会说，有时候确实很喜欢对方，不知道如何拒绝对方的要求，难以启齿。

这里提供一些最能让人接受的拒绝话语供参考。例如，"等我们都有能力承担后果的时候再说吧""如果你爱我，就不要这么早伤害我""我家人会跟我断绝关系的，这样做不对""爱我就请尊重我，尊重我把第一次留在新婚夜……"拒绝他人时语气要坚定、大方，态度要坚决，要选择合适的表达方式，尊重对方。最根本的一点是，我们应该学会等待，学会保护自己。

性爱需要合适的身份、合适的时间、合适的地点和合适的人。倘若选择不当，对男方和女方都造成较大的心理创伤。将来有一天，你想与你的爱人发生亲密关系时，请自问以下四个问题，若有任一点回答"NO"，那就说明时机尚未成熟。

（1）我爱自己吗？我们相爱吗？

（2）我们相互尊重吗？

（3）我们可以谈论避孕和预防性病的知识吗？

（4）除了性以外，我们可以分享其他事情吗？

人生是一个不断犯错，并不断改正错误的过程。诚然，我们生命当中绝大部分的错误是可以被原谅的，但有一些错误却会让自己终生遗憾。

麦麦老师希望大家能珍惜青春、爱惜身体，为自己和别人的青春负责。让青春美丽，让生命无憾！

假如生命是河流

河流的原动力包括自重力、水源多少和地势落差等。假如我们的生命就是一条河流，那么又是什么在让这条河流动呢？

麦麦老师认为，每一个生命的意义就是生命动力的来源。记得钟南山先生曾说："我的动力来自疾病对人的生命的威胁。"可见，他的生命动力是与人类生命息息相关的、是宏大的，但是生命动力也可以很微小，包括生命的方方面面。

学者张姝钰等人研究提出，高中生的生命动力主要来自社会关注、亲情、友情、目标追求、成就、满足充实、自主性、兴趣休闲八个方面。下面邀请你回顾自己的生命河流，想想以下哪个维度最打动你。

（1）承接过去维度："我"已有的哪些品质和关系，它们如何滋养着我，构成了现在的"我"，并提供源源不断的能量（如父辈坚忍的人格魅力激励着我）给"我"。

（2）面对当下维度："我"有哪些乐趣可以为自己注入更多的能量（如钢琴弹奏使我忘却烦恼）。

（3）期待未来维度："我"的具体期待和目标是什么，它们如何激励"我"活成自己喜爱的样子，构建一条充满动力的生命河流。

每个人生命的动力源是不一样的，你能分享与交流的越多，收获也就越多。最后，再请你思考一个问题：对自己生命状态表达积极暗示和激励的3个关键词是什么？有的同学写"恒心、静心、耐心"；有的同学写"坚持、相信、明确"；有的同学写"大强度、可持续、标准化"……请你再去采访更多身边的同学，他们会补充的词汇还可能有哪些？若同班有50名同学，每名同学写下3个不同词，就能够汇聚成150组词汇。把它们展示在教室一角，利用课间时去看看自己的，再去看看别人的，由词汇联想人生。

让我们在生命的河流里，以梦为马，以汗为泉，不忘初心，不负韶华。对于学习要有智慧、有方法且目标坚定，并通过努力收获回报，愿每一位同学都能在高中学段绽放光彩，实现梦想！

爱在天地间

爱无言，像小草油然而生，像雪花悄悄融化。

春夏秋冬，有着不同的景色，领略四季，感受春天的活力、夏天的狂热、秋天的凉爽、冬天的欢乐，一切都是那么美妙。当风儿吹过的时候，爱总会以小花、小草的形式出现；当烈日烤着大地的时候，爱总会以雨露的形式出现；当落叶伴随着秋风到来的时候，爱总会以盛果的形式出现；当寒风裹挟着冰雪到来的时候，爱总会以暖茶的形式出现。

我们行走着，彼此间不曾相识，幸运的话或许曾有过几面之缘，而大多数情都是各自忙碌、擦肩而过。如果能成为同班同学或同宿的同学，那是很深的缘分。每一天，校园里都会发生一些有趣的事情。例如，你不小心起床晚了，室友帮你带早餐；你不舒服，同桌陪同你去找校医；你忘带笔记本了，同学直接递来他的……每一个小小瞬间都可治愈你。愿我们的眼睛，能如照相机般记录所有感动的小瞬间，使其点缀我们的生活，温暖彼此，治愈心田。

人生若前瞻未果，便大胆回顾吧。回顾你的生命河流，寻找过往的温暖和支持，构建更多爱的连接，每一段经历都是新动力的源泉。

疫情期间，我们看见许多医护人员、公安民警、基层干部和志愿者们立下战书奔赴一线，是他们在付出、在贡献，是他们替我们负重前行。作为学生，我们是被爱、被保护的幸福的群体。整个社会的温度，取决于每一个人对陌生人的态度。作为高中生的我们同样也可以去拥抱爱、传递爱、让爱流动，当同学有困难的时候，主动搭把手，帮助他们向他们渡过难关传递温暖。

愿山河无恙，人间皆安。我们能够早日奔跑在阳光下，沐浴在爱的春风里。

先"脱敏"再长足

这里麦麦老师想说的是对失败"脱敏"。

我很喜欢史玉柱，因为他是顶天立地的。从巨人大厦的辉煌，一夜之间成为著名的失败者，再到盛大的崛起，可以说，他把人间各种顶级的滋味都尝遍了。人要有顽强的精神，就算是失败了也没什么可怕，摔倒了爬起来，抖抖身上的灰尘重新上阵。世上没有不曾经历过失败的人，成功不会唾手可得！

入读高中后，个别同学过分关注失败的结果，于是变得畏首畏尾、一蹶不振，如因为学科成绩大不如前，所以不敢参与舞台展示，担心社会实践困难重重，害怕别人的目光和评价，不敢挑战自己、改变自己。美国心理学家阿特金森提出成就动机理论，研究人们争取成功希望做到最好的需要。在这种内在驱动力的影响下，人分为两类人：一种是追求成功者，另一种是避免失败者。追求成功者长期关注自己想要的结果，而避免失败者则长期关注自己惧怕的结果。看到这里，同学们你们更希望自己是哪种人？显然关注你想要的结果更有利于你成功。然而麦麦老师还想提醒你，一手关注自己想要的结果，另一手关注努力过程中的美好，只有双手合力，才能以最佳的策略和心态迎接自己。

凡事皆有变化，凡事也得敢于去尝试，只有敢于接受自己的失败，对失败"脱敏"，然后才能取得长足发展。生命里有起伏跌宕的经历那才叫完美，一生都过得太平坦、顺利是苍白的、无味的。如果失败了或者觉得自己实在有过不了的坎，就换个角度思考吧，我们来到这个世上就不带什么东西，现在也只是把人生中的一条路走了一遍，一切从头再来又有何不可。再说了，失败不是又使我们学到了什么吗，不是与距离成功又靠近了一步吗，所以年轻人不必气馁，要再接再厉。失败能使我们的生命更加完整，更能促使我们追求生命的价值与意义。

人这一生所有的意义与价值都靠自己谱写、创造，或是浓墨重彩，或是蜻蜓点水，对失败"脱敏"，用爱和毅力抒写生命之花，必定灿烂且鲜艳。

有裂缝才能照进阳光

生命短促，不要过于顾忌小事。人生难免会遇到风雨和坎坷，对于生活中的诸多不顺，不要心怀不满、怨气冲天，也不必耿耿于怀、一蹶不振。是福是祸，都得学会面对；是好是坏，都终将会过去。

人生在世，有得必有失，就像蝴蝶效应一样，每一种选择都会导致意想不到的事发生，也许现在的选择正是最正确的。我们总在感慨，人生不如意事十之八九，尽管你热切希望美好，但希望终归只是希望，有得意之处，就会有失落之时，总有很多梦想终成梦幻，总有很多迎面而来最终变为擦肩而过。有些人，不是我们不珍惜，有些事，不是我们不努力，只是我们的心装不下那么多，缘分不在此，结果事与愿违也是不可阻挡的。毕淑敏曾说过：没有谁的生命总是一帆风顺的，也没有谁的人生全是一路鸟语花香。要知道，生命本身就是一种不完美，不要抱怨生活的裂缝，或许就是因为有了裂缝，阳光才能照得进来。哪怕裂缝带给我们的是无法避免痛苦，我们也要直面痛苦，在痛苦中前行、在痛苦中塑造更好的自己，这就是痛苦的意义和挫折的馈赠，这就是光的力量。

我们作为年轻人，有试错的资本，谁都有做了错误的决定的时候，在知错时对其更正才是最重要的。人生一直在前行，无法重来，所有的人和事物都已不在当时那个情境下，人不能修改过去，但可以在明白之后，更好地开始当下每一步，我们可以用现在来弥补过去的遗憾，我们可以用现在创造更好的未来，但不要纠结于修改过去，而要不断强大，放眼前方。与其抱怨，不如积极面对。

万物皆有裂痕，那是光进来的地方。如果可以，做自己的太阳，自己便可以照亮自己，无须凭借谁的光。

关怀我们的睡眠

睡眠是美好的，缺少睡眠的人更容易生病。

睡眠的作用不仅仅在于能恢复体力和脑力，消除疲劳，完成自身修复，更重要的还在于它能保持人体的免疫能力，使人体自身能抵御疾病的侵扰。

美国科学家研究发现，缺少睡眠将影响人体的免疫能力，从而使人更容易生病。研究结果表明，一个人如果减少四小时的睡眠，第二天他身体内部抵御外来细菌侵袭的免疫细胞的活动将大大减弱。研究人员对 23 名健康男子进行了试验，结果表明，这些人因清晨 3 时至 7 时没有睡眠，白天免疫细胞的活动能力减弱了 28%。试验结束后，这些男子的体内免疫细胞的活力经过一次充足的睡眠之后得到了恢复。

这对于患有失眠症和经常参加通宵活动的人来说，是一种警醒。而那些因慢性疾病或其他原因引起的体内免疫力下降的人，如果再缺少睡眠，其免疫力将受到更大的损害。因此，确保夜间的良好睡眠，对我们的健康十分重要。

人每天需要多长时间的睡眠？新生儿是 20 小时 / 天，而中学生是 9 小时 / 天，正常情况下也存在个体差异性，一般需要 7 ~ 9 小时即可。换言之，自我感觉良好即可，睡眠是最为放松的事宜，对睡眠时间不必有压力。

正常人就寝半小时内即可入睡。30 ~ 60 分钟内入睡者，为轻度失眠；超过 60 分钟者，为中度失眠；120 分钟以上才能入睡者，为重度失眠。

如果失眠该怎么办？你可以试试以下几种方法：

（1）不要焦虑，顺其自然。

（2）保持心态平和。

（3）睡不着就不睡，做一些自己感兴趣的事情。

（4）最好不要吃安眠药。

（5）规律生活，调整生物钟。

最好，不及刚好

　　时常听到师长们说我们做事要有明确的目标，且目标要恰当。大家都知道没有目标，就没有动力和张力；目标过低，潜能不能得到发挥；目标过高，又会导致压力过大。

　　事实上，最佳的状态是将目标分成三类，即我们在考前应对自己有三种预设：①跳起来可以摘到的桃子（发挥最好时的结果）；②站着可以摘到的桃子（正常发挥时的结果）；③跌倒可以拿到的桃子（发挥失手时的结果）。我们事前做充分的准备，对结果有了提前预设，就能做到胸有成竹，减少不必要的恐慌。

　　有的同学对高考期望值过高，但目标不能脱离实际。因此，我们建议，把目标调到七八成左右，即"跳一跳可以摘到桃子"，这样佻就会有自信，也愿意去努力，目标也容易实现。

　　高中会开设生涯课程，你会开始探讨如何为自己做好生涯选择。生涯可以是广义的生活、生命，也可以是狭义的职涯、志业。生涯分为主观的生涯和客观的生涯。主观的生涯可以是十分独特的，带有个人情感的，用以形容个人所偏好的生活风格、所重视的生命意义；客观的生涯则与个人生涯发展过程、与环境世界息息相关，包括工作世界的分类以及职业咨询的整理、分析和运用。每个人要努力整合自己的主观和客观生涯，选择与自己匹配的生涯方向，这才是刚好的选择。

　　"最好"是理想化的状态，远不及"刚好"。

备考心理的三阶段

亲爱的同学们，备考心理有三个阶段，如图 5-1 所示，步入高三时你有必要先知晓。

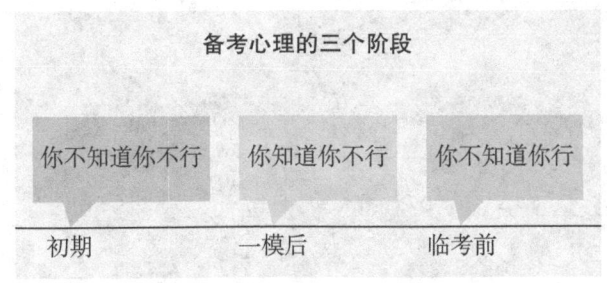

图 5-1　备考心理的三阶段

阶段一：你不知道你不行。

一般出现在高三上学期，你还没有嗅到高考的紧张气息，依然踌躇满志地备考。

阶段二：你知道你不行。

高三上学期结束会有一模考试，考试后你才发现，自己还有这么多不会的知识，一种紧迫感随之而来，于是你会提醒自己抓紧时间。

阶段三：你不知道你行。

临近考前，你开始怀疑自己的能力，担心考不好。此时的你其实已经具备了实力，只是你不知道你行！

其实很多同学容易过高地估计考试的难度，同时又低估自己的付出与实力。高考是一个标准的、中性的、平衡性的选拔型考试。因此，高考中 70% 的知识都是基本点，30% 才是偏难题，只要你拿到 70% 的分数，上个本科是不成问题的，剩下的 30% 能拿多少算多少。即使你的高考目标是重点大学，也不是必须各科都考满分，也可以有失分的地方。再说，没一个人是完全复习好了所有的知识才来参加高考的，考场上你有你的不明白之处，别人也有别人的不懂之处，因此不必过度焦虑和恐慌，当你准备好一切，就对自己大声说："我的状态不错，一定能正常发挥！""我很冷静，我会考好的！"然后坦然面对，从容发挥出自己的实力即可。

同学们，追求高考成功的道路一定是不容易的，每个人都在坚持。困难是一定存在的，我们要明确心中的目标，记得我们还有伙伴\还有彼此的鼓励，相互支持能够给予我们更多的力量。面对困难，一个人可以走得很快，但一群人却能走得更远！

跨越高原期

高三刚开始时不少同学奋力追赶，成绩会有明显进步，可到了下半段却出现后劲不足的现象，无论如何努力，如何拼命地刷题，成绩都没有提升，反而部分学科还退步了，离目标越来越远，于是心情每天都很糟糕！你遇到过类似的情况吗？以下是某个遇到这种情况的同学写的打油诗。

> 试卷越来越多，收获越来越少，
> 原本成绩不错，最近开始下滑，
> 情绪消极低落，容易急躁发火，
> 复习效率低下，失去备考信心。

麦麦老师想告诉你，你出现的是高原现象，如图 5-2 所示。高原现象是人在复杂技能形成的过程中，练习到一定时期出现的练习成绩暂时停滞不前，在练习曲线上出现近于平缓甚至下降的一部分线段的现象。这是学习中常见的现象，只要我们以积极的心态面对，坚持下去，就一定能渡过难关。

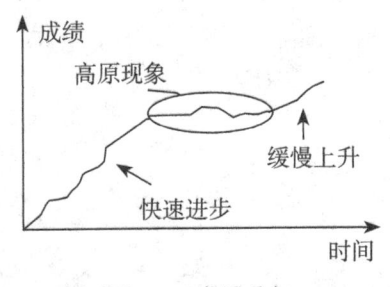

图 5-2　高原现象

心理学的荷花定律：第一天，荷花池的荷花只开一小部分；第二天，荷花以两倍速度开放；第 30 天，荷花开满整个池塘。你知道什么时候荷花开了一半吗？很多人以为是第 15 天，但事实并非如此，荷花在第 29 天时仅开满一半，在第 30 天开满另一半。这个定律告诉我们：学习需要厚积薄发，最后一步的坚持是最关键的，胜利就在于再坚持一下！

有人说坚持好难啊，这里麦麦老师告诉你三个小秘诀：

（1）每天制定可操作和可达成的学习目标和计划。

（2）复习时及时反馈，以评估学习效果来查漏补缺，运用思维导图法、列表法或笔记法对知识进行系统化、条理化整理。

（3）及时强化。当达成每天的目标后，及时用感兴趣的事情奖励自己，如吃蛋糕、听 10 分钟音乐等。因为大脑喜欢被犒赏，它在被犒赏时会分泌出让人感觉幸福、喜悦和有成就感的多巴胺，我们重复这种动机的可能性自然也就提高了。

同学们，方法告诉你了，管不管用看谁？看你自己！相信只要你积极尝试并坚持，必定能跨越高原期，勇攀高峰。请你认真对待备考的每一天，美好一定会如约而至。

高考中的得与失

一项高考前考生心理调查研究结果表明，90.4%的考生害怕考不好让父母失望；79.3%的考生认为高考是人生大事，因而对备考应考，十分紧张；77.1%的考生对高考信心不足，并有自卑心理；76.8%的考生注意力不集中；75%的考生烦恼、焦虑。这些都是普遍存在的考前心态。你存在这些心态吗？若有，老师要恭喜你，因为这些都是正常人该有的！

高考是人生中的一件大事，也是对每一个高三学生的挑战。面对高考，面对不断的模拟考试，我们可能会倍感压力，有的同学因成绩理想而欣喜，有的同学因成绩不佳而沮丧。但无论如何，我们要看到整个高三复习的过程本就是曲线上升的，坚持下去就会有意想不到的成效，但此前提是我们能正确看待高考中的得与失。假若我们有100年的寿命，上学时间占12年，高考仅用3天，而3天的考试就能决定"命运"，决定人的一生吗？未免言过其实。

高考只是人生的一个节点，并不是人生的全部，不能决定一个人的命运。进入大学固然重要，但它不是唯一的成才之路。我们看到很多成功人士都不是大学毕业。另外，我们还可以看到有人考上名牌大学，但走上工作岗位后十分平庸的人，而有人从一般院校毕业，甚至仅是高中毕业，却依然业绩斐然的人。这说明人一生发展的决定因素在于健全的人格以及社会实践，成才靠的是终身勤奋、终身学习。

因此，备考中的你，现在要做的只是学习知识，发挥好你的水平，把你储备的知识呈现在考卷上，尽最大可能提高你的分数。至于高考失败了又怎么样呢？你要有承受失败的勇气和底气，要学会"大不了……"句式，如大不了复读重考，大不了我打工积累本钱再读成人大学。条条大路通罗马！

同学们，如果想考好，必须正确对待高考的得失。尽力做到现在的最好，就是考前每一天的意义所在！

高考放榜时

亲爱的同学，转眼就到了高考放榜的时刻，收到高考成绩通知的你，不知心情如何？

如果你因为得了高分而狂喜，那么，首先祝贺你，一分耕耘，一分收获。同时，我还想告诉你，高考已成定局，但人生的结局不是定数，还得看谁才是笑到最后的。所以，今天的高分应转化为明天的重任。希望你保持清醒的头脑，以你优异的高考成绩为起点，站在个人志趣、社会需要的角度，选好学校、选好专业，做一个对社会有责任、有担当、有贡献的人。

如果你因为得了低分而沮丧，那么我想告诉你，每个人的人生轨迹是不同的，现在的安排就是最好的。此时的失利，也许正是一次人生机遇。当下的低分，也可转化为明天的基石。你应反思是知识储备不够，还是经验不足；是考场失利，还是应有更高的梦想；是复读，还是降低要求去读一个不太中意的大学或专业。不妨静下心想一想，给自己多一次选择的机会，这也是多给自己的人生指明一条路。

如果你成绩平平，正在为接下来填报志愿而迷茫发愁，那么，请结合你的兴趣、能力、价值观，以及对当前社会发展的需求，想一想你未来想要从事的职业吧！人一生的大部分时间与职业有关。要记住，职业只有分工不同，绝没有高低贵贱之分。每个人无论做什么职业，只要做到终身勤奋、终身学习，就有机会获得丰厚的物质回报和精神回报，就有机会创造更大的人生价值和社会价值。

生命是一条河，人生就是渡河，而事业是帮助你渡河的一条船。在生命的河流中，你所驾驭的船是大是小并不重要，重要的是你一直在路上，你欣赏着一路的风景，或早或晚，总能到达人生的彼岸。现在，高考结束了，成绩出来了，得意也好，失意也罢，高考这一页也就翻过去了，新的起跑线在等着你，去开启新征程吧！

　　冬天计划，春天播种，夏天耕耘，秋天收获。大自然一年一轮回，周而复始，同样，人生的机遇也是如此。请你继续好好爱这热气腾腾的人间吧！

没有如果当初

世人总说，人生没有如果当初，不管重来多少次，人生肯定都有遗憾。

苏格拉底曾把学生带到果林边教导说："你们各顺着一行果树，从林子的这头走到那头，每人摘一枚自己认为最大最好的果子。不许走回头路，不许做第二次选择。"学生们出发了，在穿过果林的整个路程中，他们都十分认真地选择着。等他们到达果林的另一端时，老师已在那里等着他们了。"你们是不是都选择到自己满意的果子了？"苏格拉底问。学生们没人回答。"怎么了，你们对自己的选择满意吗？"苏格拉底再次问。"老师让我们再选择一次吧！"一个学生请求说，"我刚走进果林时，就发现了一个很大的果子。但是，我还想找一个更大更好的，当我走到林子的尽头后，才发现第一次看见的那枚果子就是最大最好的"。另一个学生紧接着说："我恰好相反，走进果林不久我就摘下了一个我认为最大最好的果子。可之后我发现，果林里比我摘下的这枚更大更好的多的是。再选择一次吧！"其他学生都一起请求，"让我们都再选择一次吧！"苏格拉底坚定地摇了摇头，"孩子们，没有第二次选择。人生就是如此"。

鱼与熊掌不可兼得。人生没有重来的机会，每一个岔口的选择都没有好与坏，要把人生看作自己独一无二的创作，对未来充满希望，进而接受自己当前的选择，接受真实的自己，排除杂念，发挥自己的真实水平！

人生只售单程票，没有假设，当下就是全部。过去的就过去了，更重要的是走好后面的路。

厘清与告别

随意翻看你的高中活动照，任意一张都是青春的记录，赋予你的生命种种色彩，意义可见一斑。

生命的河流正在缓缓向前，高中将是你积攒能量、迅速成熟的舞台。当高三成人礼的钟声响起时，你不久便要鱼跃龙门，跟随千军万马涌入高考战场，随之步入大学门槛，进入社会历练。不经意间，你的高中已画上句号，载入回忆册。

高中里的故事肯定有喜有悲，厘清过往，有些分不清孰是孰非。事实就是这样，有时你感觉自己在稀里糊涂中已长大，曾经有些纠结、介怀的"梗"，到了一个阶段自然就释怀了。自愈，或许就是成熟的象征。很多同学会选择在成人礼当天，好好地闲走和欣赏一遍校园，与老师和好友多拍几张珍贵的纪念照，跑到食堂后厨或保安室里去表达感谢，互相赠送代表美好情谊的小物件，与池塘中的小鱼、乌龟嬉戏，抚摸足球场边的花儿小草。也有同学干脆选择独坐在自己感觉最舒适的小角落，享受自己专属的校园时光，这些都是一种慎重且温情的告别，仪式感满满，是热爱生活的表现。

愿你高中的青春时光，无憾无悔。他日与人畅聊高中时光时，你的满脸挂着笑意，音调里有几分兴奋。高中毕业生，你应眼底带光、手中有爱、脚下有路、心中有力量。

回忆高中，心怀感恩

看到此篇，说明你的高中生活已成为过去。此刻的你，不妨深深地沉浸回忆，回首高中毕业以前遇到的所有人、所有事。相信经历过高中这把"美工刀"，你已洗去了浮躁，磨圆了棱角，张开了翅膀，准备展翅高飞，冲向新领域、新天地。若要选用词汇高度概括你的高中，首选建议是"感恩"一词。感恩的心态能让人获取更多的生命意义，对心理健康具有调节作用。感恩他们给予我们温柔和支持，哪怕是一些小擦伤，也将成为对我们的鞭策和激励，我们一定能将这份积极力量传递下去！

每个人生活在世上，不可避免地都要得到别人的帮助。人和人之间是一个整体，人和社会之间同样是一个整体，相互依存、相互联系、不可分割。积极心理学发现，如果一个人拥有感恩之心，以积极的姿态去面对生活、面对工作、面对朋友，其生活往往充满了积极向上的动力，而远离焦虑与抑郁。换句话说，这样的人是最有福气的。拥有感恩力的人能够感恩高中的过往，认识到这份生命中的精神财富可以给他们带来好运、幸福和成功。

心理学家罗伯特·埃蒙斯认为，感恩不仅仅是感激的情绪，更是对某人（或某事）所产生的具有持久积极性的一种深层的欣赏。其包含两个阶段：一是承认生命中美好的一面，二是认识到这种美好源于自我之外。感恩行为可以帮助我们加强社会关系，同时可以解决其他现实问题，进而增加人们的内在回报，它是激励自己把握每一天的最好方式。

故人生在世，秉持空杯心态，多用感恩和欣赏的眼光去看待事物，必定能收获更多的幸福。麦麦老师温馨地祝福你：回忆都"有点儿甜"！

关于未来的思考

作为高中生，有同学已开始思考人生："我将到哪里去？我该如何选择未来的工作呢？"

我们先来关注四个概念：工作、职业、生涯和生命，如图5-3所示，分别厘清它们的内涵和外延。

图 5-3　关于未来的四个概念

谈及工作，工作分短期和长期，你完成一定的工作任务，付出特定的劳动，然后获得回报。它与具体岗位和任务相关，有努力付出，有报酬，都是工作。因此，你要认清自己的能力，了解自己能完成何种工作，获得收入以谋生，如在大学里帮忙管理"小黄车"、在食堂里打小时工、代购一些食品或衣物等。

谈及职业，谋生需"求稳"，职业一般是指长期、稳定的工作，往往伴随社会的尊重和认可。你希望通过从事某种职业，获得社会的尊重和肯定。比如，教师、运动员、律师等职业，离不开其背后的社会使命和责任。一旦你选定了某种职业，就需要以持续的毅力去为之奋斗。

谈及生涯，它是职业规划中特有的名词，指人从出生直至死亡的整个生命轨迹里，通过选择一份职业拥有某种生活方式，是追求自我价值的体现。

你会选择个人偏好的生活风格，重视个人的生活质量，同时关注外部工作环境，让自己能更适应社会的发展。比如，有人擅长当网络主播，既能实现了自我价值，又能兼顾好家庭和工作。

谈及生命，这里立足于职业谈生命，曾有人说：生命的意义和价值来源于爱，来源于对社会的贡献和服务，这样的生命才能彰显其顽强可贵。有些人选择从事缉毒警察、消防员、乡村教师等职业，他们不是以以生命安全、工资报酬为目的的，而是站在"生而为人"的意义和价值之上的，这种选择值得尊敬！

同学们，未来你们的选择皆有不同，请用上述四个概念来综合衡量你的未来。尊重别人和自己的不一样，允许自己和别人不一样。理解了前半句，就能做到包容；理解了后半句，就敢活出自我。

愿你顺风不骄、逆风不馁，活出精神头儿！

人生没有随便

罗斯福的夫人在本宁顿学院读书时，打算在电讯行业中找一份工作以补贴家用。她的父亲给她引荐了担任美国无线电公司董事长的萨尔洛夫。见面后，萨尔洛夫热情地接待了她，并很认真地问她："你想做什么样的工作？"她回答说："随便吧。"萨尔洛夫表情严肃地对她说道："没有任何一类工作叫作随便。"过了一会儿，萨尔洛夫以长辈的口吻再次对她说道："成功的道路是目标铺出来的。"

假如你的人生选择了随便，那就正如你进入游戏世界，打开了启动模式，却没有操作任何按钮，在面临挑战时不堪一击，毋庸置疑，你的游戏很快就会结束，你的结局就是直接被淘汰。可见，别随便给自己的人生设限，选择随便面临的可能是最糟糕的结果。相反，倘若你有明确的目标、清晰的方向，足够努力且认真，生活便会给予你意想不到的惊喜和幸福。《阿甘正传》中的"人生就像一盒巧克力，你永远不知道下一块是什么味道"，意味着人生之路充满未知和可变性，你永远不可能知道未来等待你的将会是什么。因此，在如今纷繁复杂、变化万千的世界中找到自己，提前做好自我规划，这才是真正意义上的"随遇而安"。

有些人爱妒忌他人收获成功，总是在谈论别人那些很容易就收获成功的事情，认为好像任何艰难险阻对于别人而言都是小菜一碟，感觉别人的人生就像是开挂了一样，看不到别人成功背后的付出和努力，这种人也只能虚度时光，与成功渐行渐远了。

人生没有随便的成功，你只管努力，剩下的交给时间，愿世间美好与你环环相扣！亲爱的同学，从填报志愿开始，请拒绝"随便"；从填报志愿开始，请学会抉择与放弃；从填报志愿开始，请树立并明晰你的人生目标……人生没有随便！

我们会更好

弹指之间，三年的高中时光成为过往，相信你的过去曾有许多灿烂时刻，漫漫长夜中你的灯火永不灭。日后离开校园，你便融入社会生活的大浪潮中，开辟你自己的专属赛道，后面的日子你终于可以靠自己了，你也只能靠自己了。麦麦老师给大家以下几点建议。

1. 强身健体，让肩上有力

身体永远是革命的本钱，健康是1，其他的都是0。有些人步入社会后，自我感觉精力旺盛、青春无限，于是开始不规律地生活，渐渐地透支了身体透支了健康。日后哪怕学习或工作再忙碌，也别忽视自己的身体，强身健体是你的责任，你的肩膀要承担更多的社会责任，挑起时代的大梁，树立良好的社会形象，贡献更多的社会价值。

2. 与人为善，让脸上有笑

笑一笑，十年少。微笑是最好的名片，与人打交道时，笑是缩短两个人之间的距离最好的方式。微笑能够展现你的魅力，扩展你的人际资源，传递你的温暖。微笑对于不同的人面前、不同的场景都适用。微笑就像一面镜子，你对生活微笑，生活就会对你微笑；你对他人微笑，他人就会对你微笑。也请你扬起你的嘴角，给自己一个微笑，让自己积极地面对当前的困难。

3. 遇事淡定，让心态平稳

人生就是一件事接着一件事，所认心量要大。希望你坚信，失利都只是暂时的，绝不能定义你的未来。所有的危机都可以转化为生机，学会用发展的眼光看待一切，调整情绪。人陷入困境时，一旦心态对了，出路就找到了，方法总比困难多，心之所向，行而立之。

4. 心里有爱，眼里有光

无论前路风吹雨打，请坚持做自己的小太阳，幸福会在你做好充分准备时降临。愿你在成长路上遇见彩色的梦和超多的小美好，让自己心中有爱，眼里有光。愿每一个你都能够发现梦，找到路。未来在闪耀，前方在召唤，等你去挥洒！

　　加油，我的少年，我们会更好！

第六篇

支教之路

倾听心灵的声音　为生命着上暖色

初进怒江，麦香即起，倾听心田

2017 年，在云南怒江的大山里，一缕麦子的清香温暖了孩子们的心田。那一年，我休完产假不久，第一次来到怒江送课。

送教的第一节课，我让学生畅想"五年后的自己"，并在纸上画下自己所想的场景。在分享环节，我鼓励学生："此时的感悟就是你的成长，你的声音是值得被倾听的。"在接纳、信任的氛围中，起初连话都不愿意接的学生们，纷纷主动举手分享自己的想法。这节别开生面的心理课堂，为正处于迷茫期的高一新生拨开了迷雾。"我想变得更优秀，接下来的第一步就是先做班长"。这是刘尚先当时确立的目标。（后来，他真的做了班长，他说，"如果没有那节课，我很可能会浑浑噩噩过完高中三年"。）

由于孩子们在课堂上的强烈反响，原定的 1 节送教课被临时增加到 5 节，那一次送教活动，我甚至因疲劳而"失声"。当时孩子们对心理课堂渴望的眼神，在我的脑海挥之不去，怒江心理教育的空白让我震惊，全州 10 万多名学子，竟没有一位专职的心理教师，学生基本没上过专业的心理辅导课。怒江傈僳族自治州的不少孩子因身处高山峡谷而少与外界往来，许多留守儿童缺乏家庭关爱，导致学生的心理问题层出不穷。没有心理教育不代表学生没有需求，而是需求被压抑了。因此那一年，在怒江播撒爱的心育种子，"倾听心灵的声音，为生命着上暖色"这个想法在我心中萌发了。

2018 年，当珠海市选派教师到怒江支教的时候，我辞别年幼的孩子和家人，毅然报名，再进怒江，正式成为一名支边人——泸水市第一中学（简称"泸水一中"）支教的心理教师。彼时，我的大女儿 7 岁，二女儿 1 岁多，正是依恋妈妈的时候。但是我去怒江支教，对两个孩子的关爱可能由"1"变成

"0.5";如果我不去支教，怒江孩子急需的心理教育会由"1"直接变成"0"。前往怒江当天，同事纷纷发来祝福、惊讶，甚至"质疑"的短信，我泪流满面地回复了所有信息。这次支教让我对自己的孩子心存愧疚，但为了怒江更多的孩子，我不会后悔！我告诉自己："怒江娃娃们的需求摆在那里，我是党员，就应该主动站出来。我要以身作则，发挥带头示范的引领作用，不忘初心使命。"

二进怒江，麦香飘飘，暖色生命

二进怒江，作为全州第一位专职心理教师，我马不停蹄地在泸水一中筹建全州首个心理成长中心。整个中心，大到区域规划、小到每个摆件的选择，我都精心设计、亲力亲为。学校里有不少留守、离异家庭的学生，我快速地在全校"铺开"了心理健康课。在一次记者的随机采访中，很多学生谈到我时都哭了，这种情感源于压抑在心头的大石在遇见心育后被搬开了。"整个怒江傈僳族自治州的心理辅导工作迫在眉睫，我们终于等来了麦贝吉老师，麦老师来了，我们的心理课程才算真正开起来。"泸水一中校长何息文激动地说。

记得有一天，和小美（化名）哭着第一次来到我的办公室。这名花季少女，曾在昆明被诊断为精神分裂症，并因此休学治疗一年。康复转学后，她一直难以走出自卑的阴影。"你尝试想想五年后的自己会是怎样的人呢？"我通过和小美对未来的期盼，将她拉出当前充满负能量的泥潭。后来在每个月定期的持续辅导下，小美的自信有了很大的提升。"我印象最深的是，麦老师抱着我，鼓励我要挺直腰板。"时隔近两年，和小美仍清楚地记得这个场景。

小密同学每逢大考都因恐惧不敢进考场，经常流泪。我运用心理辅导技术，有效地消除了她对考试的焦虑，经过16次辅导后，她终于走出了考试焦虑的沼泽。

杨同学是一名高一新生，有读写困难，加上对新环境的不适应，曾一度想退学，我与其家长沟通，帮助他正确接纳和认识问题，并将他转介到专业医院进行治疗。

胡江燕是高二（15）班的心理委员，最初在同学们异样的目光中开始接受培训，如今，这个开朗大方的女孩已经成为班里备受欢迎的"知心同学"。目前，泸水一中共有26名像胡江燕一校的心理委员，他们在班级里起到营造互帮互助的良好氛围的作用。我指导的多达60个课时的心理社团活动，帮助学生在实践中养成了"助人自助"的能力。

过去，许多怒江家长和孩子对心育存在一定的误解，几乎"谈心理色变"。后来，我组织了首届"5·25"心理主题游园活动，许多家长被这份付出感动，自发地带上自己的孩子前来参与体验，活动还得到本地媒体的广泛关注和报道。从把心理成长中心当成"有病才要去的地方"，到主动寻求帮助，这一年我见证了大家对心理教育的观念转变。

与此同时，我组建校内心育教师团队，还承担了怒江傈僳族自治州未成年人心理辅导工作骨干培训班的授课任务，经常到各乡镇中小学校指导交流。怒江条件匮乏，但当地教师的学习意识强烈，追求进步的氛围浓厚。在当地领导的高度重视下，我几乎每周都开展教师专题培训讲座，有时是我们下乡送教，有时是他们进城听课。在2019年"最美公路"没有修通之前，贡山、兰坪的老师，甚至需要提前两三天出门走过200多公里的山路来听课，我看到听课教师们一路奔波已疲惫不堪，但在课堂上依然能精神抖擞，古铜色的皮肤衬得眼睛特别雪亮有神，课后他们总会说感谢我的付出，但我深知我收获的远多于付出！在怒江，我看到了自己被信任、被需要的价值，也收获了满满的江海情。教师们热爱学习、积极向上的精神一直激励着我。

冬去春来，心育种子已广泛地播种在全州校园里，并逐渐生根发芽。2019年暑假，我即将结束支教生活。在欢送会上，老师和同学们轮流念着写给我的信。"麦老师，我好想您留下，但又不忍心，您家里还有两个孩子等您回家"。回忆那场欢送会，我眼里含着泪光，心理教育确实让他们改变了，他们的成长感动了自己，也感动了我。其实我也特别舍不得他们，于是我煎熬一个月，最终承受着来自家人的压力，决定三进怒江。

三进怒江，麦香沉淀，共筑暖流

三进怒江，我最大的心愿就是本地教师能独自走上心理课讲台。在我的影响下，泸水一中心育团教师已发展到20人，经过每周3课时的固定专题培训，目前本土心育老师已经能够承担起整个高一年级的心理课。如今，我还带领心育团队完成了校本课程《心理健康与生涯规划》的编制，其中包含16个主题子课程，均配套了演示文稿、学案、音频素材，教师们"拿来"就能教出有"本土特色"的"地道心理课"。三进怒江，我留下了带不走的心育团队和珍贵的心育资源。

在构建泸水一中心理教育体系的同时，我周末还积极参与家访劝学、送课下乡活动，到怒江傈僳族自治州的中小学开展心理知识巡讲，开设大型讲座超过56场次、公开课18节，培训怒江教师近2000人，接待校外交流人员超570人次，承担学生辅导工作超450小时。师者仁心，我用自己的力量，一点点地在怒江心理教育这片荒芜贫瘠的土地播撒种子。

回想两年多的支教经历，难忘的回忆比比皆是，我也因此迅速成长了。怒江条件匮乏，以泸水一中为例，学校少数民族学生、寄宿学生、农村学生占90%以上。由于地处贫困地区，学校贫困学生达70%以上，其中特困学生达30%以上。很多学生的家庭地址在导航上是没法定位的，孩子们从家到县城学校就要坐3～4小时的农客车。为深入了解学生的情况，家访就成了每位怒江老师的必修课。在这里有我最怕的"之"字山路，因此我在家访前必须吃上晕车丸，我想我这辈子晕车最多的地方"非怒江莫属"了。怒江教师们常常自发组织自驾去家访，有时是骑摩托车，有时是开私家车，经常车子到达村子后还要徒步1～2小时，我目睹过家访车回来后就像从泥潭里跑出来一样，还有在山路会车时迎面大车单边车轮的一半已悬空在山外，加上时有遇上山体滚石、道路塌方的，我们说这是"冒险式家访"一点儿不为过。作为支教教师，我也参与特殊孩子的控辍保学工作，为他们提供心理援助。我记忆最深刻的一次是兰坪家访劝学活动，需提前一天坐车到达中排乡，第二天早上从乡镇出发坐车3小时到村口，剩下的路车子无法通行，全得靠徒步，眼看就在对面山头手指的方向，但还是需要徒步走30公里，一去一回又是一整天，这是我在珠海没有机会体验的。但是，我的每次家访，都有当地一线党员、扶贫干部穿针引线，他们背起背包，带着干粮给我们带路，陪着我们一起下乡，有时他们还留守在那里一个多月。这我意识到自己付出的其实很有限，身边的党员同志用他们的实际行动不断地感染我、鼓励我、引导我，让我也更加坚定为大山孩子送去心理教育的决心，更加坚定地鼓励他们更好地成长，从而过上暖色的生活。

在国家扶贫政策的大力帮助下，我有幸见证了怒江傈僳族自治州高速发展的历史，现在当地整体面貌可谓是焕然一新。怒江傈僳族自治州的心理教育，从过去的一片空白，到如今全州有130多位兼职心育骨干教师，他们在各自的学校大胆创新。此外，全州各县市都已招聘了专职心理教师，越来越多的学校创建了心理功能室，尤其是泸水一中的心育团队已成为全州的示范标杆，珠海的心育种子在怒江校园里已不断地发芽、开花，怒江的心理教育从无到有、从有到好的景象令我深感欣慰。

"晴日暖风生麦气，绿阴幽草胜花时"。麦子没有花的艳丽，却为孩子们的心灵着上了暖色，麦子自身逐渐成熟，和学生共成长。自珠海市对口怒江傈僳族自治州东西部扶贫协作工作开展以来，产业帮扶、就业帮扶、民生帮扶等已经结出累累硕果。在教育帮扶领域，"麦香精神"正在怒江延续，它将引导怒江青少年认识自我、战胜困难。

他们，和我一样，倾听心灵的声音，为生命着上暖色。

参考文献

［1］许思安.中小学心理健康教育初级培训教程［M］.广州：广东人民出版社，2017.

［2］王玲.学校心理健康教育高中版（全一册）［M］.广州：广东教育出版社，2017.

［3］郑希付.高中生心理健康教育（全一册）［M］.广州：广东教育出版社，2007.

［4］邱勇强.在心理健康教育课程中运用体验式教学的探讨［J］.黑龙江教育学院学报，2009（10）：68-70.

［5］吴立宝，王光明，王富英.教材分析的几个视角［J］.教育理论与实践，2016（23）：39-42.

［6］马丽娜，南纪稳.探究体验式教学［J］.当代教育论坛：学科教育研究，2007（6）：70-71.

［7］樊富珉.团体心理咨询［M］.北京：高等教育出版社，2005.

［8］杨敏毅，鞠瑞利.学校团体心理游戏教程与案例［M］.上海：上海科学普及出版社，2006.

［9］赖志群，卢健健.中小学心理健康教育活动课程教学模式初探［J］.中小学心理健康教育，2006（12S）：16-18.

［10］KOLSKI TD，AVRIETTE M，ARTHUR E，等.危机干预与创伤治疗方案［M］.梁军，译.北京：中国轻工业出版社，2004.

［11］杨佐廷.中小学生危机预防与干预［M］.上海：上海教育出版社，2006.

[12] 吴思娜.21世纪中小学心理健康教育指导 [M].北京：科学出版社，2007.

[13] 许龙君.校园安全与危机处理 [M].北京：中国人民大学出版社，2010.

[14] 广东省教育研究院.高中生生涯规划 [M].广州：广东高等教育出版社，2017.

[15] 北京师范大学附属实验中学.高中生涯规划 [M].北京：北京师范大学出版社，2015.

[16] 陈玲.高中生涯教育融入学校课程体系的实践与思考——以海南中学为例 [J].中小学心理健康教育，2017（35）：37-40，44.

[17] 余巧仪.高三考生考试焦虑原因分析及其调适 [J].中小学心理健康教育，2011（10）：12-13.

[18] 谢莉.缓解考试焦虑的一项探索性研究 [J].中小学心理健康教育，2009（8）：8-10.

[19] 陈艳萍.高考·心态决定成败：心理老师陪伴你的高考路 [M].北京：科学出版社，2008.

[20] 岳晓东.高考超常发挥和心理暗示 [M].上海：上海人民出版社，2007.

[21] 全国少工委办公室.心理健康辅导：方法与应用分册 [M].北京：世界图书出版社，2005.

[22] 王建平.中学心理健康教育案例指导解读 [M].北京：中国林业出版社，2004.

[23] 车文博.心理咨询百科全书 [M].长春：吉林人民出版社，1991.

[24] 郑日昌.中学生心理诊断 [M].济南：山东教育出版社，1994.

[25] 许峰.关于人的适应性培养的社会心理分析 [J].教育研究与实验，2000（6）：36-40.

[26] 张大均，江琦.《青少年心理健康素质调查表》适应分量表的编制 [J].心理与行为研究，2006（2）：81-84.

[27] 张大均，冯正直，郭成，等.关于学生心理素质研究的几个问题 [J].西南师范大学学报（哲学社会科学版），2000（3）：56-62.

［28］马世栋.高中生同伴竞争人际适应问题及其教育干预研究［D］.重庆：西南师范大学，2002.

［29］沃建中，林崇德，马红中，等.中学生人际关系发展特点的研究［J］.心理发展与教育，2001（3）：9-15.

［30］李辉，李红.边疆民族学生心理障碍成因及其对策研究［J］.云南师范大学学报（哲学社会科学版），2001（6）：89-94.

［31］张永杰，李艳丽.边疆地区职校生心理健康与社会支持的相关分析［J］.职业教育研究，2014（4）：163-164.

［32］刘东霞，臧刚顺，王欣，等.中学教师心理幸福感研究［J］.国际中华应用心理学杂志，2006，3（1）：42-44.

［33］杨婉秋.中小学教师主观幸福感研究［J］.健康心理学杂志，2003，11（4）：243-244.

［34］林初锐，李永鑫，胡瑜.社会支持的调节作用研究［J］.心理科学，2004，27（5）：1116-1119.

［35］Coyne J. C. Social factors and psychopathology: Stress, social support and coping process［J］. Annual Review of Psychology, 1991, 42（1）: 401-425.

［36］亚隆，莱兹克兹.团体心理治疗——理论与实践［M］.蒋娟，李鸣，译.北京：中国轻工业出版社，2022.

［37］邢秀茶，曹雪梅.大学生人际交往团体心理辅导的实效研究［J］.心理科学，2003，26（6）：1142-1143.

［38］白羽，樊富珉.团体辅导对网络依赖大学生的干预效果［J］.中国心理卫生杂志，2007，21（4）：247-250.

［39］阳至平.积极心理学［M］.北京：机械工业出版社，2009.

［40］陈盈，胡茂荣，何厚建，等.接纳承诺疗法在留守儿童心理健康教育中的应用分析［J］.中小学心理健康教育，2017（18）：8-12.

［41］吴伟红.用"ACT接纳承诺疗法"应对学生的坏习惯［J］.中小学心理健康教育，2017（14）：65-66.

［42］王敬国.接纳与承诺疗法（ACT）在高校艺术群体心理健康教育中的应用［J］.艺术教育，2015（12）：32-33.

［43］桑标.当代儿童发展心理学［M］.上海：上海教育出版社，2003.

［44］楼玮群，齐铱.高中生压力源和心理健康的研究［J］.心理科学，2000，23（2）：28-31，27，125.

［45］孟万金.积极心理健康教育［M］.北京：中国轻工业出版社，2008.

［46］刘宣文.心理咨询技术与应用［M］.宁波：宁波出版社，2006.

［47］杨伊生，刘儒德.蒙古族青少年个性素质特点研究［J］.心理科学，2008，31（5）：1241-1244.

［48］郑希付，宫火良.《青少年心理健康素质调查表》个性素质分量表的编制［J］.心理与行为研究，2006，4（2）：85-89.

［49］宋芳，张丽华.朝鲜族青少年心理健康素质调查［J］.中国健康心理学杂志，2008，16（10）：1154-1157.

［50］薛云珍，梁宝勇.中国青少年心理健康素质·个性素质的研究［J］.心理与行为研究，2007，5（4）：274-251，304.

［51］吴增强，蒋薇美.心理健康教育课程设计［M］.北京：中国轻工业出版社，2007.

［52］林崇德，方晓义.心理健康：高中二年级全一册［M］.北京：现代教育出版社，2021.

［53］邱月玲.心理健康活动课的有效设问［J］.亚太教育，2015（22）：42-43.

［54］金子明人.极简园艺入门图解版［M］.胡珊，译.北京：北京科学技术出版社，2018.

［55］王玲.焦点解决短期心理咨询在学校咨询中的应用［J］.健康心理学杂志，2002，10（5）：344-345.

［56］王宁，邵和平.学校心理咨询的新方法：焦点解决短期心理咨询［J］.企业导报，2010，（10）：258-259.

［57］杨璐.焦点解决短期心理咨询在大学生心理辅导中的运用初探［J］.思想政治教育研究，2008（5）：125-128.

［58］韦耀阳.焦点解决短期心理咨询在大学生就业指导中的应用［J］.青少年研究，2009（1）：26-28.

［59］苏樱.中职生职业生涯规划的探讨与研究［J］.求知导刊，2015（8）：110.

［60］毛亚南.中学生生命意义感与生涯规划辅导案例［J］.教育科学论坛，
　　　2019（19）：54-57.

［61］范廷臻.我不想继续上高中了——高中生生涯规划辅导案例［J］.中小
　　　学心理健康教育，2018（21）：41-43.

［62］刘兰英.生涯规划促成长，层阶培育待花开［J］.中小学心理健康教
　　　育，2021（20）：54-56.

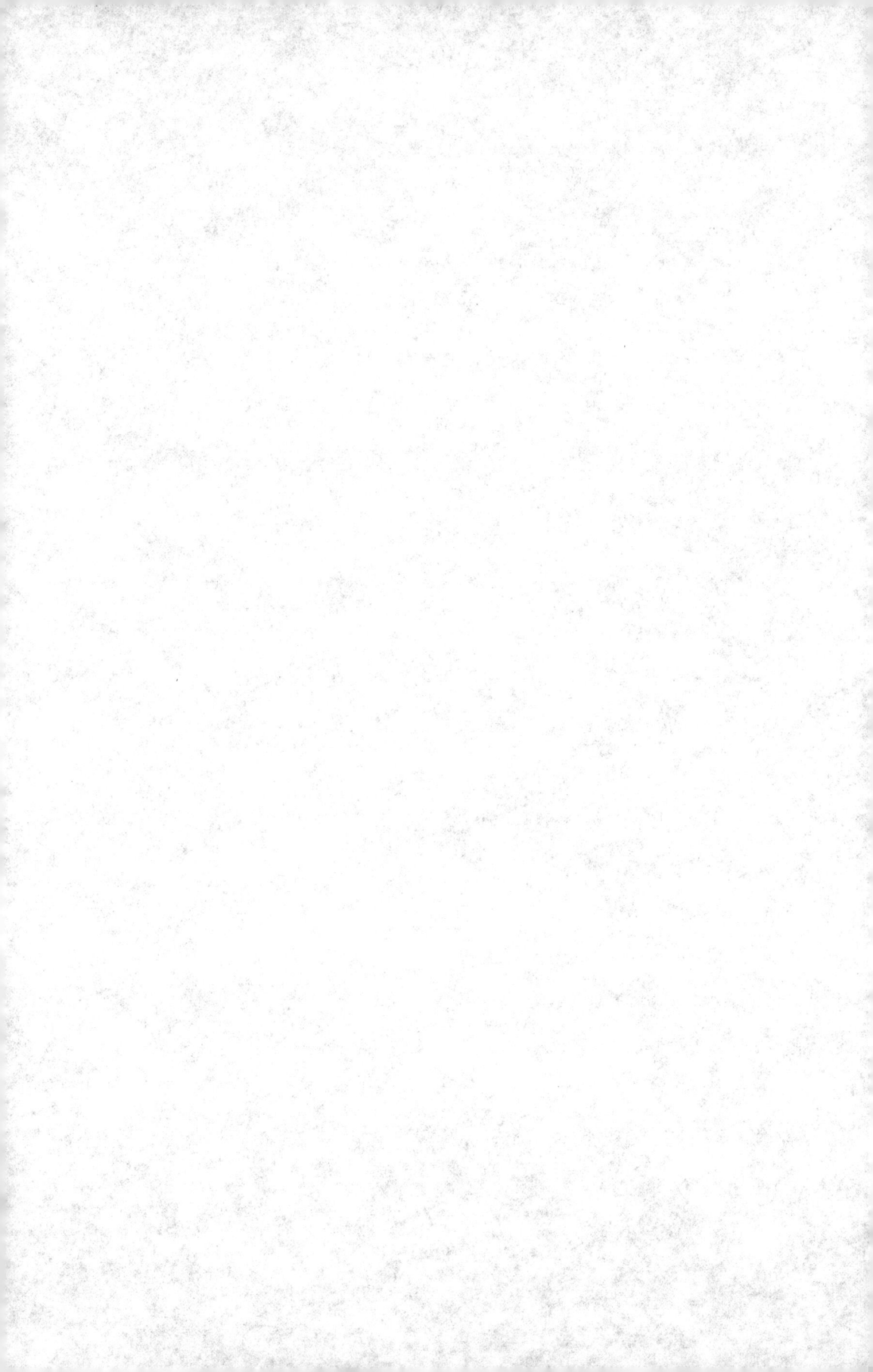